明治大学社会科学研究所叢書

21世紀の
経済と社会

福田邦夫［編著］

西田書店

21 世紀の経済と社会　　　　目次

序 文

〔第 I 章〕 グローバル資本主義の展開とアジアの世紀？

小林尚朗　15

　　はじめに　15

　　1. 「埋め込まれた自由主義」からの転換　20

　　2. 新自由主義と「選択する自由」の制限　26

　　3. 「北京コンセンサス」の浮上　32

　　4. 東アジア地域協力の意義　36

　　むすびにかえて　41

〔第 II 章〕 アメリカン・グローバリゼーションの一断面
　　　　─軍事におけるグローバリゼーション─　柿崎　繁　45

　　はじめに　45

　　1. ポスト冷戦期の国防費削減の背景
　　　　─軍事産業の再編とグローバル化の基盤─　46

　　2. ポスト冷戦下の米軍事産業　51

　　3. 軍事産業の再編　59

　　4. 軍事におけるグローバリゼーション　72

　　終わりに　85

〔第 III 章〕 経済の金融化における証券取引所の変質
　　　　─自由規制のあり方をめぐって─　三和裕美子　93

　　はじめに　93

　　1. 経済の金融化と機関投資家の影響力の拡大　95

　　2. 世界の証券取引所の株式会社化と超高速取引　103

　　3. 株式会社証券取引所の問題点　106

　　4. 証券市場の自主規制に関する国際的な動向　118

まとめにかえて　121

〔第Ⅳ章〕ファンドによる企業支配と株主主権論

野中郁江　125

1. 変わる株式会社観とファンド—問題の所在—　125
2. 支配するファンドの問題性　133
3. ファンドによって支配された企業の事例　140
4. 支配するファンドと市民社会　147

〔第Ⅴ章〕批判的マーケティング論の類型と今後の課題

猿渡敏公　153

はじめに　153
1. 一般的批判　154
2. 学派基盤の批判　162
3. 体制基盤の批判　172
4. 今後の課題　176

〔第Ⅵ章〕地域的貿易協定の展開とその論点に関する一考察
― NAFTA と TPP の類似点・相違点を巡って―

所　康弘　181

はじめに　181
1. TPP 全体の制度の概要　182
2. TPP を巡るいくつかの論点　191
3. 国際通商秩序の構造変化と地域的貿易協定の展開　200
4. NAFTA から TPP へ：NAFTA の教訓　207
　むすびに代えて
　　― NAFTA と TPP の類似点・相違点を巡って―　214

〔第Ⅶ章〕グローバリゼーションと国民経済の変容

　　　　―フィリピン経済を事例として―　　　森 元 晶 文　223

　　1. 問題の所在　223

　　2. フィリピン経済の特質　225

　　3. 「海外送金依存消費主導型」経済成長と

　　　グローバリゼーション　239

　　むすびにかえて　251

〔第Ⅷ章〕世界経済システムと第三世界

　　　　―サハラ以南のアフリカ―　　　　福 田 邦 夫　257

　　まえがき　257

　　1. サハラ以南のアフリカ（SSA）における中産階級の出現　258

　　2. 経済成長戦略　263

　　3. 変容するアフリカ　266

　　4. 新自由主義とアフリカ　271

　　5. 一次産品輸出と経済成長　276

　　結び　282

あとがき

序 文

　商学は、金銭的な富を獲得することに役立つ学問ではない。ましてや就職活動に有利な学問ではない。商学は広い意味において経済学の一分野を構成する。しかし経済学はきわめて細分化し得体が解らないほどまでに専門化している。経済学の分野だけではない。21世紀を迎えた現在、あらゆる学問・研究分野がきわめて細分化・専門化しており、専門家相互での意思疎通が不可能な状態に置かれている。また、学生や一般人にとっても、こうした全体像の見えない学問を前にして、学問自体を敬遠する動きが顕著であり、学問の受け皿は不在である。

　今日、多くの学生が経済学嫌いになっているといわれている。学生が嫌いになっているのは経済学だけではなく、経済学に関連したその他の学問も同様だ。なぜなのだろうか。無目的で大学に入ってくるからでもあるが、大学で教えられている「学問」が余りにも世間離れしていることにも原因がありそうだ。佐和隆光は、『経済学とは何だろうか』で以下のように述べている。

　「結局のところ、日本人にとって経済学は、いかなる接頭辞が上に冠されるものであれ、徹頭徹尾、欧米から輸入したできあいの既製品にしかすぎなかった。とりわけ新古典派総合の経済学は、数理経済学のメッカを誇った米国西部の大学を経て外来した。いわゆる検疫済みの輸入経済学にほかならなかった。そうしたできあいの経済学は、数理的な審美の対象としては絶好であったし、また社会を『工学』せんとする人びとを魅了する要素もあわせもっていた。だがしかし、『創造の源泉としての精神』もしくは『それを生みだした思想的・文化的基盤』は、そうした検疫によって、ほぼ完璧なまでに除去されていたことも否めない。とりわけ、『古典ではなくして教科書で学ぶ』という、〈科学〉としての経

済学の流儀に従順であればあるほど、『創造の源泉としての精神』から
は、ますます遠のかざるをえなかったのである[1]。」

　この国で主流をなしているのが、貨幣による商品の消費量（GDP＝
国民総生産）を人々の幸福の指標とし、他利ではなく自利の追求のみを
目的とする経済学、すなわち経済成長至上主義を指向する経済学であり
商学なのだ。如何にして商品を売るか、如何にして利益を生み出すか、
如何にして効率的な生産を行うかが問われている。アカデミズムの匂い
すらこの学問の府から消え去ろうとしている。
　佐和隆光によれば、経済成長至上主義、科学・技術万能思想が蔓延し
た1950〜60年代、「合理主義的個人（経済人）の行動を前提として、
個人の集合としての社会の予定調和を『証明』する経済学[2]」が米国で
制度化され、経済学を専門職とする排他的なエコノミストの集団が形成
され、日本にも直輸入された。佐和隆光は、エコノミストになるための
要件について以下のように述べている。
　「古典を読破するための語学力も、あるいは現実社会に対する人並み
外れた洞察力も、社会科学の専門家となるための必要条件ではもはやな
い。初歩的な微積分と行列代数の知識と、宿題・試験のくりかえしにた
えるだけの忍耐力さえあれば、数年間の大学院教育を経て、経済学のプ
ロフェッショナルの資格証明（博士号または修士号）を獲得できるので
ある[3]。」

　社会で生起する現象を、自然科学と変わらない「工学」に変形してし
まったアメリカの主流経済学は、「反成長」の思潮が吹き荒れた1970年
代に激しい批判に曝された。日本でも1960年代には、「豊かさ」の影に

---

[1] 佐和隆光、『経済学とは何だろうか』、岩波新書、1988年、44頁。
[2] 佐和隆光、前掲書、57頁。
[3] 佐和隆光、前掲書、95頁。

隠されていた環境破壊と公害が、「反成長」の情緒を一挙に高めた[4]。アカデミズムの名のもとに、既成権力の正統性を擁護することだけに終始する「学問の府」＝大学の解体を目指す学生運動が吹き荒れた。だが米国でレーガノミクスとともに生まれた新自由主義が謳歌され、日本にも直輸入されて再び市場万能論が官庁エコノミストや大学で闊歩し始めた。市場万能論を信奉する経済学者やエコノミストは、1950〜60年代にアメリカで開花した近代経済学以上に数理化の傾向をますます強めている。

　だが、経済学は、本質的にモラルサイエンスであり、自然科学や工学とは違うということを忘れてはいけない。伊東光晴は以下のように述べている。

　「ケインズはつねに、経済現象は変わるものであり、そしてその変化が何であるかということを見抜くこと、そのような意味においては、自然科学のように、いつ、どこにおいても妥当する法則を発見するようなものではない、と考えていた。と同時に、その変化する現実の中に生き続ける人間は、その動機、期待、不安、そのようなものはつねに変わり、それを内省と価値判断を用いて、解明していく直観が必要であるということを主張したのである[5]。」

　さらにメイナード・ケインズやセシル・ピグーを育てた英国の経済学者アルフレッド・マーシャル（Alfred Marshall : 1842〜1924）は、以下のように経済学を規定している。

　「経済学は富の研究であり、人間の研究の一部である。経済学は日常生活を営んでいる人間に関する研究である。それは、個人ならびに社会

---

[4] 1970年代の反成長のラディカル経済運動が衰退した要因につき、以下のように述べている。「経済学のラディカルズが提出する『パラダイム候補』の何たるかは、ついに判然としないまま、ラディカル経済運動そのものが、いつの間にか鎮火してしまったのである。」佐和隆光、前掲書、160頁。

[5] 伊東光晴『ケインズ』講談社学術文庫、40〜41頁。

的な行動のうち、福祉の物資的要件の獲得とその使用にきわめて密接に関連している事柄（側面）を取り扱う学問（もの）なのである。

（このようにして）経済学は一面においては富の研究であるが、他のより重要な側面においては人間の研究の一部なのである。

人間の性格は、宗教的信念の影響を除くと、他のどのような影響よりも日常の仕事と、それによって獲得される物質的収入によって形成されてきたところが大きいからであり、また経済的な力は宗教的な力とともに世界の歴史を形成してきた二つの主要な要因であったからでもある。ときとして、軍事的、芸術的な精神の高揚がしばらくのあいだ支配的な力となったこともあるが、それでも宗教的ならびに経済的な影響はいかなる場合にも、たとえしばらくのあいだも、重要な地位から引きおろされたことはない。それらはほとんどすべての場合、他のすべての力を合計したものより強い力をもっていたのである[6]。」（括弧内は引用者）

ここでマーシャルは「経済学は人間の研究の一部」という言葉を使っている。ということは、経済学は、人間に関する研究に資するものでなければならないということになる。とすれば、人間とは何か、という問いに行きつく。ここで、少なくとも言えることは、人間は物質的に豊かになるだけではなく、人間の心も豊かにならなければ幸せにはなれないということだ。マーシャルは貧富の格差に心を痛め富の分配が平等な社会の実現を求めたが、社会主義には賛同しなかった。なぜなら物質的に豊かになれば、人間の心も豊かになり、貧しい人々が存在しなくなると信じていたからだ。しかし、科学技術の発達と技術革新のおかげで、生産力が途方もなく向上しても、貧富の格差が広がり続けているのが世界の現状だ。

マーシャルは、経済学を目指す学生には、ロンドン郊外のスラム（貧民窟）で一定期間、生活することを要求したと言われている。己の努力

---

[6] マーシャル、馬場啓之助訳『マーシャル　経済学原理』I、東洋経済新報社、昭和46年、1頁。

とは無関係に途方もない富を手にしている人々と貧苦に苛まれて生存することすら保証されていない人々が共存するこの世界の矛盾、不条理をどのようにして解決するのか。これが経済学が解決しなければならない課題であり、またマーシャルが提起した経済学に対する視座を無視すべきではない。

　われわれは今一度、経済学と社会の関連に深い関心を寄せ、経済学とそれに関連する学問について再定義する必要に迫られているのではないのだろうか。欧米から輸入され、この国に根付いた経済学とは別の経済学、すなわち日本社会にルーツをもつ経済学を思い浮かべると河上肇（1879～1946年）の『貧乏物語』に行きつく。河上肇は『貧乏物語』のなかで、経済学について以下のように述べている。

　「人はパンのみにて生くものにあらず、されどまたパンなくして人は生くものにあらずというが、この物語（貧乏物語）の全体を貫く著者の精神のひとつである。思うに経済問題が真に人生問題の一部となり、また経済学が真に学ぶに足るの学問となるも、全くこれがためであろう[7]。」

　つまり、河上肇は、人間はパンだけでは生きていくことが出来ないが、パンがなければ生きていくことが出来ないということ。しかし生きていくために必要なパンを手にすることが出来ない人びとがいるということ。つまり「貧乏人が貧乏人である理由」を研究するのが経済学だ、と述べている。

　何不自由なく生きている人が、何故に「貧乏人が貧乏人である理由」を研究するのだろうか。これには理由がある。豊かな生活を送っていても、己の周りで貧苦に喘ぎ苦しんでいる人を見て、こうした人々を救いたいという衝動に駆られる人もいるということだ。他方、自分のまわり

---

[7]　河上肇『貧乏物語』岩波文庫、2011年、4頁。なお「貧乏物語」は大正5年（1916年）9月から12月まで、『大阪朝日新聞』に連載され、大きな衝撃を与えた。

でパンを手に入れることが出来ず飢えている人を見ても、心穏やかに生活することが出来る人もいるということだ。後者の場合、すなわち理不尽な事件や不幸を目にしても、目を瞑って心穏やかに生きてゆくためには社会的装置によって頭の中に埋め込まれた社会観（イデオロギー）が必要なのだ。河上肇は、この点に関して以下のように指摘している。

「世間にはいまだに一種の誤解があって『働かないと貧乏するぞという制度にしておかぬと、人間はなまけてしかたのない者である、それゆえ貧乏は人間をして働かしむるために必要だ』というような議論もあるが、少なくとも今日の西洋における貧乏なるものは、決してそういう性質のものではなく、いくら働いても、貧乏は免れぬぞという『絶望的の貧乏』なのである。

尋常小学読本を見ると、巻の八の『働くことは人の本分』というところに『働くことがなければ食物も買われないし、着物もこしらえられない。人の幸福は皆自分の働きで産み出すほかはない。何もしないで遊んでいるのは楽のように見えるが、かえって苦しいものである』とあるが、日本の事はよるべき正確な調査がないからしばらくおくも、少なくとも今日の英国などでは、これは誤解または虚偽である。今日の英国にては、前にも述べしごとく、毎日規則正しく働いていながらわずかに肉体の健康を維持するだけの衣食さえ得あたわぬ者がすこぶる多いと同時に、他方には全く遊んでいながら驚くべきぜいたくをしている者も決して少なくはない。何もしないで遊んでいるのこそ苦しいだろうが、いろいろな事をして遊んでいるのは、飢えながら毎日働いているよりもはるかに楽であろう。欧米の社会に不平の絶えざるも不思議ではない[8]。」

河上肇は、貧乏は個々人の意思の問題ではなく、社会の制度に問題があるということ、すなわち、貧困は自己責任ではないということ、「毎

---

[8] 河上肇、前掲書、35頁。

序　文

日規則正しく働いていながらわずかに肉体の健康を維持するだけの衣食さえ得あたわぬ者がすこぶる多い」ことを指摘し、その原因を究明するのが経済学である、と規定している。「貧乏物語」の主要なテーマは、経済学のテーマであり、いくら働いても、貧乏から免れることができない「絶望的な貧乏の」原因を社会のなかに求めて究明することである。また、河上肇は、貧乏人の多い国を「富国」と命名するのは怪しいではないか、と以下のように疑問を呈している。

　「貧乏人の多いのは英国ばかりではない、英米独仏その他の諸国、国により多少事情の相違ありとも、だいたいにおいていずれも貧乏人の多い国である。

　　　　　　　　　　……（中略）……

　もし私の言うがごとく英米独仏の諸国にはたしてそうたくさんの貧乏人がおるならば、世間でこれらの諸国をさして世界の富国と称しておるのが怪しいではないかという疑問である。思うにこれらの諸国がたくさんの貧乏人を有するにかかわらず、なお世界の富国と称せられつつあるゆえんは、国民全体の人口に比すればきわめてわずかな人数ではあるが、そのきわめてわずかな人々の手に今日驚くべき巨万の富が集中されつつあるからである。貧乏人はいかに多くとも、それと同時に他方には世界にまれなる大金持ちがいて、国全体の富ははるかに他の諸国を凌駕するからである⁽⁹⁾。」

　この指摘は、経済成長や GDP の増大を競い合っている今日の世界にも当てはまる。河上肇は、むろん、物質的な富の配分のみを経済学の課題にしているわけでではない。人間が人間としての尊厳を維持し、お互いに尊敬しあい、助けあって生きていくためには、健全な肉体と知能、そして霊魂が必要だ、と述べている。

⁽⁹⁾ 河上肇、前掲書、37 頁。

ところで社会的装置によって頭の中に埋め込まれるイデオロギーとは何か。それは人々が社会生活をしていく際、日々の行動の価値判断の基軸となるものである。己の欲望を満たしてくれ、富と社会的名声を保障してくれる今の社会制度が揺らぐことに恐怖を抱いている人は、体制の変革を目指すイデオロギーや経済学に恐怖感を抱き、他人の苦しむ姿に目を閉ざす。

　ところで「21 世紀の経済と社会」と題する本書は、商学固有の学問である貿易、金融、会計、マーケティングを軸に研究を組み立て、そのベースとなる現代の経済状況についての共通の問題意識の上に現代的な課題を設定した。

　第Ⅰ章「グローバル資本主義の展開とアジアの世紀？」では、各国政府の政策的「選択の自由」を奪う新自由主義が「ワシントン・コンセンサス」を通じて世界的に拡散する中で、2008 〜 09 年の世界的金融・経済危機により信頼を失墜したこと、21 世紀の世界では各国・地域に自主裁量の余地を与えることが必要であり、改めて東アジアの地域経済協力の枠組みの存在意義の世界史的位置付けが問われていることを明らかにし、「21 世紀の経済と社会」の在り方とその方向性について包括的に明らかにしている。

　第Ⅱ章「アメリカン・グローバリゼーションの一断面—軍事におけるグローバリゼーション—」は、冷戦対抗が終焉したにもかかわらず、紛争が激化し、グローバルな広がりをもって展開している要因として、グローバリゼーションの一側面である米国軍事力の実態について分析した。軍事費削減が続いている下で覇権帝国としてのアメリカは、RMA の推進と軍事産業基盤のグローバルな再構築を追求し、軍事調達費の削減に対応した産業の統合化と国際的共同開発・共同生産、更には武器輸出を強め、紛争要因増大の構造が剔抉される。

　第Ⅲ章「経済の金融化における証券取引所の変質—自主規制のあり方をめぐって—」は、グローバル化する現代経済において経済の金融化現

象、とりわけ重層的な機関投資家構造、デリバティブなど複雑な新金融商品、タックスヘイブンに逃避する富裕層のマネーの動き、国家により主導される国民の金融投資への包摂などの動きを析出し、市場の公正を保持する役割を担った証券取引所が経済の金融化を促す役割を担うようになり、大きく変質していっていることを明らかにした。こうした状況の下で改めて証券取引所の公正性を保つ自主規制機能の重要性を国際的潮流を踏まえて問題を提起し、機関投資家論の現代的課題に積極的に応えている。

　第Ⅳ章「ファンドによる企業支配と株主主権論」は、第３章の経済の金融化・証券化の問題点を踏まえて、経済の金融化の流れの中でわが国でも株主主権論が台頭していること、グローバル金融化の主役＝外資系ファンドが社会問題を引き起こしていること、なかでもファンドによる企業支配が引き起こす問題を明らかにし、ファンドの規制のあり方について商法学者の議論、さらには社会的責任を踏まえた株式会社論の国際的流れを踏まえて提起している。

　第Ⅴ章「批判的マーケティング論の類型と今後の課題」は、マーケティング論が商学の柱となる科目であるだけに、既存の主流派マーケティング論についてマーケティングにおける理論と方法の観点から再審する最新の批判的学説を検討し、それを類型化し、あるべきマーケティング論を構築するための課題を挑戦的に提起した。

　第Ⅵ章「地域的貿易協定の展開とその論点に関する一考察— NAFTAと TPP の類似点・相違点を巡って—」では、国際通商秩序の形成において現在その動向が注視されている FTA について、その先蹤となったNAFTA の教訓を TPP の議論に重ね合わせることにより類似点と相違点を抉り出し、FTT の本質に迫っている。

　第Ⅶ章「グローバリゼーションと国民経済の変容—フィリピン経済を事例として—」は、偏狭なナショナリズムが闊歩しているグローバル化する現代経済においてその位置背景となっている移民労働の問題を、資本と国家との相克として位置付けてとらえ返し、その典型的事例として

のフィリピンの海外出稼ぎ労働の実態分析を通じて明らかにしている。

第Ⅷ章「世界経済システムと第三世界―サハラ以南のアフリカ―」は、世界銀行や国際通貨基金（IMF）によって「中間階級が出現した」として賛美されているサハラ以南のアフリカ諸国の実態を批判し、冷戦体制の崩壊後これまでの資本主義世界編成とは異なる新たな段階として世界が再編成されたとし、今や世界経済の不安定化の要因のひとつに転化したエボラ出血熱流行とボコ・ハラムで注目されているナイジェリアを典型とした第三世界の惨状の根因を剔抉し、それが世界的格差の広まりに連なることを示唆する。現代経済のグローバル化が引き起こしている矛盾をその最も深刻なところでとらえ返し、全体の総括的位置づけを与える中心論点を明示した。

なお本書は、明治大学社会科学研究総合研究の成果であり、商学部教授福田邦夫を代表とする8名のメンバーは、「グローバル化する現代経済の批判的検討―商学の新たな創造に向けて―」を研究課題として、2011年度より2013年度まで3年間、社会科学研究所総合研究の機会を与えられた。現代における商学の在り方を問うという問題意識から、21世紀の経済状況についての共通の問題意識の上に現代的な課題を設定し、重要な研究成果を得ることができた。こうした機会を与えていただいた明治大学社会科学研究所に対して感謝の意を表明する。

〔第Ⅰ章〕

グローバル資本主義の展開とアジアの世紀？

小 林 尚 朗

はじめに

　ポーランドの自由選挙で「連帯」が圧勝し、ドイツではベルリンの壁が崩壊した 1989 年は、東西冷戦における西側陣営の「勝利」を強く印象づけた年であった。同年には F. フクヤマが「歴史の終わり？」（1989 年）のなかで、その勝利によって悠久にわたるイデオロギー上の進歩が終焉を迎え、「リベラルな民主主義（liberal democracy）」が人類の最終的な統治形態になるかもしれないと指摘した[1]。歴史の最後に勝ち残った「リベラルな民主主義」であるが、それを象徴する経済思想がいわゆる新自由主義（neoliberalism）であった。

　新自由主義は、1970 ～ 80 年代の米英において第二次世界大戦後の正統派と言えるケインズ主義に代わって台頭し、1990 年代までには世界各地にその影響力を浸透させていった[2]。当時はグローバル化という言

---

[1] Fukuyama, Francis, "The End of History?", *The National Interest*, No.16, Summer 1989.

[2] もちろん、各地に均等に浸透したことを意味しているわけではない。D. ハーヴェイは、「新自由主義が地理的に不均等な形で発展したこと、国家や社会構成体の違いによってたいてい部分的ないし特定の側面に偏って適用されたことは、新自由主義的解決策が確固たるものではなかったことを示している。それはまた、新自由主義化のプロセスが実際に生じる原因や過程が、さまざまな政治勢力や歴史的伝統や既存の社会的諸制度によって複雑に規定されていることを証明している」と述べている。デヴィッド・ハーヴェイ『新自由主義—その歴史的展開と現在—』（渡辺治監訳、森田成也・木下ちがや・大屋定晴・中村好孝訳）作品社、2007 年、26 頁。

葉が市民権を持ち始める時期であったが[3]、財・サービス、マネー、および人などの移動に限られず、情報、技術、そして文化や価値観までもが、ますます国境を越えて地球規模で動き回るようになっていた。そうしたなか、市場メカニズムの働きを重視する新自由主義が、普遍的な経済思想として急速にグローバル化したのであった。市場の働きを妨げる政府の経済介入は「非効率」なものとみなされ、生産性の向上や経済成長のためには自由化、民営化、そして規制緩和が不可欠と考えられるようになった。そのうえ、政府の経済介入は、個人の「選択する自由」を制限するだけでなく、公平な競争環境を歪めることにもつながるので、単に「非効率」なだけではなく「不公正」な行為とさえみなされるようになった。

　新自由主義のグローバル化を推進したのは冷戦に勝利した米国であり、その浸透に貢献したのが米国の息のかかった国際機関、すなわち国際通貨基金（IMF）や世界銀行であった。たとえば、IMFや世界銀行は、1980年代に深刻な累積債務危機に直面した中南米諸国に対して、救済融資や構造調整融資に伴う付帯条件（conditionality）として介入主義的な保護・育成政策の放棄と市場重視の一連の経済改革を要求した。これらの処方箋は、やがて「ワシントン・コンセンサス[4]」と呼ばれるよう

---

[3] 「グローバル化」あるいは「グローバリゼーション」という言葉が日本の新聞紙上で登場するのは1980年代後半のことである。小林尚朗「グローバル資本主義の危機とその行方」『アジア・アフリカ研究』第49巻第1号、2009年1月、4頁。

[4] 「ワシントン・コンセンサス」とは、もともと1989年にJ. ウィリアムソンが提示したもので、当時のラテン・アメリカで着手され始めた10項目の政策改革アジェンダである。具体的に言えば、ワシントンDCにあるシンクタンク、国際経済研究所（現ピーターソン国際経済研究所）がラテン・アメリカ10カ国から研究者を招いて開催した国際会議においてウィリアムソンが提示したバックグラウンド・ペーパーに由来している。その中身は、①財政規律、②公共支出の優先順位の見直し、③税制改革、④金利の自由化、⑤競争的な為替レート、⑥貿易自由化、⑦対内直接投資の自由化、⑧民営化、⑨規制緩和、⑩財産権、で構成されている。1990年代になると、「ワシントン・コンセンサス」は新自由主義的な処方箋と同義とみなされるようになり、ワシントンDCにある米国政府機関、そして国際通

第Ⅰ章 グローバル資本主義の展開とアジアの世紀？

になるが、普遍的な政策基準として同様の危機や停滞に陥った他の発展
途上国にも適用され、世界各地における市場経済化を牽引する役割を担
うことになった。また、冷戦の終焉は市場を排除した計画経済の破綻＝
市場メカニズムの有効性を証明するものと解釈されたことから、旧社会
主義諸国の経済改革プログラムも当然ながら新自由主義に沿った内容と
なった。そのうえ、もともと市場経済に基づいていた元来の資本主義諸
国においても、新自由主義の影響でより一層の自由化、民営化、規制緩
和が実施された。国境という障壁をなくして「平らな競技場」を作り出
すためのウルグアイ・ラウンドを経て[5]、1995 年には世界貿易機関
（WTO）が設立された。

　「ワシントン・コンセンサス」は教条主義的であるが、その優越性を
世界に浸透させることが米国にとっての正義でもあり使命でもあった。
F. フクヤマが宣言したとおり、新自由主義は最終的な勝利を収めたか
のように自信に溢れ、米国のマクロ経済も冷戦後はまずまずの実績を残
していた。1990 年代中頃になると、米国においては資本主義経済の不
安定性・無政府性の象徴であった「景気循環」の終焉も取り沙汰される
ようになった。情報技術（IT）の発達、生産のグローバル化、グローバ
ル・ファイナンスの拡大、サービス業の拡大（製造業からのシフト）、
あるいは雇用の柔軟性の高まり（非正規雇用の拡大）等々の要因が、先
進諸国における景気循環の波を緩和し、ニュー・エコノミーの時代が到
来したともてはやされた[6]。その後、米国における IT バブル、ドット・

貨基金（IMF）、世界銀行、および米州開発銀行などの国際機関が集団的に追求
する政策パッケージとみなされるようになるのである。John Williamson, "From
Reform Agenda to Damaged Brand Name: A Short History of the Washington
Consensus and Suggestions for What to Do Next", *Finance and Development*,
Vol.40 No.3, Sep. 2003, pp.10-11.

[5] ティム・ラング／コリン・ハインズ『自由貿易神話への挑戦』（三輪昌男・應和
邦昭・秋山誠一訳）家の光協会、1995 年、84 頁。

[6] たとえば、Weber,Steven, "The End of the Business Cycle?", *Foreign Affairs*,
Vol.75 No.4, Jul/Aug 1997.

コム・バブルの崩壊や不正会計処理問題もあってニュー・エコノミー論自体は衰退するが、今世紀に入っても B. バーナンキが「大いなる安定（The Great Moderation）」と賞賛したように、2000 年代中頃までの 20 年間ほどは、歴史的に見ても安定した物価水準や経済成長が実現されていた[7]。

　しかし、歴史は終わっていなかったようである。

　イラク戦争に伴い米国への国際的信頼が揺らぐなかで、2007 年夏になるとサブプライム・ローン問題を発端として米国主導の新自由主義的資本主義が深刻な危機に直面することになった。2008 年 3 月のベア・スターンズの大型救済、同年 9 月のリーマン・ブラザーズの破綻（リーマン・ショック）、2009 年 6 月の GM の "Government Motor 化"（国有化）等々、新自由主義の本丸である米国で歴史的な経済事件が続発した。自由市場は無秩序な状況を引き起こしうること、市場の自己治癒力には限界があること、あるいは、それに任せていては社会的損失が計り知れないことが広く認識されるようになった。すべての答えや方法が盛り込まれていたはずの「ワシントン・コンセンサス」という教義は、その権威を失墜させることになった。とりわけリーマン・ショックの衝撃は、米国の「"一極支配のひと時" の終焉（the end of the "unipolar moment"）」を決定的に印象づけた[8]。発展途上国の多くの人々は、「青い目をした白人が引き起こした危機」と発言したブラジルのルラ大統領に同調し、批判のやり玉として米国を挙げた[9]。小さな国家、規制緩和、私的財産制、そして低課税率などを重要視する自由市場モデル、新自由

---

[7] Bernanke,Ben S., "The Great Moderation", At the meetings of the Eastern Economic Association, Washington, DC, Feb.20 2004. http://www.federalreserve. gov/boarddocs/speeches/2004/20040220/（DL 2014.8.30）.

[8] Rachman,Gideon, "Why 9/15 Changed More than 9/11", *Financial Times* (London, England), Sep.14, 2010.

[9] Birdsall,Nancy and Fukuyama,Francis, "The Post-Washington Consensus: Development After the Crisis", *Foreign Affairs*, Vol.90 No.2, Mar./Apr. 2011, pp.45-46.

第 I 章　グローバル資本主義の展開とアジアの世紀？

主義モデルは危機にさらされたのである。

　そのような状況下で、「万全の景気対策」によってグローバル金融危機から逃れ、世界経済を牽引するまでにプレゼンスを高めたのが中国であった[10]。世界一の高成長国、世界一の貿易大国（危機後の 2013 年以降）、世界一の経常収支黒字国、世界一の外貨準備高、そして世界一の自動車大国など、そのプレゼンスの高まりを示す事例は枚挙に暇がない。2010 年第 2 四半期の国内総生産（GDP）で初めて日本を上回り、依然として国民 1 人当たりでは日本の 10 分の 1 程度にとどまるものの（当時）、世界第 2 位の経済大国へと浮上した[11]。この躍進は、先進国経済が 100 年に一度の大不況に陥っている時期に発生したこと、また、購買力平価ベースではすでに日本を上回って久しかったことから、中国が日本を追い越したというよりも、世界一の米国に急迫していることを強く印象づけるものであった。

　米国に迫る中国のプレゼンスの高まりは、すでにリーマン・ショックの前から「ワシントン・コンセンサス」に対峙する「北京コンセンサス」という概念を生みだしていた。そして、リーマン・ショックに伴う「ワシントン・コンセンサス」の権威の失墜は、中国（的な）モデルの是非あるいはその影響力をめぐって多くの議論が巻き起こすことになった。20 世紀が米国の世紀であったように 21 世紀はアジアの世紀になる可能性も指摘されているが[12]、教条主義的な「ワシントン・コンセンサ

---

[10] たとえば、関志雄『チャイナ・アズ・ナンバーワン』東洋経済新報社、2009 年、関志雄・朱健栄・日本経済研究センター・清華大学国情研究センター編『中国が変える世界秩序』日本経済評論社、2011 年、などを参照のこと。

[11] 2003 年のゴールドマン・サックスによる BRICs レポートでは、その逆転は 2015 年と予測されていた。Wilson,Dominic and Purushothaman,Roopa, "Dreaming with BRICs: The Path to 2050", *Goldman Sachs Global Economics Paper*, No.99, Oct.2003, p.3. なお、現実の 2015 年には日本の 2 倍に達する見込みである。

[12] Rachman, op. cit. また、アジア開発銀行は、約束されたことではないものの、必要な行動と政策を採ることで「中進国の罠」を回避できれば、「アジアの世紀」を実現できると報告している。Kohli,Harinder S., Sharma,Ashok and Sood,Anil eds., *Asia 2050: Realizing the Asian Century*, Sage Publications India Pvt, New

ス」に対して、「北京コンセンサス」は発展途上国の選択肢を増やす側面もある。前者がワシントンへの同意を求めているのに対して、後者は北京への同意を求めるというよりも、むしろ内政不干渉をその特徴としているのである。冷戦時代の米国が、多様性を容認し、政策選択の自由を認めたように、果たして中国の台頭は望ましい自由をもたらすのであろうか。

　本稿では、グローバル資本主義の象徴である新自由主義が、「ワシントン・コンセンサス」を通じて各国政府の政策的な「選択する自由」を奪ってきたことに注目し、その勃興の背景と信頼の失墜、そしてアンチテーゼとしての「北京コンセンサス」の浮上とその意義、さらには世界の成長センターを維持している東アジアにおける地域経済統合について論じていく。

1. 「埋め込まれた自由主義」からの転換

　前述のように、冷戦の終焉は市場を排除した計画経済の破綻＝市場メカニズムの有効性を証明するものと解釈され、新自由主義の普及にとっての追い風となった。とはいえ、とりわけ 1990 年代以降、元来の資本主義諸国においてもさらなる自由化、民営化、規制緩和が推進されたことが示唆しているように、一口に「資本主義経済」と言っても実際には西側資本主義陣営のなかにも様々なタイプの「資本主義経済」が存在していた。1 つの尺度として、市場と政府とのそれぞれに依拠する度合いというものを考えてみても、同じ「資本主義経済」諸国のなかでも自由放任に近い国から政府の影響力が相対的に広範囲に及ぶ国まで様々に異なっていた。

　たとえば M. アルベールによれば、冷戦に勝利した西側陣営には、米国や英国の「ネオアメリカ型」と、ドイツや日本、スイスなどの「ライ

Delhi, 2011.

ン型」という異なる資本主義のタイプが併存していた。そして、後者の
ほうが経済的効率性としてはむしろ優れていると分析しながらも、メデ
ィアの力や「魅力」といった部分、現在の言葉を用いればソフトパワー
によって、「悪化は良貨を駆逐する」現象が発生し、結果的に「資本主
義対資本主義」で勝ち残るのは前者であろうと予測されている[13]。優れ
た者が必ずしも勝利するわけではないということは、多くの者に希望を
与えるかもしれない。アルベールが指摘するように、「理想的なホモエ
コノミクス（経済人間）とは、数学的に行動し、冷静に計算された決定
を下す、厳格に論理的人間であると、理論家が論証を拠り所に説いてい
るが、そんなものは存在しない。言い換えれば、情熱、非合理的、移ろ
いやすい流行、人真似への熱狂、こうした要素が、人が思うよりはるか
に大きな影響を経済に及ぼしている[14]」のである。しかし、そのような
人間臭い世の中で勝利したのが「ネオアメリカ型」というのは皮肉であ
る。「ネオアメリカ型」は新自由主義と同義であるが、基本的に「理想
的なホモエコノミクス」の存在を前提とし、市場メカニズムに対する絶
大な信頼に基づいているのである。

　実際のところ、新自由主義が台頭した 1980 年代の米国は、決して経
済的に首尾良いパフォーマンスを示していたわけではなかった。財政と
貿易の双子の赤字が深刻化し、ドル高局面では産業空洞化に苦しめられ、
商業銀行や貯蓄貸付組合の経営危機や破綻が相次ぎ、また、裏庭と呼ば
れた中南米諸国は「失われた 10 年」を過ごすことになった。他方で、
相対的に市場介入度の高い「ライン型」である日本やドイツ（当時は西
ドイツ）は莫大な貿易黒字を稼ぎ出しており、1985 年 9 月のプラザ合
意以降も、自国通貨のドルに対する急激な引き上げにもかかわらず、順
調な経済パフォーマンスを示していた。

　また、多くの発展途上国が停滞に苦しむなか、東アジアでは日本に続

---

[13] ミシェル・アルベール『資本主義対資本主義』（小池はるひ訳・久水宏之監修）
　　竹内書店新社。とりわけ第 9 章を参照した。
[14] 同上書、238 ～ 239 頁。

いて韓国、台湾、香港、およびシンガポールのいわゆる新興工業経済
（NIEs）が輸出主導型の長期的な経済成長を達成し、1980年代までに世
界から羨望の眼差しを集めるようになっていた。さらに続いて、東南ア
ジア諸国連合（ASEAN）のタイ、マレーシア、インドネシアや、市場
経済化に着手した社会主義諸国である中国やベトナムまでもが、1980
年代後半から1990年代初頭までには高成長組の仲間入りを果たしてい
った。これらの国・地域は、資本や技術に加え、市場までも海外に求め
た歴史的特徴を持つが[15]、「ワシントン・コンセンサス」が推奨するよ
うな新自由主義的な自由化モデルを採用したわけではなかった。そのた
め、米国は1980年代に日本やNIEsとの間で多発した貿易摩擦において、
東アジアの保護主義的な政策を不公正であると非難し、一方主義的な経
済制裁を実行したり示唆したりしたのであった。

　そもそも、戦後、新自由主義が台頭することになる1970年代までの
いわゆるブレトンウッズ体制下においては、発展途上国は自分たちが望
む貿易政策をまったく自由に行うことが可能であった[16]。ブレトンウッ
ズ体制は、1930年代の経済ナショナリズムが引き起こした悲劇に対す
る反省から構築された多国間主義（マルチラテラリズム）に基づく秩序
であったが、「埋め込まれた自由主義」とも呼ばれるように、戦前の
「金本位制と自由貿易というレッセフェール的な自由主義とは異なり」、
それは「現代資本主義国家の介入主義的政策に基づいていた[17]」。すな
わち、ブレトンウッズ体制は、「活発な世界貿易を確保するために十分
な国際規律と貿易自由化の推進は許容されているものの、国内の社会

---

[15] 平川均「東アジア工業化ダイナミズムの論理」粕谷信次編『東アジア工業化ダイ
　　ナミズム―21世紀への挑戦―』法政大学出版局、1997年。

[16] Rodrik,Dani, *The Globalization Paradox: Democracy and the Future of the World
　　Economy*, W.W. Norton & Company, New York, 2011, p.73（ダニ・ロドリック
　　『グローバリゼーション・パラドクス―世界経済の未来を決める三つの道―』（柴
　　山桂太・大川良文訳）白水社、2014年、95頁）

[17] ジョン・ジェラルド・ラギー『平和を勝ち取る―アメリカはどのように戦後秩序
　　を築いたか―』（小野塚佳光・前田幸男訳）岩波書店、2009年、60頁。

的・経済的必要性に応えるための十分な余地を各政府に与えるものであった[18]」。同じ西側諸国のなかでも、欧州や米国、日本で多種多様な形態の国家が存在していたが、「国家は完全雇用、経済成長、市民の福祉を重視しなければならないこと、国家権力はこれらの目的を達成するために、市場プロセスと歩調を合わせて（あるいは必要とあらばそこに介入したりそれに取って代わったりさえしながら）自由に動員されなければならない」ということを受け入れていた点で共通していた[19]。保護主義的な政策もむしろ一般的なもので、独自の政策を遂行できる自由が認められていたのである。

　それを変えたのは 1970 ～ 80 年代における新自由主義の台頭であり、当初とりわけ実験場とされたのが発展途上国であった。戦後長期にわたって市場の失敗や政府の役割が重視され、自由市場の採用が疑問視されていた発展途上国に対して、前述のように IMF や世界銀行は融資の付帯条件を通じて自由化、民営化、規制緩和などを要求することで、新自由主義の考えを適用させた[20]。そして 1980 年代末になると、世界銀行を通じて、介入主義的であった東アジアにも新自由主義を広げようと試みられたのである。

　とはいえ、大部分の東アジア諸国・地域の場合、1980 年代においても深刻な累積債務危機に陥ることがなく、多少の景気の波はあったものの、順調な経済パフォーマンスを示していた。そのため、東アジアの多くの諸国・地域は付帯条件を要求される緊急融資などを受けることもなく、相対的に自由な政策選択の余地が残されたままであった。ところが 1980 年代末になると、意外な方面から政府介入の縮小と市場メカニズムの重視を迫られることになった。急速な円高の進行によって、日本は 1989 年に政府開発援助（ODA）の供与額が世界第 1 位へと躍進したが、

---

[18] Rodrik, 2011, op.cit., p.69.

[19] ハーヴェイ、2007 年、前掲書、22 頁。

[20] ジョセフ・E・スティグリッツ『世界を不幸にしたグローバリズムの正体』（鈴木主税訳）徳間書店、2002 年、30 ～ 34 頁。

同年には世界銀行が日本の発展途上国に対する政策金融借款について、市場の働きを歪めるものとして差し控えるように要請してきたのである[21]。つまり、国際金融界における日本のプレゼンスが高まるなかで、市場の重視に反する政策アプローチに釘が刺されたわけである。これを契機として、世界銀行は日本の大蔵省（現財務省）の資金提供のもと、東アジアの経済成長と政府の役割に関する政策研究レポートを作成することになった。こうして 1993 年に発表された報告書が、*The East Asian Miracle*（1993 年）（『東アジアの奇跡』、以下『奇跡』）である。

　『奇跡』は、いわば経済成長における「市場対国家」の争いに一定の結論を下すことが求められ、経済政策の是非をめぐる攻防を反映することになった。世界銀行は経済政策を基礎的政策と選択的介入の 2 つのグループに大別し、前者については『奇跡』でも有効性が認められた。具体的には、安定したマクロ経済を促進するもの、人的資本への投資、限定された価格の歪み、そして外国技術への開放性などが挙げられている[22]。市場介入的な後者については、「基礎的な政策だけではすべてを説明できない」としてその影響を認める一方で、成長と特定の介入との統計的な関係は立証できないとして、その全般的な有効性については評価されなかった[23]。ただし、たとえば輸出振興策について、『奇跡』は選択的介入のなかでもっとも成功し、他の発展途上国にも有望な政策であると評価しながらも、現実に他国が模倣することは困難であると結論づけた。その理由は、世界的な自由化圧力が高まるなか、発展途上国は先進国の市場から恩恵を受ける一方で、自らは例外措置によって自由に貿易政策を選択するのが困難になっているということであった[24]。世界最大の援助機関が自ら有望と考える政策について、世界的な自由化圧力

---

[21] 世界銀行『東アジアの奇跡—経済成長と政府の役割—』（白鳥正喜監訳）東洋経済新報社、1994 年、391 頁。「監訳者あとがき」を参照。

[22] World Bank, *The East Asian Miracle: Economic Growth and Public Policy*, New York, Oxford University Press, 1993, pp.10-11.

[23] Ibid., pp.5-6.

[24] Ibid., p.365.

のために選択することができないと判断を下してしまうのは、「ワシントン・コンセンサス」という教条主義の影響下に入ってしまっていることを物語っている[25]。

　自らにとって望ましい政策を選択することの自由は、本来極めて重要である。ブレトンウッズ体制下では認められていた政策選択の自由が、新自由主義体制下では認められなくなっていくが、どちらを主導していたのも米国であった。A. アムスデンは、第二次世界大戦後のパックス・アメリカーナの時代を第一のアメリカ帝国の時代（1950 ～ 1980 年）と第二のアメリカ帝国の時代（1980 年以降）とに分類している。そして第一のアメリカ帝国のもとでは、第三世界が「資本主義陣営にとどまるかぎり、自由市場の規範から逸脱し、自らの洞察にしたがって転換を図り、独自の政策をまとめることができた」のであり、「第三世界は近代史上最大の自由を獲得し、成長を加速させたのであった[26]」。冷戦体制のもと、第一のアメリカ帝国は発展途上国に対して互恵主義の原則を求めようとしなかった。しかしながら、後続国がキャッチアップするにつれて、第一のアメリカ帝国における「汝のやりたいようにやれ」から、第二のアメリカ帝国では「われらのやり方でやれ」という立場へと転換し、世界的に成長率は失速し、米国の権力も衰退を始めることになったのである[27]。

　世界銀行は『奇跡』のなかで、東アジアにおける「経験の多様性、制

---

[25] 世界銀行が市場重視に傾いていた理由として、チーフ・エコノミストであった B. バラッサや A. クルーガーの影響に加え、世界銀行のエコノミストのうち実に 80％が北米や英国で学んだいわゆる正統派あったことが影響していると言われている。Wade,Robert, "Japan, the World Bank, and the Art of Paradigm Maintenance: The East Asian Miracle in Political Perspective", *New Left Review*, No.217, May/June 1996, p.31. 教条主義の影響下と言うよりも、まさしくその権化であったと言ったほうが正確かもしれない。

[26] アリス・H・アムスデン『帝国と経済発展―途上国世界の興亡―』（原田太津男・尹春志訳）法政大学出版局、2011 年、64 頁。

[27] 同上書、232 頁。

度の多様性、および政策上の大きな変動性から、平等を伴った急速な成長に関して東アジア・モデルなるものが存在しないことを知った[28]」と指摘し、この世界における多様性の存在ということを明らかにしている。しかしながら、自らが書く処方箋は極めて画一的なものとなっており、新自由主義の教義に基づいて各国・地域の環境や制度、文化、その他の多様性を考慮に入れるものではなかったのである。

2. 新自由主義と「選択する自由」の制限

古典派経済学の大家であり、当代屈指の哲学者でもあったJ.S.ミルは、個人を強制したり統制したりすることが認められる「原理」として次のように述べている。「その原理とは、人類がその成員のいずれか一人の行動の自由に、個人的にせよ集団的にせよ、干渉することが、むしろ正当な根拠をもつとされる唯一の目的は、自己防衛（self-protection）であるということである。また、文明社会のどの成員に対してにせよ、彼の意志に反して権力を行使しても正当とされるための唯一の目的は、他の成員に及ぶ害の防止にあるというにある[29]」。これは有名な「危害原理」と呼ばれるもので、他人に迷惑を及ぼさない限りは、人は自由を妨げられないというものである。ミルはこれを言い換えて、次のようにも表現している。すなわち、「自由の名に値する唯一の自由は、われわれが他人の幸福を奪い取ろうとせず、また幸福を得ようとする他人の努力を阻害しようとしないかぎり、われわれは自分自身の幸福を自分自身の方法において追求する自由である[30]」と。

言うまでもなく、個人の価値観や欲望というものは千差万別である。しかし、個々人が自らの価値観や欲望だけに従って行動したならば、ホッブズが表現するところの「万人の万人に対する闘争」を生み出しかね

---

[28] World Bank, 1993, op. cit., p.366.
[29] J.S.ミル『自由論』（塩尻公明・木村健康訳）岩波文庫、1971年、24頁。
[30] 同上書、30頁。

第Ⅰ章　グローバル資本主義の展開とアジアの世紀？

ない。そのため、個々人が自らの権利をある程度委譲することによって、政府あるいは国家というものを形成し、公共の秩序や安寧の維持が図られてきたのである。K.ポラニーは、「社会の発見は、かくして、自由の終焉でもありうるし、あるいはその再生でもある[31]」と指摘している。

　ここで政府あるいは国家の性質に関する議論に深入りする余裕はないが[32]、権利の委譲に伴う自由の放棄を含めれば、本質的にそれらが個人の自由を制限し、個人の行動を束縛する性質を持つということに異論は少ないであろう。新自由主義の台頭に多大な影響を与えたF.A.ハイエクが憂えたのもその点であった。世の中には、一般的な価値尺度、あるいは完全な道徳律というようなものが存在するわけではない。個人が特定の共通目的の実現のために協力するときは組織が形成されるが、その組織には組織自体の目的体系とそれ自体の手段が与えられ、特定の分野においては組織の目的が至上となる。この分野の範囲は、個人が特定の目的に同意する程度によって決定されるが、その同意の可能性は範囲が広がるにつれて必然的に減少する。国家という組織についても同じであり、その介入分野が自発的に同意された分野に限定されていれば良いが、同意のない分野に及ぶようになれば個人の自由を阻害することにつなが

---

[31] カール・ポラニー『大転換—市場社会の形成と崩壊—』（吉沢英成・野口健彦・長尾史郎・杉浦芳美訳）東洋経済新報社、1975年、347頁。

[32] トーマス・ペインは、「社会はわれわれの必要から生じ、政府はわれわれの悪徳から生じた。前者はわれわれを愛情で結合させることによって積極的に幸福を増進させるが、後者は悪徳を抑えることによって消極的に幸福を増進させる。一方は仲良くさせようとするが、他方は差別をつくり出す。前者は保護者であるが、後者は処罰者である」と述べている。トーマス・ペイン『コモン・センス』（小松春雄訳）岩波文庫、1976年。また、F.エンゲルスは、「抗争しあう経済的利害をもつ諸階級が、無益な闘争のうちに自分自身と社会とを消尽させないためには、外見上の社会のうえに立ってこの抗争を和らげ、これを『秩序』の枠内に保つべき権力が必要となった。そして、社会からでてきながらも、社会の上に立ち、社会からますます疎外してゆくこの権力が、国家なのである」と指摘している。フリードリッヒ・エンゲルス『家族・私有財産・国家の起源』（戸原四郎訳）岩波文庫、1965年、225頁。

っていく。そのうえ、共同行為の範囲を拡大しつつ個人の自由をそのまま維持することはできず、国家が統制する公的部分がある程度を越えると、国家の行動は体制の全体に多大な影響を及ぼすことになるのである[33]。

　小さな政府を提唱して米国における新自由主義を確立した M. フリードマンによれば、市場経済は「服従を求めることなしに全員一致を成り立たせる[34]」ことができるので、人々の多様性を広く受け入れることが可能である。ハイエクの考えたとおり、フリードマンにとっても政府のような組織が決定する範囲が広くなればなるほど人々の同意が必要な係争点も増大し、係争点が増えれば増えるほど安定した社会に必要な社会的団結力に対する負担が重くなる。そのため、小さな政府に移行することで市場を利用する範囲が広がることになれば、その分だけ服従を求められる必要も少なくなり、社会的団結力にかかる負担も緩和されることになるのである[35]。

　世界大恐慌からの脱却を目指したニュー・ディールに始まり、戦後主流となったケインズ主義的な政策運営によって、経済活動における政府の役割は著しく大きなものになった。J.M. ケインズは『自由放任の終焉』（1926 年）のなかで、当時の個人主義と自由放任の社会において「曲が新しく変わってもそれに合わせて踊ろうとさえしなくなった」人々に対し、「世界は、私的利害と社会的利害とがつねに一致するように天上から統治されているわけではない。世界は、現実のうえでも、両者が一致するように、この地上で管理されているわけでもない。… （中略）…今日の経済学者たちに課されている主要な問題は、おそらく、政府のなすべきことと、政府のなすべからざることとを改めて区別し直すことで

---

[33] フリードリヒ・A・ハイエク『隷従への道—全体主義と自由—』（一谷藤一郎・一谷映理子訳）東京創元社、1992 年、74 ～ 79 頁。

[34] ミルトン・フリードマン『資本主義と自由』（熊谷尚夫・西山千明・白井孝昌共訳）マグロウヒル好学社、1975 年、25 頁。

[35] 同上書、26 ～ 27 頁。

第 I 章　グローバル資本主義の展開とアジアの世紀？

あろう[36]」（傍点は原文通り）と説いた。その結果として、しだいに政府の介入分野が広がり、その分だけ膨大な費用が必要となり、財政の拡張＝租税負担の増大を不可避なものとしたのであった。フリードマンによれば、「政府による介入の拡大は、われわれの人間としての自由を、いまや大幅に制限するようになった。…中略… 経済的自由の本質的な部分は、自分の所得をどう使うか、そのどれだけを自分自身のためにどんなやり方で使うか、そのどれだけをどんな形で貯蓄するか、そのどれだけを誰に与えるか―などを『選択する自由』だ。今日のアメリカでは、われわれの所得の 40％以上がわれわれに代わって、連邦政府、州政府、その他の地方政府等の政府によって使われてしまうようになっている[37]」。それが 1980 年代以降における新自由主義という思想のグローバル化によって、市場の重視と小さな政府が再び指向されるに至り、世界は「"自由放任の終焉"の終焉[38]」を迎えることになったのである。

　新自由主義の目的が「選択する自由」を回復することであるならば、世界各国・地域における政策を選択する自由も認められて良いように思われる。しかしながら、たとえば「ワシントン・コンセンサス」のように現実には画一的な処方箋が課せられることが多く、そこには「選択する自由」など存在しない。石川滋は世界銀行の課すコンディショナリティについて次のように説明している。すなわち、「構造調整の対象としてとりあげられる政策分野およびそれぞれの分野での処方箋の内容は、

[36] ジョン・メイナード・ケインズ「自由放任の終焉」宮崎義一・伊藤光晴編『世界の名著 57』中央公論社、1971 年、133 頁、151 ～ 152 頁。

[37] ミルトン・フリードマン＆ローズ・フリードマン『選択の自由―自立社会への挑戦―』日経ビジネス文庫、2002 年、172 ～ 174 頁。

[38] 宮崎義一による。すなわち、「トランスナショナルな経済的枠組の内部においては、各種の規制を大幅に緩和し、将来広域経済圏の中で強力な統一的な公正取引委員会が確立されるまで、1930 年代に一度強烈な幻滅を味わったことのある規制のない弱肉強食への道を再び歩み出そうとするものであろう。いわばメガコンペティションという名称をもつポスト冷戦下における "自由放任の終焉" の終焉であろう」。宮崎義一『ポスト複合不況―21 世紀日本経済の選択』岩波ブックレット、No.418、36 頁。

29

あらかじめ用意された構想調整プログラムのマニュアルで明示されている。そこに記された政策分野は、輸入自由化・関税率引き下げ、税制改革・公共投資などの財政支出の削減措置・金融システム改革・貨幣政策改善、国有企業の合理化ないし民有化、価格・流通規制の廃止、社会的安全ネットの整備などである。…中略… 一般には低所得国・中所得国の違いはもとより国別の特殊性には十分考慮することなくすこぶる画一的な内容となっている[39]」のである。

　政策を選択する自由が存在しない原因の１つは、この手の分野では市場メカニズムが働いていないため、服従を求められているからである。IMF や世界銀行はいわば独占体であり、絶対的なプレゼンスを誇っている。かつて、1997 年のアジア通貨危機の際に、日本はタイやマレーシア、インドネシアなどに請われて、アジア版 IMF とも言えるアジア通貨基金（AMF）の設立に向けて動き出したが、IMF との機能重複、規律の緩みの恐れ、そして東アジアでの米国のヘゲモニーを脅かすものとして米国や IMF の反対に遭った[40]。日本のプレゼンス拡大を恐れた中国が米国に同調したこともあり、AMF は幻に終わったのである。

　また、コンディショナリティの項目数が増えれば増えるほど、大きな政府における個人と同じように、各政府の「選択する自由」が制限される度合いも高まることにもなる。

　なお、もっとも重要な問題は、「選択する自由」がないことではない。選択肢が限られていたとしても、成功のレシピが与えられるならばまだ救われるであろう。しかし、イデオロギー先行型の新自由主義の実績と評判は極めて悪い[41]。D. ハーヴェイは、「新自由主義は『所得・余暇・

---

[39] 石川滋「開発経済学から開発協力政策へ」石川滋編『開発協力政策の理論的研究』アジア経済研究所、1996 年、所収、42 ～ 43 頁。

[40] 国際通貨研究所『我が国のアジア通貨危機支援の政策評価』国際通貨研究所、2002 年 12 月、152 頁。

[41] たとえば、1997 年のアジア通貨危機の際に、タイ、インドネシア、韓国の３カ国がそれぞれ IMF との間で救済プログラムに合意すると、３カ国ともがその直後に通貨の下落を経験し、逆に危機が拡大したのが事実であった。伊藤隆俊「アジア

第 I 章　グローバル資本主義の展開とアジアの世紀？

「ワシントン・コンセンサス」と韓国・台湾

ワシントン・コンセンサスの構成要素	韓　　国	台　　湾
1. 財政規律	大体において○	○
2. 健康・教育・インフラを優先した公共投資	○	○
3. 税基盤拡大，限界税率の削減を含む税制改革	大体において○	○
4. 単一で競争的な為替レート	限られた期間を除いて○	○
5. 財産権の保障	1961 年、朴正熙大統領の統治は主要な実業家の逮捕や資産没収によって開始された	○
6. 規制緩和	限定されていた	限定されていた
7. 貿易自由化	1980 年代まで限定されていた	1980 年代まで限定されていた
8. 民営化	1950、60 年代、政府は多くの公企業を設立	1950、60 年代、政府は多くの公企業を設立
9. 海外直接投資への障壁削減	直接投資は厳しく制限された	政府のコントロール下にあった
10. 金融自由化	1980 年代まで限定されていた	1980 年代まで限定されていた

出所：Rodrik,Dani, "Understanding Economic Policy Reform", *Journal of Economic Literature*, Vol.34 No.1, Mar.1996, p.17.

安全を高める必要がない』人々に権利と自由を与え、残りの者たちにはほんのわずかなものしか与えない[42]」と指摘している。そもそも、1980年代に多くの発展途上国が累積債務危機に陥るなかで奇跡的な成長を続けた韓国と台湾の場合、その高度成長期に「ワシントン・コンセンサス」の政策基準を満たしていたのかと言えば、十分なものではなかった。

通貨危機と IMF」『経済研究』（一橋大学経済研究所）第 50 巻第 1 号、1999 年 1 月、87 ～ 91 頁。

[42] ハーヴェイ、2007 年、前掲書、55 頁。

表から明らかなように、「韓国や台湾がもっとも着実に正統的な方針に従っていたのは、保守的な財政政策と競争的な為替レートを維持したこと」であり、両経済の長期的なマクロ経済の安定を維持する能力を示しているが、「ミクロ経済的介入の領域においては、彼らの経験は正統的な方針からは逸脱したものであった[43]」。

3.「北京コンセンサス」の浮上

F. フクヤマは、1989年にナショナル・インタレスト誌に「歴史の終わり？」を上梓した後、同じく『歴史の終わり』と冠した大著を発表している。そのなかで、「目下のところリベラルな民主主義にとってかわる体系的な原理などないことは明らかだとしても、ひょっとするとこれまでの歴史に例を見なかったような新しい権威主義的な代替物が、将来その存在を誇示するようになるかもしれない[44]」と推論している。つまり、フクヤマ自身、歴史が完全に終わったと考えていたわけではなかったとも言える。そしてさらに、「新しい権威主義的な代替物」は、二種類の民族集団から生まれるものと予測していた。すなわち、「1つは、自由主義経済を機能させようとする努力にもかかわらず文化的理由から経済的失敗を繰り返している民族、もう1つは資本主義のゲームにおいて途方もない成功を収めている民族である[45]」と。フクヤマが念頭に置いていたのは、前者がイスラム諸国であり、後者が日本を中心とする東アジア諸国・地域であった。

フクヤマによれば、東アジアではその未曾有の経済的成功によって、自分たちの成功が単に西欧の借り物で実現したわけではなく、自らの文

---

[43] Rodrik,Dani, "Understanding Economic Policy Reform", *Journal of Economic Literature*, Vol.34 No.1, Mar.1996, p.17.

[44] フランシス・フクヤマ『歴史の終わり【下】』（渡部昇一訳）三笠書房、1992年、35 ～ 36頁。

[45] 同上書、36頁。

第Ⅰ章　グローバル資本主義の展開とアジアの世紀？

化の伝統的特質を保持して現代のビジネス環境に適合させたという自負が生まれるようになったという。米国が経験してきた共同体生活の崩壊や家族の分解に対して、東アジア社会はこの共同体感覚を提供しているのであり、その文化のなかにあっては個人主義への束縛などは些細な代価にすぎない。フクヤマは、その進む方向として２つの可能性を提示している。すなわち、「１つは、ますます国際化をとげ教育水準を高めたアジアの人々が普遍的かつ相互的な認知という西欧的発想をこのまま吸収しつづけ、形式上のリベラルな民主主義をいっそう広めていく方向」であり、「一方、仮にアジア人がみずからの成功を借り物の文化のせいではなく自分たち自身の文化のおかげだと確信したならば、仮に欧米の経済成長の勢いが極東にくらべて衰えたならば、仮に西欧社会が家族のような基本的社会制度のいっそうの崩壊を経験しつづけていくならば、そして仮に西欧がアジアに対して不信や敵意を抱いて向かってくるならば、そのとき極東では技術主義的な経済合理主義と家父長的な権威主義とを結合させた反自由主義的、非民主主義的なシステムが支持されるようになるかもしれない[46]」と。

　東アジア経済を牽引していた日本は、このうち前者、「形式上のリベラルな民主主義」を拡大する道をこれまで歩んできたようにも思える。そして現在さらに注目されるのが中国の台頭とその意義である。現在のところ、中国はこのうち後者、「経済合理主義と権威主義とを結合させた非民主主義的なモデル」によって高成長を果たしている。フクヤマは近著において、「今日の世界において、リベラルな民主主義に対する最も重大な挑戦は、権威主義的な政府と一部で市場化された経済とを結合させてきた中国によるものである[47]」と指摘している。

　S.ハルパーは、「グローバル化が世界を小さくしているように、中国

---

[46] 同上書、49 ～ 50 頁。

[47] Fukuyama,Francis, "The Future of History: Can Liberal Democracy Survive the Decline of the Middle Class?", Foreign Affairs, Vol.91 No.1, Jan./Feb. 2012, pp.56-57.

は西側世界を小さくしつつある[48]」と指摘している。つまり、「ワシントン・コンセンサス」に投影された欧米的な価値観や影響力のグローバルな広がりに対して、中国は抵抗を示し、それが一定の成果を収めているというのである。経済成長に寄与するのは政府ではなくて市場であり、民主主義こそが社会を首尾良く組織するという新自由主義の思想は、中国の権威主義的な国家資本主義の台頭によってその広がりを停止させつつある。「北京コンセンサス」が注目されるのは、欧米的な民主主義の確立されていない独裁政治体制を維持しながらも、国家資本主義による高成長で世界的なプレゼンスを拡大させている中国に対して警戒心が強まっているからであろう。また、「中国の台頭を理解するには、ワシントン・コンセンサスが凋落していく事実を無視するわけにはいかない。このモデルが機能しないことが広く知られるようになるにつれ、世界の中心にはいなかった国々——それに他の国も含めて——が中国を称賛するようになるからである[49]」。これまでの欧米諸国による啓蒙主義的な価値観の押しつけに対して、発展途上国から見れば選択肢が増えたことになるが、非民主的な独裁政権を正当化する根拠となるだけではほとんど意味がないことであろう。米国主導の国際金融秩序に対抗すべく、中国主導でBRICSの5カ国（ブラジル、ロシア、インド、南ア、中国）によるBRICS開発銀行の設立が決まったこと、そして、やはり中国主導で約20カ国が参加を表明しているアジア・インフラ投資銀行（AIIB）の設立などは、注目すべき動きと言える。機能的にはIMF・世界銀行やアジア開発銀行などと重なる働きをすると予測されるが、かつて日本はAMFを断念せざるを得なかったものの、BRICS銀やAIIBが設立されれば選択肢の広がり以上のインパクトをIMF・世界銀行、そして米国に与えるかもしれない。

　「北京コンセンサス」と「ワシントン・コンセンサス」との大きな違

---

[48] ステファン・ハルパー『北京コンセンサス—中国流が世界を動かす？—』（園田茂人・加茂具樹訳）岩波書店、2011年、24頁。

[49] 同上書、47頁。

第Ⅰ章　グローバル資本主義の展開とアジアの世紀？

いは、前述のように、福音主義的で教条主義的な後者が他国に自らの信念を強要するのに対して、前者は極めてプラグマティックでそのようなイデオロギーを持ち合わせていないことである[50]。ましてや、中国（北京政府）が「資本主義の道は歩むが、独裁の道は譲らない」という新たなオールタナティブの広告塔になることは、現実はともかく、本意ではないであろう。中国国内においても政治改革や民主化の不可避性は理解されており、姚洋（北京大学）が「北京コンセンサスの終焉[51]」（2012年）において論じたように、将来的には「中国共産党が経済成長の奨励と社会的安定の維持を望むならば、より大幅な民主化以外の選択肢はない」のかもしれない。フクヤマが指摘しているように、社会的・経済的平等の実現に取り組んでいるはずの共産党であるが、格差の拡大によって信頼に足る指導思想を失っている状態である[52]。数年後、世界最大の経済大国が非民主国家になるのか注目されるところである。

　格差の拡大は放置できる問題ではない。そもそも、「ワシントン・コンセンサス」が権威を失墜させた根本的な要因は、それが生み出した格差であると言っても過言ではないだろう。S. ジョージが「ダボス階級」と呼ぶ、現代の支配者階級の利益のために、新自由主義のグローバル化が進められてきた。「ダボス階級」は、「メンバーの紳士的振る舞いと仕立てのいい服とは裏腹に、強奪者」であり、「すべては自分のために、何１つ他人には与えない[53]」１％の人々である。本来的に「北京コンセンサス」の優れているところは、欧米的なもの以外の価値観を許容し、選択肢を広げることによって、グローバルな格差を生み出してきた強者

----

[50] Pilling, David, "How Beijing will Treat the Rest of the World", *Financial Times* (London, England), Jan.20, 2011.

[51] Yao, Yang, "The End of the Beijing Consensus: Can China's Model of Authoritarian Growth Survive?", *Foreign Affairs*, Feb.2, 2010 . http://www.foreignaffairs.com/articles/65947/the-end-of-the-beijing-consensus（DL 2014.9.4）

[52] Fukuyama, 2012, op. cit., p.57.

[53] スーザン・ジョージ『これは誰の危機か、未来は誰のものか―なぜ１％にも満たない富裕層が世界を支配するのか―』（荒井雅子訳）岩波書店、2011年、8、10頁。

の論理、強者の都合が押しつけられることを回避する道をわずかではあるが開いたことである。その世界が格差に沈んでいては元も子もない。

4. 東アジア地域協力の意義

　東アジアという枠組みでの地域協力が本格的に取り組まれるようになったのは、1997年のアジア通貨危機以降のことである[54]。1990年代に発生した世界的な地域経済統合ブーム、自由貿易協定（FTA）ブームなどとは性格の異なるものであり、直接的には通貨危機への対応がその契機となっている。ASEANに日本、中国、韓国の3カ国を加えたASEAN+3という枠組みがその基盤となるが、もともとはASEAN結成30周年を記念して1997年12月に首脳会議が開催された。ところが、当時の東アジアは危機の真っ直中にあり、それへの対応として翌年も再度開催することになり、それ以降は経済協力の強化のために定例化されたものであった。1998年11月には、東アジアにおける地域協力の可能性と方策について民間有識者が協議する東アジア・ビジョン・グループ（EAVG）が設置され、翌99年11月には「東アジアにおける協力に関する共同声明」が採択された。ASEAN+3では通貨危機の再発防止に向けた通貨スワップであるチェンマイ・イニシアティブなどの地域協力が進められるとともに、制度的な広域経済連携、具体的にはFTAの締結交渉に向けた動きも進められた。

　東アジアの地域主義を呼び起こしたのは、通貨危機に伴う深刻な金融・経済危機という辛い経験の共有と、危機に際してのIMF・米国の冷たい対応であった。また、自らが歩んできた成長の道を否定するような「ワシントン・コンセンサス」に対する反発であった。東アジアの開発モデルをめぐって、前述のように『奇跡』が作成されたが、その結論を一言でいえば、政府は無実が証明できずにクロとなり、市場は有罪が

---

[54] 詳しくは、平川均・小林尚朗・森元晶文編『東アジア地域協力の共同設計』西田書店、2009年。

証明できずにシロとなった。有能な官僚集団による選択的介入に自負が
ある東アジアにとって、この結論は承伏しがたいものであったが、新自
由主義の流れに抗することはできなかった。

　通貨危機の発生後も、東アジアと IMF・米国との間で確執が続いた。
危機は 1997 年 7 月にタイ・バーツが管理フロート制に移行したことを
契機としたが、8 月には東京でタイ支援国会合が開催され、IMF による
支援に加え、日本など近隣の東アジア諸国も二国間支援を約束した。後
者の二国間支援についても「ワシントン・コンセンサス」に基づく
IMF の付帯条件が適用されるが、その内容は 1 セントも拠出しない米
国の趣意に沿ったもので、ドナーである東アジア諸国・地域の本意とは
異なる内容であった。その不合理性から、前述のように、タイやマレー
シア、そしてインドネシアがアジア共同の基金作りを日本に要請し、日
本は 9 月に AMF 構想を正式に表明した。いわば、東アジアの東アジア
による東アジアのための基金作りであった。AMF 構想は早くも 11 月
には断念されたが、それに代わって、同月には IMF の規律下で「マニ
ラ・フレームワーク」が構築され、さらに翌 98 年 10 月には日本が韓国、
インドネシア、マレーシア、フィリピン、タイの 5 カ国向けに総額 300
億ドルの資金支援スキームである「新宮澤構想」を発表した。1998 年
10 月というタイミングは、同年夏のロシア危機によって米国大手ヘッ
ジファンドの LTCM が経営危機に陥り、その影響で米国の金融界が深
刻な状態に置かれていた時期であった。東アジアでは経営危機に直面し
た金融機関を次々と閉鎖させた IMF と米国であったが、米国の国内で
はニューヨーク連邦準備銀行が自ら救済融資交渉をまとめあげたことで、
米国版クローニー資本主義と批判された。通貨危機がブラジルにも伝染
を始めたこともあり、米国に日本を批判する余裕はなくなっていた。
「新宮澤構想」は、「ワシントン・コンセンサス」や IMF の付帯条件に
対する批判とセットで提案され[55]、東アジアで高い評価を受けたのであ

---

[55]「第 51 回 IMF 暫定委員会における日本国ステートメント」1998 年 10 月 4 日。
　http://www.mof.go.jp/international_policy/imf/statement/imfp/1e039.htm（DL

った。

　ASEAN+3 という地域主義の高まりは、世界各地における地域主義の波が、東アジアに遅れてやってきた側面もある。つまり、米国発のグローバリズムでもある新自由主義に対応するための地域主義である。G. ソロスは、「グローバル社会はコミュニティには決してなり得ない。それはコミュニティになるにはあまりにも大きく、あまりにも変化に富み過ぎている。あまりにも多くの文化と伝統を抱えているからだ[56]」と述べている。東アジアが青天の霹靂で危機に直面し、痛みを共有したことが地域の求心力を高めたと言える。

　2001 年 11 月の ASEAN+3 首脳会議では、EAVG の報告書である「東アジア・コミュニティに向けて」が提出された。そこでは「地域内のすべての人々の十全な発展に基づく、平和・繁栄・進歩の東アジアコミュニティ」を創設するため、22 項目の提言の実行可能性について政府高官で構成する東アジア・スタディ・グループ（EASG）が検討することになった[57]。2002 年 11 月には EASG の最終報告書が提出され、そのなかで長期目標として ASEAN+3 による東アジア自由貿易地域（EAFTA）の形成が推奨されたのである。この頃には、日本だけでなく中国の積極的な ASEAN への接近や、韓国による「同時多発的」な FTA 戦略など、東アジアでも遅ればせながら二国間 FTA ブームが始まりを告げた。

　そのなかで、2005 年 7 月に発効した ASEAN と中国との FTA（財貿易）を嚆矢として、2007 年 6 月には ASEAN・韓国（財貿易）、2008 年 12 月には ASEAN・日本、2010 年 1 月には ASEAN・豪州・NZ、そして同月には ASEAN・印（財貿易）との間でも FTA が発効した。これらによって、東アジアに ASEAN をハブとする二国間 FTA ネットワー

　2012.10.2)。

[56] ジョージ・ソロス『グローバル資本主義の危機』日本経済新聞社、1999 年、150 頁。

[57] EAVG, *Towards an East Asian Community: Region of Peace, Prosperity and Progress,* http://www.mofa.go.jp/region/asia-paci/report2001.pdf（DL 2013.2.25）

クが構築され、その他の FTA を含めて、今日ではかなりの FTA 網が整備されることになった。

　しかしながら、日中韓の相互間の FTA や東アジア規模の広域経済連携については、とりわけ日中間や日韓間の確執もあってなかなか進展が見られなかった。2005 年 11 月には東アジア地域協力の基盤を担うべき東アジアサミット（EAS）が初めて開催されたが、日中の確執などを反映して、ASEAN+3 の各国に加えインド、豪州、ニュージーランド（NZ）が参加することになった。2006 年 8 月には、日本はこの ASEAN+6 の枠組みでの東アジア包括的経済連携（CEPEA）を提案し、東アジアの広域経済連携構想として EAFTA と CEPEA の 2 つが併存することになった。もともと EAS の開催に積極的であった中国やマレーシアは、参加国が ASEAN+6 に拡大したことで EAS に対する意欲を喪失して ASEAN+3 を重視する姿勢となった。その結果、おもに中国が EAFTA、日本が CEPEA を支持する歪んだ状況となった。

　2009 年 10 月の EAS において、EAFTA と CEPEA について政府間の並行した検討を進めることで合意するが、日本が TPP（環太平洋パートナーシップ）交渉への参加の検討を打ち出すと、そのドミノ効果として新たな動きが見られるようになった。もともと TPP は、2006 年 5 月にシンガポール、NZ、チリ、およびブルネイの 4 カ国で発効した太平洋横断戦略的経済連携（TPSEP）を土台としている[58]。P4 とも呼ばれるこの協定の特徴は、「P4 がより広範囲にわたる環太平洋協定の核たるべき」ことが示されている点である[59]。そのため、2006 年 11 月のアジア太平洋経済協力（APEC）首脳会合で米国が提案した APEC 規模での自由貿易圏、アジア太平洋自由貿易圏（FTAAP）の土台になるとも考

---

[58] 協定の原文はニュージーランド外務貿易省のウェブサイトで閲覧できる。http://www.mfat.govt.nz/downloads/trade-agreement/transpacific/main-agreement.pdf（DL 2014.9.20）

[59] ロバート・スコレー「環太平洋パートナーシップ（TPP）協定―始まり、意義および見通し―」『アジ研ワールド・トレンド』No.183、2010 年、11 ～ 12 頁。

えられている。

　2011年8月には、東アジアの地域経済協力を加速化させるための日中共同提案、「EAFTA および CEPEA 構築を加速化させるためのイニシアティブ」が示され、物品貿易、サービス、投資の3つの作業部会の設置が提案された。それを受けて同年11月には ASEAN が新たな枠組みとして16カ国での RCEP を提案し、2012年11月の ASEAN 関連首脳会合では RCEP の交渉開始を宣言、翌13年5月には第1回交渉会合の開催に至ったのである。

　通貨危機を契機として始まった東アジア地域協力の強化は、これまでこの地域に存在しなかった米国抜きの地域経済協力の枠組みを生み出すことになった。それは、一国レベルでは対応困難な問題を引き起こすグローバル化に対する地域共同体的な対応であった。その流れのなかから現れた広域経済連携にとっては、自由化度が高いことが必ずしも完成度が高いことを意味するわけではない。適切な優遇措置や例外項目などが盛り込まれることは想像に難くない。その点、RCEP はグローバル化に地域として対応する枠組みであり、グローバル化をいわば牽引する側のTPP と性格が異なってくるのが当然かもしれない。

　米国抜きの枠組みの展開は、米国の東アジアに対するコミットメント拡大の誘因となり、通貨危機時には衰退気味であった APEC という枠組みの存在意義を再び浮上させることになった。とりわけ、2007〜08年のサブプライム・ローン問題やリーマン・ショックに直面した米国にとって、世界の成長センターとしての地位を維持している東アジアのダイナミズムを取り入れることは自国経済の復活と発展にとって極めて重要であり、TPP 延いては FTAAP の実現に向けて舵を取ることになったのである。また、北米自由貿易協定（NAFTA）の米州全域への拡大を意図した米州自由貿易地域（FTAA）構想が挫折したことも、米国のアジア太平洋におけるコミットメントの拡大を促進した。2001年4月の第3回米州サミットにおいて、FTAA を2005年1月までに締結（12月発効）することで合意したものの、南米南部共同市場（MERCOSUR）

の４カ国（当時）とベネズエラの抵抗によって期限内の締結に失敗した。2005年11月の第４回サミットで交渉再開を目指したが、再開と反対の両論を併記した最終文書を採択するにとどまったのである。

東アジアにおける広域経済連携は、米国が主導して「質の高い統合」を掲げるTPPと、中国を含めた東アジア地域協力の理念を引き継ぐRCEPなどが複層的に展開されている[60]。森嶋の言葉を借りれば、前者は各国市場を統合することで出来上がる大市場の利益を再生産に活用することが目的で、後者は根本的には経済建設のための「建設共同体」ということになるであろう[61]。進藤はこれに「開発共同体[62]」という言葉を充てている。完成度が高いと表現される自由化度が高い広域経済連携は、参加できる国が限られてくるであろうし、交渉妥結までの時間も必然的に長くなるであろう。先進国と発展途上国、様々な経済レベルの国々を含む枠組みとしては、むしろ不向きなものなのかもしれない。他方で、「建設共同体」や「開発共同体」は合意に至るまでのハードルが相対的に低いことから広域経済連携には向いていると思われる。「ワシントン・コンセンサス」の圧力に抗しながら、中国を取り込んでいくためにも、この「建設共同体」的なものをRCEPで構築できれば理想であろう。自由化度が高い経済ほど高成長を果たしてきたのかといえば、東アジアが保護主義的と非難されてきた歴史を思えば答えは明瞭である。

むすびにかえて

D.ロドリックは、世界経済の政治的トリレンマとして次のことを挙

---

[60] 詳しくは、小林尚朗「東アジアにおける複層的な経済統合」『東アジア経済統合の展開および深化に向けた政策の在り方研究会報告書』明治大学国際総合研究所、2014年。

[61] 森嶋通夫『日本にできることは何か―東アジア共同体を提案する―』岩波書店、2001年、115頁。

[62] 進藤榮一『アジア力の世紀―どう生き抜くか―』岩波新書、2013年、175〜177頁。

げている。すなわち、民主主義、国民国家、ハイパーグローバリゼーションの３つである。この３つを同時に達成することはできない。どれか１つを犠牲にしなければならないというわけである[63]。

　ロドリック自身はハイパーグローバリゼーションを犠牲にしたいと述べている。要するに、ブレトンウッズ体制に帰るということである。手段の目的化ということはしばしば発生しがちであるが、経済の自由化、貿易自由化、グローバル化というのは、本来、国民の、あるいは世界全体の経済成長、否、経済発展を目的に採用される手段であるはずであるが、それが目的化して過度に追求されることによって、むしろ本来の目的である経済発展から遠のいてしまったのではないだろうか。TPP などについても同じことで、貿易障壁を極限まで削ることで、「質の高い統合」と呼ぶことには違和感がつきまとう。実際、東アジアが高度成長する過程でFTA というものを締結してきたわけでもないし、選択的介入も実施し、ワシントン・コンセンサスを満たしていたわけでもなかった。これは逆も真であって、保護すれば、育成すれば良いというわけではもちろんない。まずは、政策を選択する自由が第一歩であり、次のステップは状況しだいということになる。

　もう随分前のことである、T. ラングが「新しい保護主義」という概念を提示した[64]。それは３つの「E」で示されるが、環境（environment）、経済（economy）、公平（equity）である。自由貿易は環境を破壊し、多くの経済が構造的失業や債務、規制緩和によって損害を与えられ、世界的な（各国内および各国間）公平が減少している。これら、本来優先するべき課題に取り組み、制限したり保護したりすることは、言葉の響きが心地よい「自由」よりもむしろ大切な場合もあるであろう。

　現代社会は、かつて１世紀前にケインズが説いたように、政府のなす̇べ̇きことと、政府のなすべからざることとを改めて問い直す必要がある時代かもしれない。曲が新しく変わったのであれば、それに合わせて踊

---

[63] ロドリック、2014 年、前掲書、233 ～ 234 頁。
[64] ラング、1995 年、前掲書、233 頁。

第Ⅰ章　グローバル資本主義の展開とアジアの世紀？

らなければならないのである[65]。世界中から多くの人々が同じダンス会場に集うグローバル化の時代といえども、耳を澄ましてみれば各国・地域ごとに流れている曲は様々であり、それにふさわしい踊りもそれぞれ異なっているかもしれない。ワルツ、タンゴ、サンバ、ルンバ、あるいはチャチャチャがふさわしいこともあるであろう。もちろんダンス会場では、清潔な服装を心がけ、会話に気を配り、相手のレベルに合わせて踊り、他人と衝突したら互いに謝罪するなど、共通のルールやマナーは不可欠である。しかし、曲に合わない踊りはふさわしくないし、たとえ相手が未熟であったとしても自分の知識を押しつけることはマナー違反なのである。ダンス会場はカジノと異なり、参加者みんなが勝ち負けを争う場ではないことも言うまでもない。

　アジアの世紀を迎えることになった場合、それはどのような経済社会になっているのであろうか？　少なくとも、「ワシントン・コンセンサス」の東アジアへの浸透によってそれがもたらされるということはないであろう。少なくとも、変化の激しいグローバル経済においては、多様な経済社会が認められたほうが生物種の多様性と同様に耐久性も高まるであろう。そして少なくとも、世界のなかでそのような経済社会の構築にもっとも近いところにあるのは、東アジアであろう。

---

[65] 小林、2009 年、前掲稿、22 〜 23 頁。

〔第Ⅱ章〕

アメリカン・グローバリゼーションの一断面
─軍事におけるグローバリゼーション─

柿 崎 　 繁

はじめに

　1989 年ベルリンの壁崩壊から 1991 年ソ連邦解体へと急展開し、一気
に冷戦対抗の終焉がもたらされた。冷戦の終焉は同時に米国にとって厖
大な軍事費負担の正当性を揺るがし、国防費は急激に削減されていった。
だが、2001 年「9.11 事件」をいわば「干天の慈雨」とするが如く、「テ
ロとの戦争」を標榜して突入したアフガニスタン・イラクの戦争は一時
的に国防費の膨張をもたらした。戦争の泥沼化による厭戦気分の広がり、
2008 年リーマン・ショックの対応に巨額の税金を投入したことも重な
って財政困難が増し、国防費は 2008 年をピークに 2014 年には 29.3％も
ダウンし 5330 億ドルとなった。今後も国防費の削減が続く見通しであ
る（第 1 図参照）。

　冷戦後の軍事費削減の影響は、ポスト冷戦期における米国の世界戦略
構想とも関わって、米国の軍事戦略と国防省 Department of Defense
（以下、DOD）を軸とした米国の軍事機構ならびにそれを支える軍事産
業に極めて大きな影響を与えた。本稿では、米国の世界戦略と軍事力と
の関わりを軍事におけるグローバリゼーションという角度から検討して
みる。

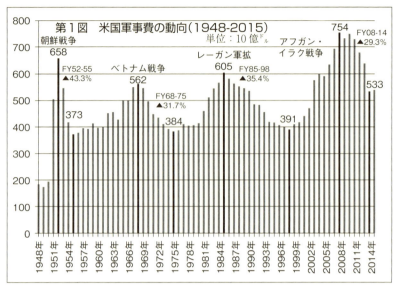

出所）DOD, National Defense Budget Estimate For FY2014（Green Book2014）

1. ポスト冷戦期の国防費削減の背景
　―軍事産業の再編とグローバル化の基盤―

（1）ポスト冷戦下の軍事費削減を巡る問題状況

　第2次世界大戦後、朝鮮戦争、ベトナム戦争などの熱戦を含む米・ソ（・中）の対抗を軸とした冷戦対抗が激化する中で、肥大化する軍事産業による公金費消の体質の批判や無駄な兵器調達について多くの指摘、分析、そして研究が行われてきた[1]。

---

[1] 例えば、1961年の離任演説で軍産複合体の危険性に警鐘乱打したアイゼンハワーを始め、軍事研究・開発におけるコスト・プラス方式によって原価基準が事実上無いに等しいことを明らかにした Perlo, Militarism and Industry, Arms Profiteering in the Missile Age,1963、あるいは軍事産業と DOD が一体化して「国家経営体」となって国家と経済が蝕まれていることを指摘している Seymour Melman, Pentagon Capitalism, 1970、さらにはマンハッタン計画に参加し、科学者としての良心から軍産複合体のビジネス化により肥大化する兵器開発、調達予

46

第Ⅱ章　アメリカン・グローバリゼーションの一断面

　1949年ソ連核実験成功による米国の核独占崩壊、同年中国革命、そして朝鮮戦争の勃発といった冷戦・熱戦の形で東西冷戦対抗が激化する中で、NSC68[2]による米国核戦略の体系と核・ミサイル軍事機構の確立とその運営に際して重要な役割を果たしたケネディ政権の国防長官マクナマラの体制においてすら、軍事予算の浪費を排除し効率的に利用するためにDODの官僚機構の整備・大改革を行ったことが想起される。マクナマラは、国防契約における価格設定方式の転換と契約業者間の競争を活発化させる入札の比重を高め、費用対効果の考え方を基礎にPlanning Programming Budgetting Systems（PPBS）を国防調達に導入した。だがその結果は、軍事産業の一層の寡占化を促進させ、独占の影響の強まりと軍事予算の恒常的増大をもたらしたにすぎなかった[3]。第2次大戦後に空軍が独立して陸海空そして海兵隊の間に無駄な任務や装

　　算、人的癒着など軍事機構を鋭く告発した、ラルフ・E・ラップのThe Weapons Culture（邦訳『兵器文化』朝日新聞社、1968年）、また実際にはありもしないソ連に対する核開発＝核弾道数の劣位や戦略爆撃機数とミサイル・ギャップなどによって脅威を煽り、ビジネス化された米国の核戦略体系を分析した、ロバート・C・オルドリッジ『先制第一撃』（TBSブリタニカ、1979年）を挙げることができる。

[2]　NSC68については、吉田文彦『核のアメリカ』岩波書店、2009年20-23頁参照。また、第2次世界大戦後のトルーマン政権下の財政運営においてNSC68策定による軍事費増強に対する政治的制約と、それが朝鮮戦争勃発、とりわけ中国の本格的な軍事介入により当初計画をはるかに超える規模の軍事力増強を可能にさせるに至った経緯については、室山義正「朝鮮戦争期の国防と経済財政策－1950～1953」『アメリカ経済財政史』ミネルヴァ書房、2013年刊所収を参照されたい。なお、NSC68：United States Objectives and Programs for National Security（April 14、1950）の本文は、＜http://www.fas.org/irp/offdocs/nsc-68-cr.htm＞参照。なおまた、拙稿「グローバリゼーションの一断章～米国の軍事戦略と関連して～」法政大学経済学会『経済志林』第82巻第3号を参照。

[3]　以上のPPBSの内容とその顛末については、坂井昭夫『軍拡経済の構図』有斐閣、1979年95－96頁ならびにPaul N.Edwards、The Closed World:Computer and The Politics of Disclourse in Cold War America、邦訳P.N.エドワーズ著、深谷庄一監訳『クローズド・ワールド：コンピュータとアメリカの軍事戦略』、156－173頁参照。

備の重複がないか絶えず問題視され、1986年にはゴールドウォーター・ニコルズ法がそれら相互の役割と任務に関する報告書提出を統合参謀本部議長に義務付けたほどであった[4]。しかしそれは、陸海空の各軍種並びにそれに連なる軍事産業の既得権に関わる問題に手を付けることであり、極めて困難な問題であった。

冷戦対抗が終焉し、米国の圧倒的な軍事力に対抗することはもはや不可能であることが明々白々となり、しかもアメリカの経済的衰退が議論の俎上に上ってきている中で、軍事力の削減と平和の配当を求める動きの強まりに制服組をはじめDODは戦々恐々とした。

80年代後半旧ソ連にゴルバチョフが登場した。彼は米ソ間の対立と軍備拡張を終結させるための米ソ間で軍備管理協定を調印し、国際的に冷戦が終わるとの機運を高めた。アメリカ国内においても、日本との製造業の競争に負け、エズラ・ボーゲル『ジャパン・アズ・ナンバーワン[5]』も公刊される中で、公共投資を見直して産業再編を通じて米国経済の再活性化を論じる議論が活発となった。87年に出版されたポール・ケネディの『大国の興亡[6]』は米国衰退の議論にリアリティを与えた。かつての国防省高官達でさえ軍事から経済再建に力点を移す必要性を訴えた[7]。マイケル・クレアによれば、これといった仮想敵もなく、冷戦

---

[4] ゴールドウォーター・ニコルズ法については、
https://en.wikipedia.org/wiki/Goldwater% E2% 80% 93Nichols_Act を参照。尚また、重複機能を除去する観点について最近では、「2011年の予算管理法 Budget Control Act of 2011」に即した012年の予算配分においても貫かれている。The Fact Sheet:The Defense Budget、January 26、2012参照。

[5] Ezra F.Vogel, Japan as Number One:Lessons for America, 1979, 邦訳エズラF. ヴォーゲル著、広中和歌子・木本彰子訳『ジャパン・アズ・ナンバーワン』TBSブリタニカ、1979年刊。

[6] Paul Kennedy, The rise and fall of the great powers:economic change and military conflict from 1500 to 2000, Random House, 1987, 邦訳ポール・ケネディ著、鈴木主税訳『大国の興亡：1500年から2000年までの経済の変遷と軍事闘争（上）・（下）』草思社、1988年・1993年刊。

[7] New York Times, 1989年12月13日付、David E.Rosenbaum, "Pentagon Spending

後の拠り所となるような首尾一貫した安全保障政策と戦略的な青写真もない状態で、第2次世界大戦後初めて未曾有の削減に直面し、軍は意気阻喪する状態であった[8]。こうした状況においては2001年「9.11事件」は軍と軍事産業にとっては「干天の慈雨」であったのである[9]。

（2）ポスト冷戦下の軍事戦略を巡って

　冷戦対抗のさなか米国とソ連は、第三世界地域の勢力圏獲得を巡る手段として武器貿易・援助を利用してきた[10]。その結果、80年代には第三世界地域における新興大国の軍事力は強力なものになり、核兵器開発や生物化学兵器の開発・使用、さらには弾道ミサイル等の開発の動きが報告され、いわゆる大量破壊兵器WMDや先端的兵器の拡散についての脅威認識が高まり、喧伝されていった。こうしてソ連に代わる「ならず者国家Rogue States」やテロリストが米国の国家安全保障政策において新たな敵を設定する上で検討の中心になっていった。

　冷戦対抗終焉期のG・H・Wブッシュ政権は、210万を超える兵力を保持していた冷戦型の軍事機構を、2つの大規模地域紛争を同時に闘い、更に別個の平和維持活動や低強度の作戦を実施できるだけ「基盤戦力」に編成替えする計画を策定し、安全保障会議で承認されて、90年8月2日ブッシュ大統領はその概略を国民向けに発表した。時あたかもイラク

Could Be Cut In Half, Former Defense Official Say" を参照。
http://www.nytimes.com/1989/12/13/us/spending-can-be-cut-in-half-former-defense-officials-say.html、2014.8.2閲覧

[8] マイケル・クレア著・南雲和夫／中村雄二訳『冷戦後の米軍事戦略～新たな敵を求めて～』賀屋書房、1998年20頁参照。

[9] こうした背景があっただけに、「9.11」について事前にテロの情報が集まっていたのになぜ防ぐことができなかったのか、意識的に情報を見過ごしたのではないか、等の噂が未だに絶えないのも故なしとしない。

[10] 冷戦対抗下の第三世界を巡る米ソの介入については、O・A・ウェスタッド著・佐々木雄太監訳『グローバル冷戦史－第三世界への介入と現代世界の形成－』名古屋大学出版会、2010年刊参照。

軍がクウェート侵略のその日であった[11]。

冷戦対抗終焉後に登場したクリントン新政権の国防長官アスピンは、地域における「ならず者国家」に侵略を躊躇させ、時にこれを撃退するために圧倒的威力を持って迅速に紛争地域へ到達する軍事力の整備、「ボトム・アップ・レビュー（BUR）」の作業を行った[12]。軍事戦略の議論の枠組みはもはやかつての超大国同士の衝突への対処ではなく、大規模な地域紛争への対処であった。冷戦対抗終焉後の米国の軍事戦略とそれに対応した保持されるべき軍事力の規模は、二つの地域紛争に対処し、機動力を重視する「2.5戦略」に対応した戦力構築を想定した兵力規模を維持するものであった[13]。

しかし湾岸戦争も短期間で終え、国防予算を削って平和の配当を求める世論、予算制約による国防費削減に抗う軍部[14]、それぞれの側で不安と不満が渦巻いていた。かかる状況下でクリントン政権は国防費削減の下で情報技術を取り込んで軍事の近代化による一大変革を成し遂げる「軍事における革命 Revolution in Military Affairs（以下、RMA）[15]」路線を軸として二つの大規模地域戦争を戦う戦略と米国防衛産業基盤の統合・整備を推し進め、湾岸戦争後過剰投資、過剰設備、過剰雇用の状態

[11] 前掲マイケル・クレア著『冷戦後の米軍事戦略』46-48頁参照。

[12] Les Aspin, Secretary of Defense, Report on the BOTTOM-UP REVIEW, October 1993 参照。この BUR 段階での脅威は、ソ連崩壊後の核兵器ならびに大量破壊兵器の拡散、主要地域における大規模な侵略の脅威、崩壊した旧ソ連・東欧地域における民主主義ならびに改革に対する脅威、そして米国の経済的衰退の脅威の四つが掲げられている。同報告書、P.5-10 参照。

[13] 福田毅『アメリカの国防政策：冷戦後の再編と戦略文化』昭和堂、2011年147−157頁参照。

[14] 1987年から94年にかけて防衛支出は35％減少し、200万人の防衛関係の失業が生じたという。因みにロシアではさらに防衛支出の削減は激しく、統計が不確実ではあるが、一つの目安として1989年1500億ドルの防衛予算であったものが95年には400億ドルにまで落ち込んだ。John J.Dowdy, Winners and Losers in the Arms Industry Downturn, Foreign Policy, summer 1997, p 88-89 参照。

[15] RMA については、拙稿「軍事における変革（RMA）について」、明治大学商学研究所『商学論叢』第97巻第3号、2015年3月参照。

第Ⅱ章　アメリカン・グローバリゼーションの一断面

に陥っていた軍需産業の再編とリストラ、そして軍事産業のグローバル
な展開を迫った。その後登場するW・G（子）ブッシュ政権においても、
「9.11」後の「テロとの戦争」遂行のために一時的に軍事費増強が行わ
れるが、軍事戦略の基本線は踏襲された。現オバマ政権も、同じく軍事
戦略における情報システムと機動力を重視し、中国の台頭に対応したア
ジア重視の「リバランス政策」のもとに継続していくことになる。

2.　ポスト冷戦下の米軍事産業

（1）冷戦下の米国軍事産業の構造と膨張メカニズム

　兵器の性能は、対抗相手の動向に規定され、より高性能な兵器を開発
するために必要な研究・開発、そして設計・生産が国家・国防省の支援
の下に行われ、それを支える生産力基盤が確立していることが前提であ
る。「資本主義のアメリカ的段階」といわれる米国の生産力水準が「核・
ミサイル軍事機構」成立の基盤である。DODを軸とした国家と独占体
との融合・癒着である国家独占的軍事機構こそ、核・ミサイル軍事機構
の実体に他ならない[16]。

　兵器の使用期間は物理的耐用年数よりはるかに短い。相手国との武器
開発競争の中で陳腐化するからである。国家は軍事技術・新兵器の開発
と絶えざる改良と更新を求める[17]。そのために必要な資金を確保するた

---

[16] 核・ミサイル軍事機構あるいは国家独占的軍事機構については、南克己「アメリ
　　カ資本主義の歴史的段階」、『土地制度史学』第47号、1970年を参照。
[17] 周知のように、91年の湾岸戦争では、多くの新兵器システムが実戦に用いられて
　　その有効性が試され、いわばペンタゴンの新兵器と戦闘技術の実験場と化し、あ
　　たかも国際武器市場向けの展示会の様相であった。実際には、ハイテク兵器も言
　　われているほどの性能を発揮しておらず、また「作戦で使用された爆弾の90パ
　　ーセント以上（およそ25万発中22万8000発）は朝鮮やベトナムで使用された」
　　（非誘導性の）旧式の爆弾であったというように、「在庫整理」による「更新」が
　　武器を大量に使用した湾岸戦争におけるDODの狙いではなかったのかと疑われ
　　る。戦争は、新兵器の実験場であり、また兵器更新のための武器が消費される場
　　であり、それを通じて国内軍事産業基盤を確保する手段であるといわれる所以で

め持続的な国家の研究・開発支援とともに Follow‐On‐System とい
われる継続的な発注・調達が行われた[18]。何十億ドルもする兵器開発を
受注してそのための要員や施設、設備を設置するとなるとリスクが大き
い。それだけの費用を回収するためにフル稼働を強いられるとともに継
続的生産を可能とする次の開発計画・生産計画が必要だからだ。

　1980 年代までの冷戦期の米国軍事産業は、ボーイング、ロッキード、
マグダネル・ダグラス、グラマン、ノースアメリカンなどの航空宇宙関
連メーカー、そして GE、ユナイテッド・テクノロジーなどのエンジン
メーカー、IBM、レイセオン、TRW などの電子メーカーなど 30 社を
超える軍事関連の一次契約プライム・コントラクター企業からなってい
た。軍事に特化した企業だけでなく、本来民生にそのコア事業の基盤を
置く企業も動員され組み込まれていた。航空宇宙関連企業は軍事産業の
枢軸であった。プライム・コントラクター企業と並んで、あるいはその
下に個々の武器やシステムであるサブ・システムを製造する企業群、そ
して多くの電子機器、精密機器、部品メーカー、更には素材メーカーな
ど 1 万社を優に超える多数の下請け企業群により構成され、それら工場
は、ペンタゴン・ベルトあるいはガン・ベルトといわれる国防費が流入

　　あろう。前掲マイケル・クレア『冷戦後の米軍事戦略』94-95 頁参照。

[18] Follow-On- System については、Mary Kaldor, The Baroque Arsenal, Andre Deutsch
　　Ltd, 1982、邦訳、メアリー・カルドー著、芝生端和・柴田郁子訳『兵器と文明：
　　そのバロック的現在の退廃』技術と人間、1986 年刊 79-85 頁参照。敵に優位性を
　　保つために兵器の頻繁な変革が必要であり、企業にとって兵器システムの継続使
　　用よりも兵器システムの開発の継続が重要である。そのために開発を巡る激しい
　　競争が行われるが、競争は設計の改良に拍車をかけることでシステムを大型化し、
　　重量化し、より高価で精密なものにしていく。こうして開発のための開発が行わ
　　れ、Follow-On-System はコスト膨張を支える一つのシステムとなっている。現
　　在も、活用されており、例えば Lockheed-Marietta は現在生産されている C-130
　　の後継契約として C-130J、F-22 が、Northrop-Palmdale は B-2 のあとに B-X が後
　　継契約されている。Eugene Gholz, Harvey M.Sapolsky," Restructuring the U.S.Defense
　　Industry," in International Security, Volume 24,Number 3,Winter 1999/2000, p.13,
　　Table 1 参照。

する特定の州に配置されていた[19]。

　国防費、なかでも軍事調達費の削減に伴う受注変動の影響を被るのは直接的にはプライム・コントラクターであるが、二次、三次レベルの下請け企業も、軍事に特化し民生に基盤を持たない企業であれば大きな影響を受ける。発注する側のDODも、国内における軍事基盤産業を安定的に維持し、兵器技術開発力をサポートし、配備済装備の運用・維持管理のことを考慮した継続発注を行う。企業はDODと兵器技術開発について密接な協働関係を必要とする。DODの注文する性能や要件を満たすために開発にDODとともに参画するし、企業が必要な提案を行い、DODの予算獲得に必要な開発提案を行う事態すら生じている。「回転ドア」と呼ばれる国家と企業との人的交流・人的紐帯はそれらを補完する。受注企業は、さらなる拡張をねらって、設計改良提案を絶えず行う。それは付帯性能を改良・拡張することで兵器システムそのものを高性能化するとともに大型化して重量も嵩張り、より高価なものにしていく。加えて、もともと軍事産業が持っている公金費消の体質である。米国が経済的に余裕もあり、必要な軍事支出が行われた冷戦体制のもとでは軍はそれに必要な費用を負担し、軍事企業も成長していった。軍産複合体の膨張メカニズムである。

---

[19] 米国軍需産業の下請け構造とその特質については、西川純子編『冷戦後のアメリカ軍事産業』日本経済評論社、1997年参照。なお、航空宇宙産業の産業構造については、西川純子『アメリカ航空宇宙産業：歴史と現在』日本経済評論社、2008年を参照。ペンタゴン・ベルトないしはガン・ベルトについては、前掲南「アメリカ資本主義の歴史的段階」18-19頁、西川『航空宇宙産業』233-234頁参照。

出所）第一図に同じ。

（2）軍事基盤産業における競争力低下と海外依存

　軍事支出削減とRMAによる軍事力の近代化を目指す新たな軍事戦略は、軍事産業に効率化と経費節減を迫った。企業は、リストラ・再編・統合化と、規制緩和による海外からの調達を含む民生・商用製品の利用、そして海外企業との共同開発・共同生産、運用システムの共通化、そして輸出促進によって対応した[20]。そしてまた、RMAを推進するために

---

[20] Peter Dombrwski と Andrew L.Ross は、Richard A.Bitzinger, ed, The Modern Defense Industry 所収の The Revolution in Military Affairs, Transformation, and the U.S.Defense Industry の中で、ポスト冷戦において防衛産業で淘汰が進行しているとして、1）防衛予算削減によって新たな兵器システムに対する需要が減り、企業の統合による企業の健全化と収益性の追求、2）他の分野と同じように、軍需産業においても（海外の）既存市場の資産買い入れや輸出統制の緩和を求めて海外販売の追求、3）民生用と軍事用の統合に注目する。同上 p160 参照。海外販売については、Jacques S.Gansler も、米国の海外軍需品の販売が 1987 年の 65 億

第Ⅱ章　アメリカン・グローバリゼーションの一断面

軍事技術開発研究費を維持しつつ、必要な民生技術、なかでも「情報を軸とした戦争 NCW」にとって重要な情報通信技術を囲い込み、軍事利用に包摂・統合化することで米国の軍事技術の優位性を確保しつつ、効率性と経費節減を追求した。また国防省は、同盟国・友好国との武器の共同研究・開発、そして兵器の共通化・標準化を通じた共通運用とそれに伴う各種技術特許を保持する秘密協定による技術の囲い込みによってシステムを運用する上でのソフトの優位を活用すること、こうしたことによって米国軍事力の覇権的優位性保持を追求することになる。この背景には厳しい財政事情とともにアメリカ産業の競争力低下が色濃く反映され、国防省が調達する電子部品の海外依存・海外調達も増大した。なかでも湾岸戦争で使用された誘導ミサイルの部品の8割が日本製を組み込んでいたことが明らかにされ、軍事力基盤の脆弱性が問題となった[21][22]。

　　ドルから1993年の320億ドルへと急増しており、特に1991年の湾岸戦争後の中東への武器輸出の伸びによる地域の不安定性を懸念してロシア、フランス、英国、中国などの多国間の武器輸出管理、さらには軍事技術流出における提携の必要性を提唱していたことが注目される。Jacques S.Gansler, Defense Conversion : Transforming the Arsenal of Democracy, The MIT Press, 1996, p45-48, 60-62 参照。

[21] IDA, Dependence of U.S.Defense Systems on Foreign Technologies。この報告は、the Defense Advanced Research Project Agency（DARPA）による、どの程度米国防衛システムが海外技術に依存しているかの調査依頼に基づく報告である。そこでは、ミサイル、レーダー、戦車用エンジン、航空機のディスプレイについて、部品、材料、製造装置における海外への依存度と依存する国名、会社名、国内で生産するまでの期間、依存を強めた理由などが事細かに具体的に分析されており、また、軍事仕様、調達に関わる法令などの影響も検討され、調達規制による高コスト等の負担を減じ、重要技術のオフショア生産による移転、更には商用との調整の必要など、多面的かつ全体的方策が提起されており、米国軍事産業の競争力低下と海外依存度の深まりの進展という深刻な事態が極めてリアルに分析され215ページに及ぶ報告となっている。< http://www.dtic.mil/docs/citations/ADA233759 >

[22] 『毎日新聞』1991年1月28日号及び、『日本経済新聞』1991年2月20日号参照。なおまた、戦場で通信に用いられるモトローラ製のラジオを買い上げるにあたって米国の法律に抵触することから日本政府に買い上げさせてそれを米陸軍が湾岸

米軍事産業は、多数の2次・3次・4次といった下請けの部品メーカーや素材メーカーから必要なものを調達し、それをシステムのパーツとして組み立て、全体をシステム化された完成品として一次契約企業 Prime Contractor が DOD に納入する重層的構造として構成され、その頂点に立っているのが一次契約企業である。90年代に情報通信技術革命（ICT 革命）が進展し、情報通信と電子機器の比重が大きくなって、今や兵器の性能を決定する重要な要因となっている今日的状況においても、依然として一次契約の多くが航空宇宙関連企業から成っている（後掲第2表参照）。

　1980年代産業用・民生用製品から90年代情報機器関連へと電子製品の応用分野が発展するにつれ、量産による製品価格の低下のみならず、製品性能の技術開発の主導権は軍事用から民生用に移行した[23]。軍事の分野には、注文生産による高価で高性能な軍事仕様製品を作っている中小企業や、M&A を通じてエレクトロニクス分野の開発能力をもった航空宇宙企業が残っているに過ぎない。こうした軍事専用企業に製品開発と設計、そして生産を発注することは、開発の大型化、高コスト化、計画の遅延を引き起こし、最初に発注した時の予算を大幅にオーバーし、出来上がった頃には性能が既に陳腐化しているといった事態が発生していることはよく知られた事実である。

　ポスト冷戦の90年代、米国は国内軍事産業が主要装備を賄う「一国

　戦争で利用した等、日本政府の湾岸戦争への関与について興味ある内容が記されている、Jacques S.Gansler, Defense Conversion:Transforming the Arsenal of Democracy, The MIT Press, 1998, p.119 も参照。

[23] R.C.Levin,"The Semiconductor Industry", in R.R.Nelson ed., Government and Technical Progress, Pergamon Press, 1982, p.72 ならびに J.Tilton, International Diffusion of Technology:The Case of Semiconductors, Brookings Institution, 1971, pp.65-66、拙稿「IC 産業の特質について」、『明大商学論叢』第72巻第1号、1989年、109-114頁、同「米国 IC 産業の構造的特質について」、『同上』第72巻第2号、1989年、45-48頁参照。

完結的な軍事産業基盤[24]」を前提した軍事調達では非効率性を免れない
ところまで来ていた。ビジネス慣行を導入して非効率から脱却し、必要
な製品の海外依存は避けられない状況であった。それへの適応が、発注
する側にも、また受注する側にも求められたのである[25]。

(3) 国防省による軍事産業基盤の強化策

　DOD は、1980 年代から 90 年代にかけて軍事産業の重要基盤となる
分野に必要な支援を行い、軍事基盤産業の競争力強化を追求した。例え
ば、DOD は、半導体製造装置の競争力強化のためセマテックに毎年 1
億ドルの援助、あるいは製造技術研究開発出資計画を策定し全米製造科
学センターに対して年 500 万ドルを 3 年にわたっての資金援助、さらに
ベアリング産業に対しても産業活性化のため空軍契約、また鍛造産業に
対しても業界の競争の促進を目指し、空軍が 5 社との契約を行って産業
支援を行った[26]。また、90 年代には兵器システムの優位性を維持するた
めに必要とされる重要技術 Critical Technology をリスト・アップし、
そこには素材・材料、電子・情報技術、生産技術など技術の対外依存が
問題とされるものも含まれていた。DOD は、科学・技術計画で契約や
助成を与える形で直接的に、個々の研究開発ならびに入札、提案のコス
トの払い戻しを通じて間接的に研究開発を促進した[27]。
　1989 - 91 年のベルリンの壁崩壊、ソ連邦解体による冷戦体制の終焉、

---

[24]「一国完結的な軍事産業基盤」とは、山崎文徳氏の使用した用語である。「アメリ
　カ軍事産業基盤のグローバルな再構築－技術の対外「依存」と経済的な非効率性
　の『克服』－」、大阪市立大学『経営研究』59 巻 2 号、2008 年、49 頁参照。本稿
　は、山崎氏の研究に出所資料も含めてその多くを学んでいる。記して感謝したい。

[25] United States General Accounting Office, Briefing Report to the Honorable, John
　Heinz, U.S. Senate, Industrial Base:Defense-Critical Industries, August 1988, p.4-7
　参照。
　< http://gao.gov/Assets/80/77166.pdf >

[26] 前掲山崎 56-57 頁参照。

[27] 同上。

その後の湾岸戦争開始とその「終了」とともに国防費削減の時代に入った。1993年クリントン政権が誕生し、アスピン国防長官の下で「軍事産業基盤の統合化」の方針を出し、ペリー国防次官が軍需産業のトップを集めた「最後の晩餐」といわれる夕食会で軍事産業の再編・淘汰を促した[28]。DODは、M&Aと統合化がスムーズにいくように、連邦取引委員会や司法省に対して国防関連企業の合併規制緩和を要請し、また、個々の合併に際して強大な裁量権を発揮した[29][30]。また、93年国防調達様式の変更を通じて、軍需企業の合併を通じた再編に伴って必要とされるリストラ費用を契約支払額に加算できるシステムを導入した[31]。それらの措置により、独禁法の適用条件が緩和され、90年代に軍事産業の再編・リストラは急速に進展した[32]。

---

[28] 社団法人日本機械工業連合会・日本戦略研究フォーラム「平成21年度 先進防衛装備品の多国間共同開発の状況とこれがわが国の防衛機器産業に及ぼす影響の調査研究報告書」2010年3月8頁注5参照。

[29] 河音琢郎「国防削減下におけるアメリカ軍事産業の再編過程」、『立命会経済学』第48巻第4号、1999年、639頁参照。

[30] Defense Science Board, Memorandum for Chaiman, Report of the Defense Science Board Task Force an Antitrust Aspects of Defense Industry Consolidation. 参照。
< http://www.dtic.mil/cgi-bin/GetTRDoc?AD=ADA278619 >
この内容の概要については、松村昌廣『軍事技術覇権と日本の防衛』芦書房、2008年刊 34-35頁参照。

[31] 前掲河音「国防削減下におけるアメリカ軍事産業の再編過程」640-642頁参照。尚また、GAO、Defense Industry : Restructuring Costs Paid, Savings Realized, and Means to Ensure Benefits, p.2 参照。
< http://www.gao.gov/products/NSIAD-99-22 >

[32] Office of the Under Secretary of Defense, Creating an Effective National Security Industrial Base for the 21st Century:An Action Plan to Address the Coming Crisis, Report of the Defense Science Board Task Force on Defense Industrial Structure for Transformation, p.22
<http://www.acq.osd.mil/dsb/ Reports/ADA485198.pdf>

3. 軍事産業の再編

（1）軍事産業の再編

　国防費削減は、90年代初頭には多くの民生・商用企業を軍事事業か
ら撤収させた。収益の基盤を軍事分野だけでなく、むしろ民生・商用事
業をコアビジネスとする企業は、防衛部門を分離（Divestiture）して民
生事業のコアビジネスに事業を集中する。民生・商用企業の防衛分野か
らの撤収により分離された防衛部門はM&Aの対象となり、こうして
M&A&Dを通じて1990年代の軍事基盤産業の再編・統合化を加速させ
た。

　例えば[33]、IBMはIBM　Federal Systemを分離し、1994年に
LORALに売却している。同様に、FordはFord AerospaceをLORAL
に売却（1990年）、WestinghouseはDefense and electronic system
divisionをNorthrop Grummanに売却（1996年）、ChryslerはChrysler
Eech.AirboneをRaytheonに売却（1996年）、Texas Instrumentは
Defense Systems and Electronics Divisionを同じくRaytheonに売却
（1997年）そしてGMはHughes DefenseをこれまたRaytheonに売却
（1997年）している。かように、商用ビジネスに収益の基盤を持つ企業
は、国防費が削減され、今後の収益の見通しが不確定なことを嫌って防
衛部門から退出し、コア・ビジネスに事業を集約していった。その半面
で、軍事に特化した企業は分離された軍事部門を吸収し、事業の対応領
域を拡大するとともに、M&Aを通じて情報システム分野やシステムサ
ービス事業の補強を行っていった。

　1980年代までの、ボーイング、ロッキード、マグダネル・ダグラス、
グラマン、ノースアメリカンといった総合航空機メーカー、そしてGE、

---

[33] 以下の事例については、DOD、Under Secretary of Defense for Acquisition,
Technology and Logistics, Annual Industrial Capabilities Report to Congress
2003, pp.5-6 参照。

第1表　軍事基盤産業の構成指標　　　　　　　　（単位：10億ドル・％）

	総出荷額	政府向け	内)一次契約	内)二次契約	DOD向け割合
全製造業	1447.4	143.9	74.9%	25.1%	74.9%
武器・弾薬	3.1	2.6	77.5%	22.5%	98.7%
軍需品	1.4	1.3	86.2%	13.8%	42.7%
ミサイル・宇宙	19.4	16.6	93.9%	6.1%	75.5%
航空	62.9	23.0	96.7%	3.3%	98.3%
自動車部品	75.1	0.7	42.4%	57.6%	90.6%
船舶	10.6	7.8	98.9%	1.1%	99.1%
通信装置	2.9	0.1	62.8%	37.2%	80.0%
コンピュータ	38.2	3.0	55.4%	44.6%	82.7%

出所）U.S.Department of Commerce,ESA,Bureau of the Census,Manufactures'
Shipment to Federal Government Agencies,MC92-S-3,table 1
注1：DOD（国防総省）向けの割合は、政府向け出荷額のうちのDOD向けの割合
である。
注2：一次契約者と二次契約者の割合は、政府向け出荷額の内訳である。

ユナイテッド・テクノロジーなどのエンジンメーカー、IBM、レイセオ
ン、TRWなどの電子メーカー、及びそれらの下に多数の電子機器、精
密機器メーカーの一群からなる米国軍事産業における重層的寡占構造は、
軍事費の削減が進む80年代後半より軍事産業の再編が進み、民生部門
に収益の足場を持つ企業が軍事事業部門を売却することでM&Aを加
速させ、次第に軍事分野をコアビジネスとしてミサイル・ロケットを製
造する航空・宇宙産業に寡占の中軸が収斂していき、97年頃にはほぼ
航空機・宇宙産業関連企業5社の寡占体制の産業構成になったのである。
　因みに、第1表に抽出した1992 Census of Manufacturesによれば[34]、
国内総出荷額14、474億ドルのうち、政府向けは1、439億ドルである。
主な政府機関の内訳は、DOD向けは1、143億ドル（政府向けの74.9%）、
NASA向けは68億ドル（同4.7%）、DOE向け30億ドル（同2.0%）と

---

[34] U.S, Department of Commerce, ESA, Bureau of the Census, Manufactures'
Shipment to Federal Government Agencies, MC92-S-3, table 1 参照。

第Ⅱ章　アメリカン・グローバリゼーションの一断面

圧倒的に国防省向けであることが分かる。そして政府出荷のうち、Prime Contractor による出荷が 74.9 %、そして Sub Contractor が 25.1 ％という構成になっている。出荷額のうちで政府向けの割合が 80 ％を超えるのは、商品分類 SIC3483 の武器・弾薬、同 SIC3489 の軍需品、同 SIC3761 弾道ミサイル・宇宙である。興味深いところでは、同 SIC3714 自動車部品・同付属品の 0.7 ％であるが、DOD 向けは 90.6 ％、Prime と Sub の構成は、42.4 ％対 57.6 ％となっている。また、同 SIC3721 Aircraft の細分類の SIC3724 航空エンジン・部品は 29.7 ％で DOD 向けが 94.2 %、構成比は 79.3 %対 20.7 %である。同じく SIC3728 の航空部品・装置は 31.6 %で、DOD 向けは 92.9 %、構成比は 54.3 %対 45.7 ％である。また SIC3731 の Ship building and repairing は 73.7 ％で DOD 向けは 99.1 %、構成比は 98.9 %対 1.1 %である。軍事機密で覆われ、部門別の総計が取れず、確定的なことは言い難いが、4 桁分類の事業所、しかも 90 年代初頭の軍事依存の強い部門の事業所では Prime Contractor の比重は大きく、対政府向け出荷が少なく民生分野に比重を持つ産業では、Prime と Sub の割合はほぼ同じ割合となる。軍事に基盤を置く産業において Prime が独占的に受注をとり、相互に回しあう構造の反映ともいうべき特徴的数字が示されている。また、自動車、通信、コンピュータ分野は圧倒的に民需が占めているが、なお 3 ％前後の軍需に依存する事業所を保有しており、後に見るようにこれが 90 年代に分離・リストラされて軍需専用産業の M&A を通じる再編・統合化の基盤となる。

　2001 年「9.11」事件を契機に G.W ブッシュ政権は「テロとの戦争」を宣言し、アフガニスタン、イラク両国に戦争を仕掛け、国防費を増強した（第 1 図・第 2 図参照）。その結果軍事産業では一定の活況があり、M&A も同一分野の吸収合併による能力増強と RMA を見据えた情報システム技術関連が目につく。M&A の件数も 1999 年を底として 2000 年代に入っても活発に行われ、リーマン・ショックにより 09 年に一時的に件数は減るものの、08 年以後の国防費削減も重なって再び軍事基盤

産業における再編・統合の M&A が増加している（第 3 図参照）[35]。

　だが、技術革新の推進力である競争を阻害する恐れのある行き過ぎた寡占化に対して、司法省と連邦取引委員会もガイドラインを見直さざるを得なくなる[36]。97 年のレイセオンによるヒュー航空会社の合併の付帯条件付承認、98 年ロッキード・マーティン社によるノースロップ・グラマン社の吸収・合併の阻止は、独禁政策強化と市場メカニズム機能の保全を重視する政策への転換の立場を明確にしていった[37]。DOD の側でも寡占による競争の停滞は技術開発を劣化させると危惧していた[38]。

　因みに、1999 年の一次契約は、1998 年より 69 億ドル増えて総額1250 億ドルである。上位 10 社までの契約額と総額に対するシェアを掲げると、上位 5 社で一次契約の 31％を占めている[39]。この一次契約会社の階層は二次下請けにもなり、実質的には一次契約、二次下請けの第一階層（Tier I）が政府契約を独占的に受注する。2002 年の Top10 はDOD の Prime 契約の 34％を占め、その以外の 40 社で契約の 28％を配分している。Prime Contractor である 5 つの巨大企業が DOD 購入予算総額 Acquisition Budget の 40％以上の裁量権をもつに至り、DOD は寡占化進展による技術革新の環境が無くなっていくことを不安視している[40]。

　こうして軍事基盤産業における再編・統合化は、大手企業によるDOD の独占的受注を招き、寡占化をさらに加速させたのであった。

---

[35] DOD, Under Secretary of Defense for Acquisition, Technology and Logistics, Annual Industrial Capabilities Report to Congress 2013, p.46 参照。

[36] Department of Justice and Federal Trade Commission, Revision to the Horizontal Merger Guidelines, April, 1997. < http://www.usdoj.gov/atr/Guidelines/merger.txt >参照。

[37] 前掲松村 38-40 頁参照。

[38] Anti-trust Aspects of Defense Industry Consolidation, op.cit., p.2

[39] DOD, Annual Industrial Capabilities Report to Congress, February 2003, p.5

[40] DSB, Creating an Effective National Security Industrial Base for the 21st Century, p.22

第Ⅱ章　アメリカン・グローバリゼーションの一断面

第3図　米国軍事産業関連のM&A（1996―2012）

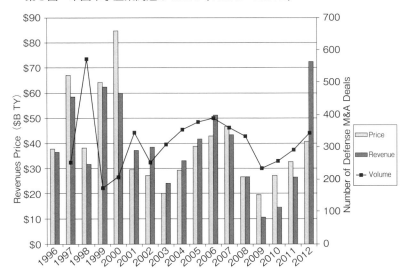

出所）Annual Industrial Capabilities, Report to Congress, October2013, p.46
注）取引にはクロス・ボーダー取引を含む

（2）国防総省による調達の効率化―MIL スペックの緩和と商用利用―

　DODは、国防予算の削減に伴って1994年以降調達コスト削減と軍事技術の優位性を維持するためにイノベーションのための競争環境の整備を追求するとともに、技術発展に伴う軍民両用技術の発展を軍事に取り込み、これまで高いコストをもたらしてきた軍事仕様＝MILL規格に基づく部品・モジュール調達から脱却し、今では軍事仕様に先行して先端的技術開発を行い、かつ迅速な製品供給を行う民生技術・製品を効率的に調達するために、調達基準の緩和に乗り出し、商用企業の参入を促し効率化を促していった。

　DODは、従来品質管理に軍事仕様基準＝MIL-Q-9858Aを適用していたのを廃止し、それに代わって国際的に共通して使用できるISO9001を含む一連の品質管理システム規格を制定し、軍需品調達における効率

性を追求した[41]。サブシステム・レベルの第2階層（Tier Ⅱ）やコンポーネント・レベルの第3階層（Tier Ⅲ）、さらには材料・部品を供給する第4階層（Tier Ⅳ）において民生用・汎用部品の調達が広範に行われ、しかも民生レベルのグローバル化の進展と踵を接するように軍事における海外依存・海外調達も増大していった。海外調達の多くが3次・4次下請け層であり、かかる下請けの多くをプロジェクトに組み込んで統括管理するのが Prime Contractor である。

　DOD は、調達の分野においてもグローバル化に対応・適応して、Prime Contractor の統轄を通じて3・4層の下請け企業群を管理下に置こうとしたのである。実際、DOD との契約額 2.5 万ドル以上の場合、契約企業と海外との関係を調査するとともに、50 万ドルを超える一次契約の Prime Contractor、10 万ドルを超える二次下請けの Sub Contractor については1万ドル以上の海外調達について報告義務を課した[42]。当然にも、調達対象国を軍事同盟国、友好国、そしてその他に分類し、機密保持の協定を結ぶなど国家安全保障政策との整合性を担保しながら、同盟国の企業の技術を企業レベルで包摂し、防衛産業基盤の海外依存・空洞化を補完していった。軍事におけるグローバル化推進の狙いの一端をここに見ることができよう。

　民生用・商用技術活用の狙いはそれにとどまらない。軍事技術の開発政策はもともと非常に大きな負担がかかる。それに比べて負担が軽いのが既存技術の情報システム統合化である。まさしく RMA 推進の中で軍事戦略的にも情報システム技術の包摂が重要となり、またコスト削減を軍事的統合システム化によって進めることともマッチしたのである。そ

---

[41] 軍事仕様の規格 MIL-Q-9858A は、最初に 1959 年に MIL-Q-9858 として発行され 1963 年に MIL-Q-9858A に改定された。63 年のそれは、ISO9001 標準ならびに世界のあらゆる品質管理と規制の起源である。94 年に一度は廃止されたものの 10 年してまた MIL 規格は復活する。Transposed Government Specification MIL-Q-9858A < https://www.quality-control-plan.com/mil-q-9858.html > ならびに西山淳一「グローバル化と防衛産業」、『海外事情』2011 年 11 号 22 頁参照。

[42] 前掲山崎 54 - 55 頁参照。

こで情報システム技術サービスへの依存が非常に強まることになる。

　DODが商用ビジネスへの依存を強める要因として、価格の問題、柔軟性、システムの維持管理上の問題がある。軍事用システムでは、DODが唯一の顧客であることから、ボリュームが少ないので、それだけ高価な費用を支払わざるを得ない。それに対して商用ではいうまでもなく単位コストが低い。軍事目的のシステムにおいては固定的になりがちなのに対して、商業市場では絶えずアップグレードを刺激され柔軟である。また商用システムはシステム運用上の訓練と故障・修繕向けの包括的文書が付属しており、簡易かつ便宜である[43]。そしてまた、「防衛産業の整理統合が加速するとともに研究開発投資は軍需から民需に大きくシフトし、技術革新の中心は民生産業へと移転[44]」し、まさに民間の研究開発の成果を取り込まなければ軍事における優位性を保持できない状態になっていたのであった。

（3）国防省による業務改善としての効率性追求～アウトソーシング～

　DODによる効率性追求はこれだけにとどまらない。装備品のみならずソフトやサービスを含めたアウトソーシングが大々的に推進されている。そこには商用慣行を取り込んでDOD業務そのものの改善の試みとして防衛費節約と効率化、業務改善が一体的に展開する。アウトソーシング自体はレーガン政権において新自由主義経済政策の一環として既に導入されていた。しかしDODにおいて本格的に採用されるようになったのは、1990年代の半ば以降である[45]。したがって冷戦体制が終焉し、

---

[43] Office of the Under Secretary of Defense for Acquisition and Technology, Final Report of the Defense Science Board:Task Force on Globalization and Securiy, December 1999, pp.8－9 参照。

[44] 前掲社団法人日本機械工業連合会・日本戦略研究フォーラム『平成21年度　先進防衛装備品の多国間共同開発の状況とこれがわが国の防衛機器産業に及ぼす影響の調査研究報告書』2010年3月、15頁。

[45] 社団法人日本機械工業連合会・日本戦略研究フォーラム『平成20年度　世界的規模で広がるM&A、アウトソーシングの進展がわが国の防衛機器産業に及ぼす

「小さな政府」を求めて規制緩和と民営化を基調とした新自由主義政策が勢いを増す中での国防費削減に対する対応策であった[46]。

2004年のシンクタンク CSIS 報告によれば[47]、過去10年間米政府は広範囲な専門的サービスならびに支援サービス分野において民間セクターへの依存を高めた。2004年までに連邦政府への専門的サービス提供は、その契約額が1670億ドルに達し、政府のハード契約と同じ規模に達していた。2004年の政府向けサービスの内訳は、大きくは、専門的管理及びマネージメントサービス Professional Administrative and Management Services（PAMS）分野の420億ドル、研究開発 R&D 分野の410億ドル、そして施設関連サービス Facilities-Related Services（FRS）分野の360億ドル、そして情報通信技術 ICT 分野の214億ドル、その他128億ドルからなっている。全体としてこの10年で年率6％の伸びであるが、最も成長が著しいのは ICT で平均14％、次いで PAMS は9％である。DOD は専門サービスの最大の利用者で、全政府契約額の63％を占めていたので、FRS はイラクとアフガニスタンの戦争による軍事業務負担

影響の調査研究報告書』2009年3月1頁参照。規制緩和・民営化の新自由主義経済政策の流れの中で G.W. ブッシュ政権の下でチェイニー副大統領、ラムズフェルド国防長官が民間企業に米軍業務を委託していかに稼いだかをリアルに描いている、Naomi Klein, The Shock Doctrine:The Rise of Disaster Capitalism, Henry Holt and Company, 2007, pp.363-388 参照。

[46] 冷戦が終わり、DOD は実質的に軍事機構を削減したが、運営・維持コストがそれと比例して減少しなかったことから、小さな政府の役割を求めるムードと絡んで議会向けにも武器と装備の調達コスト削減に動かざるをえなかった。CRS Report forCongress、Defense Outsourcing:The OMB Circular A-76 Policy、Updated June 30、2005、p.1 参照。前掲「平成20年度報告書」でも指摘して、この報告書でも指摘している1998年の「連邦活動棚卸改革法」前後の一連の調達緩和策（1994年連邦政府調達効率化法 Federal Acquisition Streamlining Act 1994、1996年連邦調達改革法 Federal Acquisition Reform Act1996）からアウトソーシング採用が本格化してきた。

[47] Center for Strategic & International Studies（CSIS）,Defense Industrial Initiatives Group, Structure and Dynamics of the U.S.Federal ProfessionalServices Industrial Base 1995-2004, May 2006.

増に対応して増大した。

　90 年代に入って契約方法が簡易化され、契約件数も 95 年から 2004 年の間に 60 万件とほぼ 2 倍となる。しかし契約一件当たりの平均金額は、95 年が 38 万 5 千ドルであったものが、2004 年には 27 万ドルへと減少し、契約金額平均も 6.3 万ドルから 3 万ドルへと減っている。参加企業も、95 年で 10 億ドル以上の大手企業の参加数が 176 社であり、中規模企業は 13,718 社、それに対して小規模企業は 30,525 社という構成である。2004 年になると、大手企業は 224 社、中規模企業は 22,010 社（内訳は契約額 25,000 ドル以上が 6,252 社、25,000 ドル以下が 15,758 社）、そして小規模企業は 60,444 社（内訳は契約額が 25,000 ドル以上 29,055 社、25,000 ドル以下は 31,389 社）となっている。小規模企業の参入が急増し、大手は比較的安定している中で中小企業間の競争が激しくなっている様相が示されている。2004 年における分野別の DOD の比重も見ておこう。ICT サービス総額 214 億ドルのうち DOD が 94 億ドル、PAMS は総額 420 億ドルで DOD は 260 億ドル、R&D 総額 414 億ドルで DOD は 356 億ドル、ERS 総額は 136 億ドルで DOD は 123 億ドルであり、FRS は総額 358 億ドルで DOD は 150 億ドルとなっている。DOD が専門サービスのアウトソーシングでいかに大きな比重を占めているかが看取できる。こうして専門サービスに対するアウトソーシングが増大するにつれ、大手軍事産業企業でも情報通信サービスを中心に専門サービス企業を取り込みオフショア受注に取り組む[48]。

　2011 年の CSIS 報告では、民間セクターへのサービス契約は恒常的になり、依存度をますます強めている。2000 年 1,590 億ドルの連邦政府サ

---

[48] 同上 Appendix B（P60-68）では 90 年代から 2004 年までの、Lockheed Martin（合併数同 8 社）、Northrop Grumman（同 21 社）、Geral Dynamics（同 14 社）、Raytheon（同 3 社）、Boeing（同 6 社）、L-3 Communications（同 7 社）、BAE Systems North America（同 8 社）、SAIC（同 27 社）、Computer Sciences（同 33 社）、Anteon（同 9 社）、Electronic Data Systems（同 16 社）、IBM（同 9 社）といった大手企業の情報通信サービスを中心とした合併運動の事例が掲げられている。航空宇宙関連の企業ほど情報通信サービスの企業の合併が行われている。

第2表 2010年度上位20社の機関別対政府契約の内訳 （単位：100万ドル）

順位	サービス契約会社	Defense	Energy	GSA	NASA	HHS	State&USAID	DHS	Others	契約額	比率
1	Lockeed Martin	12,820	2,370	200	1,720	270	210	320	1,500	19,400	5.8
2	Northrop Grumman	9,750	0	220	310	200	70	130	340	11,030	3.3
3	Boeing	6,320	0	0	1,090	0	0	220	10	7,650	2.3
4	Raytheon	5,860	10	10	30	0	0	140	320	6,370	1.9
5	SAIC	3,910	30	370	310	610	10	280	290	5,800	1.7
	Top5	38,660	2,420	790	3,460	1,080	300	1,090	2,460	50,260	15
6	General Dynamics	3,960	20	120	40	10	0	290	160	4,600	1.4
7	L3 Communications	3,960	10	80	50	10	110	50	220	4,490	1.3
8	Computer Sciences Corp	2,910	0	70	240	60	100	380	590	4,350	1.3
9	Booz Allen Hamilton	2,490	40	110	30	150	50	250	730	3,850	1.2
10	KBR	3,570			0	0	20			3,580	1.1
11	Health Net	2,990							260	3,260	1.0
12	Humana	3,240							0	3,240	1.0
13	Bechtel	1,270	1,850				0	0		3,100	0.9
14	Dyncorp International	2,150		0			780		30	2,960	0.9
15	BAE Systems	2,460		270		0		60	100	2,900	0.9
16	TriWest Healthcare	2,720								2,720	0.8
17	URS	1,600	60	90	140		10	40	100	2,590	0.8
18	CACI	2,340	0	50	0	0	20	40	70	2,520	0.8
19	Battelle	390	1,760	10	0	90		20	20	2,290	0.7
20	L.A.N.S*		2,200							2,200	0.7
	Top20	74,710	8,910	1,590	3,970	1,410	1,390	2,210	4,750	98,930	30
	Total	198,450	25,280	15,440	14,760	13,400	11,550	10,360	43,650	332,880	100

注) ＊は Joint Venture の Los Alamos National Security

出所) Structure and Dynamics of the U.S.Federal Services Industrial Base 2000,
p65

ービス契約が2010年には109％増えて3、330億ドルとなっている。この10年で平均7.6％の成長であり、最近5年間は平均4.7％であったが、2002年から2003年はDODからの契約が増えて最大となっている。なお、2010年は契約額が100億ドルも減少しこの十年では減少した初めての年であった。それは、イラクからの撤退をはじめとしてイラク、アフガニスタンへの軍事的関与を抑え、かつ政府予算・国防費削減の反映である。しかし、サービス分野については、ICTサービスは2000年の165億ドルから2010年には288億ドルとなる。PAMSは同じく342億ドルから958億ドルとなった。R&Dは273億ドルから564億ドルへ、

第Ⅱ章　アメリカン・グローバリゼーションの一断面

FRS は 113 億ドル増やした。FRS&C は 562 億ドルから 938 億ドルへ、そして新たなカテゴリーとして医療サービス Medical Services（MED）が登場し、2000 年の 40 億ドルから 2010 年の 157 億ドルへ、急激に増やしている。2010 年の政府の内訳は、DOD の 1980 億ドルが最大で、次いでエネルギー省 DOE250 億ドル、NASA150 億ドル、国家安全省 DHS が 104 億ドルなどとなっている（第 2 表参照）。サービス契約企業も 2000 年の 6 万社から 2010 年には 15 万 7 千社に増えている。

　尚、専門サービスのアウトソーシングについて若干の事例を見ておこう。それは、商用衛星の活用と戦争請負会社である。

　1970 年代を通じて衛星打ち上げ分野は米国による市場独占の状態であった。80 年代に入ると欧州では欧州宇宙庁 ESA を組織し独自路線で米国市場独占を突き崩し始め、1986 年のスペースシャトル「チャレンジャー号」の事故を契機に欧州は衛星打ち上げ事業で市場を席捲した。そして中国、ロシアが ICBM 技術を利用して参入する。米国はかつてのような卓越した地位をもはや維持できないでいる。米国は ICBM を使い捨ての打ち上げロケットとすることで対応しているが、今では米国の衛星打ち上げの 8 割が商業衛星である。米国の商業的宇宙部門は価格競争力を高めながら商業衛星による通信機能を向上させている。DOD は、独自に数個の通信衛星と副次的に通信機能を持つ衛星を運用し、代表的なものとして防衛通信システム DSCS、空軍通信システム AFSATCOM、軍事戦略・戦術中継 MILSTAR がある。これら衛星はすべて商業用通信衛星と同じく、静止軌道上や高度の周回軌道上にあり、現在リアルタイムで地球規模の戦術情報の把握を可能とする衛星通信システムが考案されているというが、このシステム自体は政府部門が民生用や商業用として国家規模や全地球規模の情報インフラとして考案しているものと原則や技術において大差がないのである。

　軍事目的での商業衛星通信の利用はコスト面で優れているが、軍事用に比べて物理的攻撃や通信妨害に対しては脆弱であり、地上通信・中継基地が武力攻撃に対して弱いというリスクを抱えている。また利用に際

しての通信条件の設定、接続時間、機器の購入に際しての決定権が陸軍・海軍・空軍の三軍にあるのか、統合宇宙司令部 USSPACECOM か、それとも国防長官の下の指揮・統制システム担当部局にあるのかが問題となる。宇宙部門はいくつかの機能別分野に細分されているからである。軍事宇宙部門は依然として独占的力を保持しているが、必要な能力をすべて自前で保持することはもはやできない。分野によっては商業部門が卓越した分野もあるからである。現実には商業衛星の時間買いを使って現実の戦況に対応している。例えば Digital Globe 社の観測衛星を軍用観測衛星の補完として利用しているようにペンタゴンは既に商業的遠隔通信基盤に依存しており、米国軍事戦略における軍事における革命 RMA の中心を担う C4ISR といわれる指揮 Command・統制 Control・通信 Communication・コンピュータ Computers・諜報 Intelligence・監視 Surveillance・偵察 Reconnaissance による戦場の状況把握にとってカギをなす米国軍事宇宙部門が、どこまで独自能力を保持し、どこまで民生、商業用の宇宙部門の能力を活用し、依存するか問われている[49]。

　もう一つの事例は戦争請負会社 Privatized Military Firm（PMF）である。冷戦対抗の終焉はこれまでより紛争を劇的に増加させ、覇権によ

---

[49] 本文の宇宙部門についての説明は、前掲松村『軍事情報戦略と日米同盟』所収「第 1 章情報収集・伝達－衛星」から、筆者の論点に関わる部分を抜粋した概要である。

　尚、2007 年現在の世界の軍事衛星は 223 であるが、米国は 127 個で全体の 57％を占め、次いでロシア 63 個 28％仏 10 個 4.5％、中国 8 個 3.6％、英国 5 個 2％、そして日本は 3 個 1％という状況である。米国の軍事衛星の機能別では、航法 40、通信 26、センサー、早期警戒 8、画像 11、電子情報 SIGINT23、軍用気象 4、その他 15 である。米国の宇宙の軍事利用と情報戦、誘導兵器における優位性を物語っている。社団法人日本機械工業会・日本戦略研究フォーラム「H19 年度宇宙の平和利用原則の見直しとそれが防衛機器産業へ及ぼす影響に関する調査研究報告書」2008 年、57 頁より。日本が軍事衛星 3 個保有しているとの指摘は極めて興味深い指摘である。ペンタゴンが商業的遠隔通信基盤に依存しているとの指摘については、P.W. シンガー［著］・山崎淳［訳］『戦争請負会社』NHK 出版、2004 年刊 151 頁にもある。

る伝統的な抑え込みができない状況に陥った。いわば安全保障における一種の「空白」を「民間市場」が埋めた形になっている。80年代から現れてきた国家機能の外部化・民営化の動きが「民営化革命」といわれる程に冷戦終焉後うねりとなって現れ、グローバルに展開している。このうねりは、かつてのような正規軍の衝突といった形の軍事的衝突とは異なって非正規軍が国境をまたいで衝突する形に変化したことや財政事情を反映して、これまで国家が担ってきた軍事分野における機能を外部化し、アウトソーシングの形で民間の「戦争請負会社 Privatized Military Firm（PMF）」に請け負わせるところまできているのである。

人材も、冷戦対抗の終結と軍事費削減にともなう兵力削減により元兵士が洪水の様に「余剰軍事労働力」として供給される。PMFは要人警護、多国籍企業 MNC による資源開発の安全保障、武器調達・兵站、作戦支援、紛争事後処理、さらには米国では2万を超えるといわれる富裕層が隔離された居住区 Gated Community の警備保障などの各種サービスを行っており、米政府、DOD でも専門サービスのアウトソーシングは90年代以降急速に伸びている。戦闘行動自体が情報通信技術の進展にともなう戦争の情報化 NCW へと変質してきている中で、情報機器の操作、システム運営が非常に大きな役割を担い、その運用への民間の関与が大きくなってくると、軍事色と非軍事色との線引きが困難となってくる。事実、DOD が雇用する230万人のフルタイム職員のうち戦闘職についている職員はわずか20万人といわれ、戦地の各部隊に4人の文官がいて支援任務についているという。

こうなると戦闘部隊への PMF の組み込みは何の困難もない[50]。それどころか、PMF は実際の戦場において従事している DOD の戦闘員よりも多く雇われている。また、その残虐性が問題となり、法的規制が提起される事態が生じてもいる。イラク戦争のはじめの4年間はほぼ19万人のサービス契約があり、米軍兵士より多く、同盟軍が提供した兵士

---

[50] 前掲『戦争請負会社』111－152頁参照。

の約23倍になっている。91年の湾岸戦争の時は制服組と契約組との割合は50対1であったが、アフガニスタン侵略戦争では契約者数は10万人以上となり1対1の割合であった。2009年のイラク関連支出の20%に相当する3160億ドルがサービス契約に支出されている。しかもDODは民間軍事契約で100億ドル以上浪費したと見積もっている。アウトソーシングに対する法的規制問題が出てくる所以である[51]。

　こうして冷戦終了後の軍事費削減とRMAに対応した軍の近代化＝情報ネットワーク化要求は、軍事産業基盤の再編・リストラ・寡占化を促進するとともに、DODに新たな対応を迫った。それが、汎用部品の対外依存の容認であり、アウトソーシングであり、それに見合った調達や装備品の軍事仕様の緩和策であった。しかしそれは同時にグローバリゼーションと手を携えて進むことになる。実際、軍事費の削減による軍事産業基盤の再編・リストラの強制は、DODによる調達が削減される下では、当然にもその軍事兵器の開発・生産技術を維持するために海外輸出ならびに海外との共同開発・共同生産への制約を解除していかざるを得ない。

4. 軍事におけるグローバリゼーション

（1）軍事におけるグローバル化の背景

　冷戦体制が終焉し、一極覇権帝国となったアメリカも経済力における衰退傾向と相俟って国際的な軍事・政治的影響力を後退させている。冷戦後も国際的紛争は後を絶たず、むしろ増大している。新自由主義的経済政策により富裕層はますます資産を増やす一方、中間層といわれる所得階層は分解し、低所得者階層が増え、社会的対立が激化し極めて不安定な社会状態が現出する深刻な事態となっている。そこに宗教的要因、民族的要因が加わり、対立と格差を一層深刻化させた。その広がりはグ

---

[51] Peter W.Singer, The Regulation of New Warfare, The Politic, Feb 2010 参照。

ローバルである。富裕層・支配層は権力保持のために軍事力強化をする。それにつれて世界各国・各地域で軍事力の増強が進み、軍事力増強がグローバルに展開されている。「グローバル化された軍事」といわれる事態である。

　冷戦対抗の中で宇宙の軍事利用が進み、またICT革命はそれを一層加速させる。地域的紛争においても軍事衛星は情報収集、各種兵器の精密誘導などで利用されている。軍事情報・諜報は統合司令本部の下に一元的に管理され、戦略、戦術の双方において情報システムを軸とした対応がグローバル化してきている。冷戦体制の終結後、政治的にも経済的にも対立を孕みながらもグローバルな市場経済化が進み、相互依存関係は強まった。グローバル化と相関的に各国間の情報共有とそのための情報インフラが整備されていった。情報通信技術の発展と相俟ってグローバル化の潮流は強まることがあっても、弱まることはない。それだけに軍事においても個々の兵器Platformの性能向上に加えて情報通信システムを組み込み、それを活用できる軍事技術がますます重視され、システムの巨大化とグローバル化、したがってまた軍事戦略・戦術もグローバル化している。米本国の基地から無人飛行機を操作して地球の裏側で戦闘行為を行うことなどはその最たる例であろう。「軍事のグローバル化」といわれる事態である。

　冷戦終焉は平和の配当を求める世論を高め、それを反映して国防費削減の圧力が強まった。国防費、特に防衛産業に直接的に影響のある調達費は劇的に削減されていった（第1図・第2図参照）。DODは国防費削減のなかでコスト削減と効率化を追求する一方で、国内軍事基盤産業の維持と情報システム化を軸とした軍事力の近代化を推し進めた。DODは、コスト削減の効率化と情報化を軸とした軍の近代化とを、軍事的基盤産業の再編・統合化と内外の民間企業の軍民両用技術を活用しうる武器調達システムの変更によるグローバル調達とアウトソーシングの促進、さらには武器輸出や軍事情報通信システムの米国仕様の標準化など、いわば軍事に特有なグローバリゼーションの展開の基盤整備によって対応

している。

軍事基盤産業の側でも、国内企業同士にとどまらず米国企業と欧州企業とのM&A＆Dと提携による再編・リストラ、さらには兵器の共同開発・共同生産、民生部品の取り込み、武器輸出にともなう海外下請け生産を展開している。冷戦体制終焉後、軍事基盤産業において新たな再編・統合化がグローバリゼーションとリンクしている。

1980年代後半ソ連の衰退が明らかになるにつれ防衛費が削減され兵器・軍装備品の調達費が削減されていった。それに対応してDODは、軍事基盤産業の再編・統合化とRMA化を追求した。2011年の「9.11」以後、「テロとの戦争」を宣言しアフガニスタン・イラクの戦争に突入し、泥沼化させていったG.Wブッシュ政権において一時的に軍事費が増強され軍事産業の投資と生産拡大が行われたが、流れは変わってはいない。旧ソ連・東欧社会主義が崩壊した後では、もはやかつての冷戦対抗の時代の国家対国家の正規軍同士の対抗を想定した核・ミサイルを軸とした重武装化を巡る軍拡競争とはなりえない。まして経済的に長期停滞が続いている下で財政がひっ迫し、また最近特に問題視されてきている民主党と共和党の対立が激化して議会運営における困難な状況が増してきている等の事情からして、一時的な波があるだろうが、DODが追求している効率化と軍の近代化の方向性の基調は変わらないであろう。

(2) 軍事におけるグローバリゼーション（1）
～軍事産業の再編・統合化と共同開発・共同生産～

国防費の削減は、軍事基盤産業の再編・統合化を促迫し、国内のみならず海外の軍事産業企業とのM&Aや兵器の共同開発・共同生産を追求させ、軍事におけるグローバル化を促進する。軍事におけるグローバリゼーションといった場合、戦闘とその領域におけるグローバル化については今措くとすれば、二つの側面を持つ。一つは、軍装備の生産・流通・販売・調達におけるグローバル化である。共同開発、共同生産、輸出、オフショア生産調達、そして海外企業とのM&Aがそれに関連し

ている。もう一つの側面は、軍事システムの運用におけるグローバル化である。装備仕様の共通化、武器の標準化、そして通信・情報システムの運用における共通化・標準化のグローバルな推進である。

RMA は先端的情報システム技術を取り込んだ兵器開発を促進するが、DOD はそのために軍事企業の研究開発の負担を軽減し、生産量を確保するために米軍事企業に海外企業・プロジェクトとの共同開発・共同生産を可能にした。それは同時に、共同開発と共同生産を通じて海外企業の技術を取り込み、あるいは米企業の技術システムに包摂することで軍事技術における優位を維持することも狙っている。

防衛予算削減と情報通信分野を中心とした急激な技術革新は、軍事基盤産業に大きな影響を与えた。一つは、軍事産業の再編・統合化である。もう一つは民生技術を取り込み、軍事産業の活性化を促した。民間における研究開発は 1980 年には政府支出を逆転し、2000 年には民間 70％、政府 30％になっている。したがって民生用技術を取り込むために 94 年に軍装備調達における厳格な軍事仕様（MIL スペック）を改め、民生仕様で調達できる道を開いた。95 年には「国家安全保障科学技術戦略 National Security Science & Technology Strategy」を発表し、民生品・役務の調達簡素化、民生企業による両用技術開発促進のためのプロジェクトを明らかにしている[52]。また、2001 年米国同時多発テロ直後の「4 年ごとの国防見直し（QDR）2001」をうけて、DOD は 03 年「Transformation Roadmap（軍変革のための計画）」を公表し、民間中立機関 System Engineering and Technical Assistance を設立し、研究開発、調達などの効率化を図った。そしてまた DOD の窓口 Lead System Integrator がシステム・オブ・システムなどの装備品の契約を行い、民間技術取り込みの基盤整備を行った[53]。

---

[52] 前掲「平成 21 年度先進防衛装備品の多国間共同開発の状況とこれがわが国の防衛機器産業に及ぼす影響の調査研究報告書」38–39 頁。

[53] 同上 39 頁。なお、同報告では装備品の取得に関わる予算計画・執行上のプロセスも詳細に調査されているが（同上 33–37 頁）、ここでは割愛させていただく。

兵器共同開発では米国が参加しているものとして、①2001年空軍と
ロッキード・マーティンと2000億ドルでJoint Strike Fighter（JSF）
調達契約を結び、欧州その他地域での販売を目的にDOD初の海外企業
（BAE Systems他7社の英国のサブコントラクター、その他イタリア、
オーストラリア、カナダ、デンマーク）との共同開発・共同生産のプロ
ジェクト、②途中脱退したエアバスA400M、③イスラエルIAI社が取
り纏めした対弾道ミサイル計画に参加したARROW1（1988年）、
ARROW2（1992年）のプロジェクト、④NATOのSEASPARROW
CONSORTIUM取りまとめの防御システム能力向上計画に参加した
ESSMプロジェクト、⑤米国が取り纏めのプログラム・マネージャーで
20数か国が参加して戦術データーリンク端末を開発するLink16/MIDS
プロジェクトなどがある[54]。ここではJSFプロジェクトとLink16/
MIDSプロジェクトについてみておこう。

　当初の価格5000万ドルが2010年には8000〜9500万ドルと跳ね上が
り、2011年我が国防衛省が導入を決定した当初の価格は一機当たり99
億円であった。2012年正式契約で2016年導入価格が1.5倍の150億円
にもなったF35の開発・生産プロジェクトがJSFである。2010年時点
の予想では米軍と英軍に3000機配備される予定で、その他の国でも採
用を予定し、全体で5000機以上生産される予定という。参加国は三つ
のレベルに分けられ、レベル1（出資10％程度）では要求性能に発言権
を持つ英国、レベル2（出資5％程度）では性能に対して限定的要求し
かできず、イタリア、オランダが参加、レベル3（出資1－2％程度）
は関連資料に対するアクセス権、カスタマイズ設計権をもつ、オースト
ラリア、カナダ、デンマーク、トルコ、ノルウェー、そしてSecurity
Cooperation Participationとして5千万ドル程度の払い込みで優先顧客
となっているイスラエル、シンガポールに区分されている。

　こうして研究開発費を分担させることで、米国の側では、研究開発費

---

[54] 同上98−115頁。

第Ⅱ章　アメリカ・グローバリゼーションの一断面

の負担を軽減するとともに、参加国での販売・輸出による量産、それに
よるコストダウンが期待されている。しかし同時に、参加国とりまとめ
でプロジェクトの長期化に伴う費用の高騰、主導国である米国からは十
分な技術開示がされず、技術開発における秘密保持の関係から情報保
護・秘匿を求められ、参加国の主権が制約され米国の開発と運用体系に
組み込まれる恐れが生じている[55]。

　LINK16 は、高い耐妨害性と秘匿性を有し、多元接続方式で極めて高
速度で多チャンネルの通信が可能とされる戦術情報の共有化を実現する
データリンクである。MIDS は LINK16 方式を採用した多国間で開発し
た端末である。開発費は 50 億ドルで計画し、米国 41％、フランス 26.5
％、イタリア 18％、ドイツ 7.5％、スペイン 7％と欧州勢で 59％を負担
している[56]。91 年湾岸戦争、ボスニア・ヘルツェゴビナ紛争における米
軍と NATO 軍との共同作戦における米欧との RMA に関わる情報シス
テム上の能力ギャップの教訓から、情報を共有するために LINK16 の方
式の端末をすでに開発していたが、NATO 等の米国の同盟国・友好国
との相互運用性を実現するために米国は欧州の製造メーカーを含めた多
国間の共同開発に踏み切った[57]。

　卓越した軍事力、とりわけ情報通信技術における米軍の優越性は、他
国と共同作戦を行うには逆に大きな阻害要因となる。多くの国が米国参
戦の大義名分に賛成すれば共同作戦の正当性は高くなるが、単独の武力

---

[55] 同上 99 頁。

[56] 同上 109 頁。

[57] 同上。なお、1991 年の湾岸戦争では、総爆弾総数 26 万 5 千発、内誘導弾数 2 万
　　450 発（比率 8％）、総爆弾数の米軍作戦の比率は 89％に及び、ボスニア・ヘルツ
　　ェゴビナ紛争で 95 年のコソボ空爆において空軍出撃 3515 回のうち米軍機のもの
　　が 8 割に達したという。尚ついでに、皮肉な作戦名だが「不朽の自由」作戦のお
　　いて 2 万 2600 発の総投下爆弾数のうち、1 万 2500 が誘導弾数（比率 55％）で米
　　軍作戦のものが 99％に及ぶ。同盟国間の RMA ギャップが取りざたされる所以で
　　ある。広瀬佳一・吉崎知典編著『冷戦後の NATO』ミネルヴァ書房、2012 年刊、
　　61－62 頁参照。

行使は正当性に疑念を持たれる。財政厳しい折の軍事作戦はできるだけ多数の国に戦闘に参加してもらい負担を分散する必要があった。米国防衛費の削減が行われる中で軍事費負担を分担させ、そのための共同作戦を追求する上で情報通信技術における米軍と欧州軍のギャップを埋めるためにデータリンクの必要をもたらしたという訳である[58]。

　同盟国が独自の軍事情報ネットワークシステムを構築するには巨額の費用とともに実験、実際的戦闘のデータ蓄積が必要である。この間の共同作戦で明らかになった情報システム運用におけるギャップを埋めるにはハード面で回線接続における共通仕様が必要であるとともに、デジタル信号自体の暗号化をはじめとしたプログラム・ソフトの共有が必要である。だが、ハード面では両用技術として市場で入手できると思われるが、プログラム・ソフトそして軍事的データは米軍の卓越性の基盤であり、ブラックボックス化される[59]。しかも欧州各国の財源問題があり、開発されたMIDSも導入が不十分とされている。LINK16の導入は、欧州各国の軍事システムが米軍の情報システムへの編入・包摂され、米国軍事戦略・戦術のグローバル化の一環に位置付けられるものであろう。しかも米軍はLINK16/MIDSよりも使用周波数帯においてさらに有利なLink22を導入し、データリンクにおけるギャップはさらに広がっているとみることができる。軍事情報システムにおける米軍の卓越性は強固なものである。

　軍事のグローバリゼーションにおいて触れておく必要があるのは、軍需品の輸出契約とリンクした海外オフセット契約取引である。オフセット取引とは、販売を促進するために売り手（企業）が買い手（海外政府）に提供する便宜をともなう（裏）取引であり、92年国防生産法Defense Production ActのSection723の修正により企業に商務省報告を、政府には議会報告を義務付けることで裏取引を容認し、公然化させたものである。2003年には国防生産法第7条を修正して、オフセット取引

---

[58] 前掲松村昌廣『軍事情報戦略と日米同盟』134頁参照。
[59] 同上137-138頁。

について 5 年前に遡って調査・報告を商務省に義務付けた。特に下請け生産のオフセットとの関係を明らかにすることを求めた[60]。オフセット条項には、下請け生産、共同生産、ライセンス生産など生産の海外移転と技術移転があり、国内軍事産業の生産ライン維持と軍事技術の移転の問題が絡み合っている[61]。

1993 年 − 2012 年の 20 年間でオフセット関連の防衛輸出販売契約の総額は 1、489 億 9、800 万ドル、その内オフセット協定 888 の金額は 947 億 6、300 万ドルで 63.6％を占め、54 の米企業が 2 件の多国間協定を含む 47 ヵ国と契約している。そして同期間中に 62 の米企業が 46 ヵ国と 2 多国間協定の計 48 協定を結んで 1 万 2、836 件のオフセット取引が行われ、実際の取引額は 635 億ドル、信用による取引は 760 億ドルとなっている。このオフセット取引 1 万 2836 件のうち、購入が 6024、下請け生産が 2918、技術移転が 1481、共同生産が 572、訓練が 382、投資 283、ライセンス生産が 236、信用援助 168、そしてその他が 772 となっている[62]。金額については、第 3 表参照。

こうして、輸出を促進し、国内の生産ラインや研究活動を維持することに貢献するオフセット取引が逆に、海外生産と海外への技術移転を引き起こす恐れがある。2012 年の米国の商品輸出額 1.55 兆ドルのうち軍事関連商品輸出そのものは 172 億ドルで輸出の僅か 1.11％でしかない。同年の信用取引も含めてのオフセット契約は 250 億ドルである。それ故

---

[60] 前掲西川『アメリカ航空宇宙産業』238 頁、271 − 276 頁。U.S.DOC, Bureau of Industry And Security, Offsets in Defense Trade Eighteenth Study:Conducted Pursuant to Section 723 of the Defense Production Act of 1950, as Amended, December 2013, p.1.

[61] 前掲 BIS 報告は、防衛システムの輸出が間接単位コストを低減し、生産設備、熟練労働、そして供給基盤を維持するのに貢献することを指摘する一方で、オフセットがさもなければ国内で行われていた仕事 work を奪ってしまう危惧、技術移転による将来のビジネス機会の喪失の危惧を表明している。Offsets in Defense Trade Eighteenth Study, p.7 参照。

[62] 同上 pp.3-4、p.21 参照。

第3表　カテゴリー別オフセット取引

（1993 年 – 2012 年）

取引カテゴリー	取引金額（百万ドル）	構成比（%）
共同生産	8,046	5.8
ライセンス生産	4,105	2.9
下請け生産	28,840	20.7
技術移転	26,169	18.8
訓練	3,998	2.9
購入	48,339	34.6
信用援助	4,422	20.7
投資	5,343	18.8
その他	6,655	4.8
Total	139,517	100

出所） U.S.DOC,BIS,Offsets in Defense Trade Eighteenth
Study,p.22,Table C-4
注） 金額は、実務的取引と信用取引の合計で、各取引に
は直接オフセットと間接オフセットが含まれている。

技術流出や空洞化を云々するにはあまりに小さな数字であるように思われる。しかし事は技術の固まりであり、覇権国アメリカの屋台骨の軍事産業の問題である。冷戦体制終焉の下での軍事費削減は DOD による軍事産業基盤の効率性と産業保護のための輸出奨励策としてのグローバル対応が、更に脆弱性を促進しかねないのである。軍事におけるグローバル化の矛盾の一端を示すものであろう。

（3）軍事におけるグローバリゼーション（2）
―米軍事産業の再編・統合化と米軍事市場への海外企業の参入―

　武器輸出は、国内調達の削減を埋め合わせ、また貿易収支上も赤字削減に貢献する分野である。輸出はまた、海外における米軍仕様の武器の市場シェアを拡大することにより米軍武器仕様の標準化、それによるインターオペラビリティを高めることで、兵站面でも米製装備の利用を拡大し、米軍指揮下の作戦と兵站の一体性を高める。

米軍は同盟国との共同作戦、共同演習を増やしており、システム全体の運用共通化を通じてシステム運用上の「ギャップ」を埋め、かつまたシステム運用に長けた米軍の優位性を維持しようとしている。その意味では海外輸出と米製軍装備のシェア拡大は、インターオペラビリティの共通化を推し進め米軍仕様の標準化の露払いともなる手段である。輸出におけるオフセット取引契約はその一環としても位置付けることができるであろう。またインターオペラビリティの共有のためには参加各国と軍事機密情報の秘匿のために秘密保全協定を締結し、軍事基盤産業レベルにまで技術流出の防止を強制され機密保持の網の目に包摂される。それを通じて米軍の情報技術運用上の優越性が保たれる。そればかりでなく、米軍は参加国の情報技術、軍事の情報ネットワークのレベル、運用上の技術レベルを掌握することになる。

1990年代の国防費削減による「調達の休日」とまで言われた軍事調達の削減と米国軍事産業の大再編は欧州防衛産業にも巨大なインパクトを与えた。欧州各国の防衛産業は、これまで「ナショナル・チャンピオン」政策で規模拡大を追求してきた。欧州の歴史は戦争の歴史でもあり、各国は自国の防衛を支える軍事産業を育成してきた。国の数だけナショナル・チャンピオン企業が林立し、そのもとに多数の下請け企業が存立する構造であった。それ故NATO軍ですら、武器調達・相互運用＝使用において標準化問題は深刻な状況であった[63]。

冷戦対抗の終焉は、欧州企業を取り巻く環境を劇的に変化させた。米国と同じく軍事費削減の圧力が強まった。1993年に発効したマーストリヒト条約によって新たに欧州外交安全保障条約（CFSP）が導入され欧州レベルの安全保障策が採用された。だが、旧ユーゴ内戦においてCFSPは全く機能せず、米国主導のNATOの軍事介入に依存せざるを得ず、欧州の紛争解決能力の低さを露呈した。とりわけ軍事力において、米欧間の「能力ギャップ」が緊急の課題として認識され、欧州における

---

[63] 西郷従吾『アメリカと西欧防衛』読売新聞社、153－162頁。産軍複合体研究会『アメリカの核軍拡と産軍複合体』新日本出版社、1988年刊、117頁、注15参照。

軍事産業の再編・統合化により能力強化が急がれた。実際、米軍事産業の統合化は、例えばボーイング社とマグナデル・ダグラス社の合併により、コンソーシアム方式で開発・製造しているエアバスに参加している欧州企業が不利な立場に立たされることから、巨大化する米企業に対抗して欧州でも統合による巨大企業構築が求められたのである。

2000年Aerospatiale（仏）とMatra Haute Technology（仏）が合併してAerospatiale Matraができ、民営化された。このAerospatiale Matraと、89年にMTU（独）、AEG（独）、MBB（独）、そしてドイツの「ナショナル・チャンピオン」として成立していたDASAを統合し、2000年DASA（独）、CASA（スペイン）、そしてAerospatiale Matra（仏）とを合併させて、オランダに本社を置く欧州巨大軍事会社EADS社が発足する。かくして、コンソーシアム方式のエアバス・インダストリーを子会社化、生産方式の合理化や設備の重複解消による効率化、ヘリコプター製造のユーロコプターや人工衛星の開発・製造部門をアマトリウム社として再編するなど、事業を統合して合理化を進め米国企業との競争に備えていった。

もう一つの欧州巨大軍事会社の英国BAe Systemsは、British Aerospace（英）をベースに98年Siemens Plessey Systems（独）、SAAB（スウェーデン）、BAeSEMA（英）を、99年Marconi（英）、Lockeed Martin Controll Systems（米）など、2005年にはUnited Defense（米）等を次々吸収し、EADSと並ぶ「ヨーロッパ・チャンピオン」にのし上がっていった。

最後にThalesについて、Thomson CSFをベースに87年GE/RCA（米）、88年Wilcox Electric（米）、98年Dassault Electronique（仏）など、2000年Racal（英）、SamsungElectronics' defense unit（韓国）、Sextant In-Flight Systems（米）などを吸収してThalesとなり、その後も04年Arisem（仏）、05年にはTDA Armements（西欧）を吸収・統合していった。

こうした欧州企業の「ヨーロッパ・チャンピオン」化は、英仏独はも

とより欧州に点在する防衛関連の中小企業の淘汰を促進し、かつまた欧州中小諸国の防衛産業の存立を不可能にし、かくして欧州大陸レベルの寡占化をもたらした[64]。

　防衛産業における寡占化は企業に対する欧州各国政府の交渉力を弱め、しかも欧州危機で露呈したように限られた財源の中で軍事能力の向上に見合った装備の開発・調達を困難とした。まして、米欧間の軍事予算における圧倒的な格差である[65]。欧州企業は米国企業と共同開発・共同生産そしてオフセット契約を通じて生産ラインを維持し、米国企業との提携を通じて軍事技術を獲得していった。加えて、欧州に比べて参入条件や労働規制が比較的緩やかで、投資対象としても魅力ある市場であり、欧州に比べて大きな市場規模を有することから、「ヨーロッパ・チャンピオン」企業は米国市場に直接投資やM&Aを通じて子会社を設立し、米国市場に参入していった[66]。01年以降のブッシュ政権による軍拡はそ

[64] 以上の欧州軍事産業の寡占化については、J.Paul, with the SIPRI Arms Production Program Staff, Development in the Global Arms Industry from End of the Cold War to the mid-2000s, in Richard A. Bitzinger, ed, "The Modern DefenseIndustry", op.cit, pp.17-21

[65] 『SIPRI　YEARBOOK2013』で2012年の世界の軍事支出の総額は17,560億ドルで、1位は、米国6850億ドルでシェア39％と圧倒し、2位以下10位（中国1660億ドル、ロシア907億ドル、英国608億ドル、日本593億ドル、フランス589億ドル、サウジ567億ドル、インド461億ドル、ドイツ458億ドル、イタリア340億ドル）までの合計6,183億ドルをも凌駕する。StockholmInternational Peace Research Institute, SIPRI Yearbook 2013:Armanents, Disarmamentand International Security, p.134

[66] 前掲 Final Report of the Defense Science Board、op.cit.p11-12. そこでは1992年以来米欧間ならびに欧州内のM&Aと国境をまたぐ合併 Cross Border M&A が増大しており、とりわけ海外の企業が所有、または支配、影響力の強い企業（FOCI企業）でDODと特別安全協定（SSAs）を結んだ企業のクロス・ボーダーM&A取引が増大していることが指摘されている。因みに、クロスボーダーM&Aについては航空宇宙産業関連が50件と多かったが、英国企業による米国企業の買収が23、米国企業による英国企業買収が28という数字である。また海外企業の米国企業買収において米国と英国との同盟の強さを反映して英国は32と非常に有利な立場にいる。

第4表　2011年世界的軍事生産・サービス会社　　　（単位：百万ドル）

NO	企業名	国	軍事の売上	売上総額	軍事の割合	収益	雇用者
1	Lockheed Martin	米	36,270	46,499	78%	2,655	123,000
2	Boeing	米	31,830	68,735	46%	4,018	171,700
3	BAE Systems	英	29,150	30,689	95%	2,349	93,500
4	General Dynamics	米	23,760	32,677	73%	2,526	95,100
5	Raytheon	米	22,470	24,857	90%	1,896	71,000
6	Northrop Grumman	米	21,390	26,412	81%	2,118	72,500
7	EADS	EU	16,390	68,295	24%	1,442	133,120
8	Finmeccanica	伊	14,560	24,074	60%	-3,206	70,470
9	BAE Systems	英	13,560	14,417	94%	5,178	37,300
10	L-3 Communications	米	12,520	15,169	83%	956	61,000

出所）SIPRI Yearbook 2013,p.233 Table 4.5

の絶好の機会を与えたと思われる。

　因みに、1988年以来02年までに外国投資委員会CFIUSによるレビュー対象取引が1、400余りあったが、02年だけでBAE SystemsによるCondor Pacific Industries、Incの買収をはじめとして40件の海外企業による米企業の買収があった。また2004年には同じくBAE SystemsによるDigitalNetholdings（買収額600万ドル）、Alphatech（同88万ドル）、EADsによるRacal Instrument Goup（同105万ドル）の買収が行われ、この年だけでCFIUSがレビューした取引は270億ドルに達した。さらに2012年には300のM&Aのうち33が外国投資委員会のレビュー対象となるなど、依然として米国防衛市場参入の手段としてM&Aが活発に利用されているのである[67]。

　こうして、90年代からの米国軍事産業における再編・統合化の動きは、ヨーロッパにおける軍事産業の再編・統合化を刺激・加速し、クロス・ボーダーのM&Aと相互投資、そして海外軍事輸出といった軍事におけるグローバル化の動きを通じて世界的寡占企業の形成と軍事的紛争を

---

[67] 前掲Annual Industrial Capabilities, Report to Congressの2003年版、同2005年版、同2013年版のForeign Investment in the United Statesより抽出。

第Ⅱ章　アメリカン・グローバリゼーションの一断面

醸成していっているのである。

終わりに

　これまで（アメリカン・）グローバリゼーションの研究において極め
て重要な問題であるにもかかわらず、十分に検討されてこなかった軍事
におけるグローバリゼーションについて、覇権帝国アメリカの軍事機構
の中枢である国防総省 DOD の軍事戦略とその機構を支える軍事的産業
基盤を中心に検討してきた。ここでは終章として、これまでの経緯を歴
史的に位置付け、現局面における世界史的環境との関わりで一つの総括
を与えておきたい。

　冷戦対抗の下では米国の核・ミサイル軍事機構は、R&D 投資と先端
的軍事技術＝軍事兵器の開発・生産を通じて新鋭産業を興し民生産業の
新たな活性化に寄与してきた。だが核・ミサイル軍事機構は、20 世紀
初頭の在来重化学工業独占を地盤とした「資本主義のアメリカ的段階」
を基盤に、国家財政を投入して核・ミサイルを軸とした軍事力の体系を
支える新鋭軍事産業の育成の機構・国家独占的軍事機構である限り、公
金費消の体制であり、軍事インフレ的体質を免れることはできなかった。
その体質は米国の在来産業にまで高コスト体質として浸透し、したがっ
て欧州・日本が復活・成長を始めるや米国産業の競争力低下となって露
わになった[68]。

　冷戦下の核・ミサイルを軸とした世界戦略構築と軍事力の構築におい
て情報ネットワーク構築の中枢的役割を担った技術、すなわち情報通信
技術が民生的に転用され、ME 産業、情報通信産業を形成し、あらゆる
産業を包摂する汎用的技術となって一大成長産業に成長していった。そ
の技術は軍民両用技術として軍事的にも重要な役割を担った。だが軍事
用のそれは、厳格な軍事仕様（MIL スペック）に規定され、技術開発

[68] 拙稿「米国経済の諸問題」、柴田政利編『現代資本主義と世界経済』学文社、
　　1995 年刊、86-90 頁参照。

85

は遅れ気味になり、また仕様要求が厳密かつ過度となりがちで複雑化・高度化、したがって高コストになる。それが新たな兵器・軍事システム開発に遅れと費用を膨張させる一つの要素になっている。このことはまた、軍事産業におけるサブ・システム層の軍事企業の調達において安価な汎用的な海外製品依存を強めさせることにもつながった。軍需生産における海外依存の問題である。DODはそれを問題視し、軍事産業基盤の強化に乗り出すも、構造的問題である、海外依存が強まる一方であった。そうした状況下で冷戦体制は終焉した。軍事費の削減の始まりである。その影響は多岐にわたった。

　軍事費削減下で覇権帝国アメリカは、基盤である軍事力の卓越性を維持するために、軍事産業基盤のグローバルな再構築を追求した[69]。軍事機構からすれば、削減された軍事費の下で軍事力の優越性を維持するには21世紀の戦争において中核技術となる情報システムを活用してスリムで機動的に軍事力を運用できるように、軍事基盤産業を構築することが最大のテーマである。そのために、国防省は軍事基盤産業の再編の方向を統合化に求め、軍装備品ならびに専門サービスにおける調達の経費節減とアウトソーシングを推進した。統合化は軍事産業における一次契約企業層の寡占化を促進した。そして技術革新を支えるために海外企業を含むM&Aと軍・民両用技術を活用した民生汎用製品調達を促すために制約を緩和する政策を推進している。

　それらは、軍事戦略としては、基調として二つの大規模な地域紛争を同時に闘い、機動力を重視した「2.5戦略」を採用し[70]、それに対応してグローバルに配置した基地（「基地の帝国」）とグローバルな情報ネットワークを活用できる軍事力を構築すること、そして同盟軍の戦略・戦術の共有と情報システムや兵器（プラットフォーム）運用の共有とを追求

---

[69] 前掲山崎「アメリカ軍事産業基盤のグローバルな再構築」59-66頁参照。

[70] 「2.5戦略」については、本文50頁ならびに前掲福田『アメリカの国防政策』所収第6章「米軍の『変革』（Transformation）と二つの戦争」を、また前掲マイケル・クレア『冷戦後の米軍事戦略』130-156頁を参照。

第Ⅱ章　アメリカン・グローバリゼーションの一断面

して、米軍の卓越した情報ネットワークの運用に包摂・統合しようとしている。軍事基盤産業の側では、軍事費が削減される中で経費負担を回避し収益率を維持するため、国家機構との人的結合（「回転ドア」）を紐帯として統合化＝寡占化とそれによる下請け再編の推進、不採算部門の切り捨て、共同開発・共同生産、そして専門サービスを含むアウトソーシング等に対応できるために必要な能力の補完と増強、情報通信分野やソフト関連の技術開発を補強するための活発な M&A&D を行っている。また軍事費削減に対応した輸出増強と「オフセット」を含む海外軍事市場獲得のための海外投資・海外生産に力を入れている。

　軍事における情報ネットワークの重視は UKUSA 協定を嚆矢とした情報収集と諜報活動の重視となり[71]、兵器システム運用の共有を通じた情報システムの運用能力の格差・支配への包摂と「軍事情報に関する包括的保全協定 GSOMIA」や各種軍事技術の特許に関する協定等の機密保護協定による情報管理体制強化の強制を惹起し、民主主義の基盤を危うくする[72]。同時に、軍事機構は国家安全保障を支える軍事力を維持し、

---

[71] 1943 年に締結された米英通信傍受同盟が 1948 年の UKUSA 協定締結により正式なものとなり、アメリカの諜報機関はイギリスの諜報機関との関係を介してカナダ、オーストラリア、ニュージーランドとの繋がりをもつ、いわゆる「エシュロン」と呼ばれる通信傍受システムが形成された。米国国家安全保障局 NSA を頂点としたスパイ・通信傍受の体系がここに始まったのである。松村昌廣『軍事情報戦略と日米同盟』芦書房、2004 年刊 p 58－59 参照。近年、Edward Snowden による NSA の諜報活動が暴露されて、米国の諜報活動が対テロのみならず、友好国の国家機関・政治指導者、民間企業の経済活動さらには内外問わず一般の市民までが無差別の対象となっていることが暴露され、衝撃を与えている。Glenn Greenwald, NO PLACE TO HIDE:the NSA, and the U.S.Surveillance State, 邦訳『暴露－スノーデンが私に託したファイル』新潮社、2014 年刊参照。なお、前掲『世界的規模で広がる M&A、アウトソーシングの進展がわが国の防衛機器産業に及ぼす影響の調査報告書』において CIA の 60％、そして防諜活動の 70％がサービス契約企業によって請け負われていることが報告されている。同報告 104 頁。情報操作に最終的に人間がかかわる限り、罰則を強化し、情報管理の強化を図ったとしても第二、　第三の Snowden は必至であろう。

[72]「軍事情報に関する包括的保全協定 GSOMIA」は軍事技術のみならず、戦術デー

この軍事力を支える軍事基盤産業を保持し、絶えず膨張を合理化しようとする。それは仮想敵を、しかも過大に想定し、かつ不必要な緊張関係をもたらしかねない危険を伴っている。1961年アイゼンハワーが大統領離任に際して述べた軍産複合体の政治・経済・社会に対する影響に対する警鐘について、ポスト冷戦下の新自由主義政策によってグローバルに広がり深刻化する格差をベースにして、台頭する中国を先頭にして高まる国家間の緊張、民族ならびに宗教的対立・緊張の高まりと紛争激化、総じてナショナリズムの高揚と「新冷戦」が呼ばれ、とりわけわが国において憲法が骨抜きにされて武器輸出と集団的自衛権行使が現実的問題となってきている今日的状況のなかで、改めて検討する必要があるように思われる。

＜引用参考文献＞

柿崎繁「IC産業の特質について」、『明大商学論叢』第72巻第1号、1989年

柿崎繁「米国IC産業の構造的特質について」、『同上』第72巻第2号、1989年

柿崎繁「米国経済の諸問題」、柴田政利編『現代資本主義と世界経済』学文社、1995年刊所収。

柿崎繁「グローバリゼーションの一断章〜米国の軍事戦略と関連して〜」、法政大学経済学会『経済志林』第82巻第3号、2015年刊

柿崎繁「軍事における変革（RMA）について」、『明大商学論叢』 第97巻第3号、2015年刊

河音琢郎「国防削減下におけるアメリカ軍事産業の再編過程」、『立命館経済学』第48巻第4号、1999年

タ、暗号情報、システム統合技術など有事の際の共同作戦に必要な情報保全に関わる協定である。日本は07年7月日米安全保障協議委員会（いわゆる「2プラス2」）で協定に合意し、同年8月署名され締結された。これに合わせて軍事機密情報の管理を強化すべく「国の安全に関わる」特定秘密保護法が2013年12月国会で成立し、14年末施行される。ここでは言及しえないが、覇権帝国アメリカの弱体化傾向と地上戦における泥沼化のトラウマによって同盟国に肩代わりを求める動きが強まっている。日米安全保障条約の下で憲法を形骸化する集団的自衛権の容認、武器輸出解禁を通じて急速に軍事体制の強化へと旋回するポスト冷戦における日本の一連の動きの中で、個々の協定や法律を米軍の戦略に位置付ける時、その危険性の全体像が浮かび上がってくるように思われる。

第Ⅱ章　アメリカン・グローバリゼーションの一断面

西郷従吾『アメリカと西欧防衛』読売新聞社、1981 年刊

坂井昭夫『軍拡経済の構図』有斐閣、1979 年刊

産軍複合体研究会『アメリカの核軍拡　と産軍複合体』新日本出版社、1988 年刊

西川純子編『冷戦後のアメリカ軍事産業』日本経済評論社、1997 年刊

西川純子『アメリカ航空宇宙産業：歴史と現在』日本経済評論社、2008 年刊

西山淳一「グローバル化と防衛産業」、『海外事情』2011 年

広瀬佳一・吉崎　知典編著『冷戦後の NATO』ミネルヴァ書房、2012 年刊

福田毅『アメリカの国防政策：冷戦後の再編と戦略文化』昭和堂、2011 年刊

松村昌廣『軍事情報戦略と日米同盟』芦書房、2004 年刊

松村昌廣『軍事技術覇権と日本の防衛』芦書房、2008 年刊

南克己「アメリカ資本主義の歴史的段階」、『土地制度史学』第 47 号、1970 年刊

室山義正『アメリカ経済財政史』ミネルヴァ書房、2013 年刊

山崎文徳「アメリカ軍事産業基盤のグローバルな再構築」、大阪市立大学『経営研究』
　　59 巻 2 号、2008 年

吉田文彦『核のアメリカ』岩波書店、2009 年刊

社団法人日本機械工業連合会・日本戦略研究フォーラム
　　『平成 20 年度　世界的規模で広がる M&A、アウトソーシングの進展がわが国の防
　　衛機器産業に及ぼす影響の調査研究報告書』2009 年

社団法人日本機械工業連合会・日本戦略研究フォーラム
　　「平成 21 年度　先進防衛装備品の多国間共同開発の状況とこれがわが国の防衛機
　　器産業に及ぼす影響の調査研究報告書」2010 年 3 月

社団法人日本機械工業会・日本戦略研究フォーラム
　　「H19 年度宇宙の平和利用原則の見直しとそれが防衛機器産業へ及ぼす影響に関す
　　る調査研究報告書」2008 年

ゴールドウォーター・ニコルズ法（https://en.wikipedia.org/wiki/Goldwater% E2%
　　80% 93Nichols_Act）

マイケル・クレア著・南雲和夫 / 中村雄二訳『冷戦後の米軍事戦略〜新たな敵を求
　　めて〜』賀屋書房、1998 年刊

ラルフ・E・ラップ『兵器文化』朝日新聞社、1968 年刊

ロバート・C・オルドリッジ『先制第一撃』TBS ブリタニカ、1979 年

O・A・ウェスタッド著・佐々木雄太監訳『グローバル冷戦史―第三世界への介入と
　　現代世界の形成―』名古屋大学出版会、2010 年刊

P.W. シンガー ［著］・山崎淳 ［訳］『戦争請負会社』NHK 出版、2004 年刊

Center for Strategic & International Studies（CSIS）,Defense Industrial Initiatives
　　Group,Structure and

Dynamics of the U.S.Federal ProfessionalServices Industrial Base 1995-2004,May

2006.

CRS Report forCongress,Defense Outsourcing:The OMB Circular A-76 Policy,Updated June 30,2005

Eugene Gholz,Harvey M.Sapolsky," Restructuring the U.S.Defense Industry," in International Security, Volume 24,Number 3,Winter 1999/2000

Ezra F.Vogel,Japan as Number One:Lessons for America,1979,
（邦訳エズラ　F. ヴォーゲル著、広中和歌子・木本彰子訳『ジャパン・アズ・ナンバーワン』TBS ブリタニカ、1979 年刊）

IDA,Dependence of U.S.Defense Systems on Foreign Technologies

Jacques S.Gansler,Defense Conversion:Transforming the Arsenal of Democracy,The MIT Press,1996

John J.Dowdy, Winners and Losers in the Arms Industry Downturn,Foreign Policy,summer 1977,

J.Tilton,International Diffusion of Technology:The Case of Semiconductors, Brookings Institution,1971

Glenn Greenwald,NO PLACE TO HIDE:the NSA,and the U.S.Surveilllance State,
（邦訳『暴露－スノーデンが私に託したファイル』新潮社、2014 年刊）

Les Aspin,Secretary of Defense,Report on the BOTTOM-UP REVIEW,October 1993

Mary Kaldor,The Baroque Arsenal,Andre Deutsch Ltd,1982,
（邦訳、メアリー・カルドー著、芝生端和・柴田郁子訳『兵器と文明：そのバロック的現在の退廃』技術と人間、1986 年刊）

Naomi Klein,The Shock Doctrine:The Rise of Disaster Capitalism,Henry Holt and Company,2007

NSC68：United States Objectives and Programs for NationalSecurity（April14,1950）
（http://www.fas.org/irp/offdocs/nsc-68-cr.htm）

Paul Kennedy,The rise and fall of the great powers:economic change and military conflict from
1500 to 2000,Random House,1987,（邦訳ポール・ケネディ著、鈴木主税訳『大国の興亡：1500 年から 2000 年までの経済の変遷と軍事闘争（上）・（下）』草思社、1988 年・1993 年刊）

Paul N.Edwards,The Closed World:Computer and The Politics of Disclourse in Cold War America
（邦訳 P.N. エドワーズ著, 深谷庄一監訳『クローズド・ワールド：コンピュータとアメリカの軍事戦略』）

Perlo,Militarism and Industry, Arms Profiteering in the Missile Age,1963

Peter W.Singer,The Regulation of New Warfare,The Politic,Feb 2010

第Ⅱ章　アメリカン・グローバリゼーションの一断面

R.C.Levin," The Semiconductor Industry",in R.R.Nelson ed.,Government and
Technical Progress,Pergamon Press,1982

Richard A.Bitzinger,ed,The Modern Defense Industry

Seymour Melman,Pentagon Capitalism,1970

StockholmInternational Peace Research Institute,SIPRI Yearbook 2013:Armanents,
Disarmamentand

International Security

The Fact Sheet:The Defense Budget,January 26,2012

Transposed Government Specification MIL-Q-9858A
(https://www.quality-control-plan.com/mil-q-9858.html)

United States General Accounting Office,Briefing Report to the Honorable,John
Heinz, U.S.

Senate,Industrial Base:Defense-Critical Industries,August 1988,
(http://gao.gov/Assets/80/77166.pdf)

United States General Accounting Office,Defense Industry:Restructuring Costs
Paid,Savings Realized,and Means to Ensure Benefits,
(http://www.gao.gov/products/NSIAD-99-22)

U.S,Department of Commerce,ESA,Bureau of the Census,Manufactures'Shipment to
Federal Government

Agencies,MC92-S-3

U.S.DOC,Bureau of Industry And Security, Offsets in Defense Trade Eighteenth
Study:Conducted Pursuant to Section 723 of the Defense Production Act of
1950,as Amended,December 2013

U.S.DOD,Annual Industrial Capabilities Report to Congress,February 2003

U.S.DOD, Under Secretary of Defense for Acquisition,Technology and
Logistics,Annual Industrial Capabilities

Report to Congress 2003

U.S.DOD,Under Secretary of Defense for Acquisition,Technology and
Logistics,Annual Industrial Capabilities

Report to Congress 2013

U.S.DOD,Defense Science Board,Memorandum for Chaiman,Report of the Defense
Science Board Task Force an Antitrust Aspects of Defense Industry
Consolidation.
(http://www.dtic.mil/cgi-bin/GetTRDoc?AD=ADA278619)

U.S.DOD,Office of the Under Secretary of Defense for Acquisition & Technology,
Defense Science Board ,Task Force on Anti-trust Aspects of Defense Industry

Consolidation, April 1994

U.S.DOD,Office of the Under Secretary of Defense,Creating an Effective National Security Industrial

Base for the 21st Century:An Action Plan to Address the Coming Crisis,Report of the Defense

Science Board Task Force on Defense Industrial Structure for Transformation, (http://www.acq.osd.mil/dsb/% 20Reports/ADA485198.pdf)

U.S.DOD,DSB,Creating an Effective National Security Industrial Base for the 21st Century

U.S.DOD,Office of the Under Secretary of Defense for Acquisition and Technology,

Final Report of the Defense Science Board:Task Force on Globalization and Securiy,December 1999

U.S.Department of Justice and Federal Trade Commission,Revision to the Horizontal Merger Guidelines,April,1997.http://www.usdoj.gov/atr/Guidelines/ merger.txt

〔第Ⅲ章〕

経済の金融化における証券取引所の変質

―自主規制のあり方をめぐって―

三 和 裕 美 子

はじめに

　今日世界各国においては、金融・資本市場が実体経済を上回る規模で急速に成長している。1990 年代の IT 関連企業の株価バブルの崩壊とその後のリーマンショックにより、世界的な過剰資金がますますグローバルに移動するようになり、拡大した金融資産がまた金融資産で運用されるということが繰り返され、金融部門の肥大化が生じている。

　金融部門の肥大化は、アメリカのサブプライム問題とそれに続く世界的な金融危機、景気後退が示すように、今日の実体経済に対して深刻な影響を与えている。さらに、近年では投資ファンドの台頭が著しく、企業や国家に及ぼす影響が大きくなっている。投資ファンドは、企業の主要な株主となり議決権の行使などの直接的、あるいは間接的な支配により、短期的な株主価値極大化を要求することもある。また、投資ファンドが投資収益の追求のために、国家を訴えるケースもある。例えば、2001 年に債務不履行に陥ったアルゼンチンに対して 9 割以上の債権者が債権減額に同意したにも関わらず、アメリカの投資ファンドはこの要求に応じず、それどころか債権者から同国の国債を買い集め、全額支払を求めてアメリカで提訴した。これに対して、アメリカの最高裁は2014 年 6 月にファンド側の主張を認める判決を下した[1]。アメリカの投

---

[1] 2014 年 9 月に、国連人権理事会においては、発展途上国で作る「77 カ国グループ」（G77）議長国のボリビアが、ハゲタカファンドと呼ばれる投資ファンドなどが妨害を加えることを規制する国際協定の策定を求める決議提出し、賛成 124、

93

資ファンドが ISD 条項に基づき韓国を訴えた事例もある[2]。このように、現代経済においては金融市場と金融産業の重要性と実体経済への影響力が極度に高まっているといえる。このような現象を本稿では経済の金融化という[3]。

　経済の金融化が起こっている現代資本主義においては、経済活動を通して生み出された富は、生産手段に投下されるよりも、金融市場に向かいさらに増殖していく。富裕層の資産運用を行う投資ファンドなどは投資収益の追求、配当増額要求により企業内部資金の獲得をすることなどでますます豊かに、一方富を持たざるものは、賃金カット、職場環境の悪化、失業などによりますます富を持てなくなる。こうして経済格差が拡大することになり、現代の社会問題となっている。

　このような経済の金融化現象の問題は、重層的な機関投資家構造、デリバティブなどの複雑な金融商品構造、タックスヘイブンに逃げる富裕層のマネー、政府の「貯蓄から投資へ」政策、投資ファンドの国家、企業への関与など様々な観点から多角的に行う必要があり、金融市場や証券取引所の役割もその重要な論点の一つであると考える。とりわけ、証券取引所は、市場の公正性や投資家保護を保つ自主規制機関としての役割があり、経済の金融化に対して一定の規制を与える立場にある。しかしながら、現在の証券取引所は世界的な市場間競争の中で、株式会社となり、自主規制の役割を果しているとは言い難い。本稿の問題意識はこの点にあり、市場の公正性を保つという証券取引所の役割が、経済の金融化の下でどのように変質していったのかを明らかにし、自主規制機関

　　反対 11、棄権 41 で採択された。

　　アメリカ、英国、日本、ドイツなどはこの決議に反対した。

　　http://www.un.org/ga/search/view_doc.asp?symbol=A/RES/68/304

[2]　2012 年に米投資ファンドのローンスターは、韓国外換銀行売却に関連し、韓国政府の対応により損失が発生したと主張し、FTA 条項に基づき投資紛争解決国際センター（ICSID）に仲裁を提訴した。ローンスターは、韓国の外貨準備高の約半分にも及ぶという 2500 億円の損害賠償を求めた。

[3]　高田太久吉［2009］『金融恐慌を読み解く』新日本出版社 ,p.27.

第Ⅲ章　経済の金融化における証券取引所の変質

としての証券取引所が抱える問題点を指摘する。

　次章では、経済の金融化の進行と機関投資家の台頭について概観する。第3章においては、機関投資家の台頭と各国の証券取引所の対応、株式会社化、再編、超高速取引の導入などについて論ずる。第4章においては、わが国の証券取引所の自主規制の問題点を検討する。第5章においては、証券取引所の自主規制に関する国際的な動向を論じ、わが国証券取引所の自主規制のあり方を考察する。

1.　経済の金融化と機関投資家の影響力の拡大

（1）経済の金融化

　アメリカのサブプライム問題に端を発する世界金融危機とその後の景気後退が示すように、金融部門の肥大化は実体経済に対して深刻な影響を与えた。現代経済において金融市場と金融産業の重要性と影響力が極度に高まっている現象は、経済の金融化と言われるが、このような現象は特に1980年代からの特徴である。経済の金融化の下では、経済活動を通して生み出された富は、生産手段に投下されるよりも、金融市場に向かい、さらに増殖していく。アメリカや日本に見られる政府債務残高の増加、歴史的低金利は、国債市場、デリバティブ市場の拡大をもたらし、また金利差を利用して富を増加させる手段をもたらした。

　経済の金融化現象の特徴は以下のように捉えることができる。

① 　実物資産に比べて金融資産の蓄積がはるかに急速に進み、国境を越えた金融取引が拡大し、その規模が桁違いに大きくなること。

② 　金融資産の取引に関わっている銀行、証券会社、資産運用会社などの金融産業や年金基金などの機関投資家の成長、そして金融産業の利益の成長が一般企業に比べてより早く増加していること。

③ 　金融自由化（規制緩和）、「貯蓄から投資」政策などが推し進められること。

④ 　デリバティブズなどの新しい金融取引の仕組みや証券化商品を生

図表1　世界の金融資産残高の推移

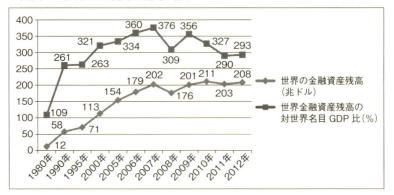

出所：McKinsey & Company, Mapping Global Capital Markets 2011, Aug.2011.p.4. Deutsche Bank, The Random Walk Mapping the World's Financial Markets 2013, Feb.2013.p.1. より作成。

み出す金融工学が普及すること。
⑤　投資ファンドの国家と企業への関与が高まること。
⑥　従来の金融部門の業態区分の崩壊と金融再編がグローバルな規模で進展していること。
⑦　金融市場の急激な膨張にともない、一般企業の活動においても本業に比べて金融・財務活動の重要性が大きくなっていること。
⑧　租税回避地（タックスヘイブン）を経由した金融取引が増加していること。
⑨　これらの諸変化にともない、企業や家計部門の経済活動が、金融市場の動向によって影響を受ける度合いが強まっていることなどである[4]。

以下では、まず金融資産の蓄積状況を概観する

図表1は世界の金融資産の残高とその対世界名目 GDP 比率を見たものである。世界の金融資産残高、対 GDP 比率ともには 1980 年から

---

[4] 高田, 前掲書, pp.27,28.

図表2　金融資産別資産残高の推移　　　　　　　　　　　（単位兆ドル）

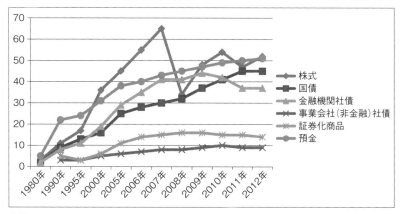

出所：McKinsey&Company, Mapping Global Capital Markets 2011, Aug.2011.p.4.
Deutsche Bank, The Random Walk Mapping the World's Financial Markets 2013, Feb.2013.p.1. より作成。

2000年の20年間で急速に伸び、2012年現在でGDPの3倍に相当する約200兆ドルの資産残高となっている。1996年から2006年の11年間の金融資産残高の成長のペースは9.1％と、同期間の世界の実体経済の名目GDP成長率（年平均）5.7％を大きく上回っている。また1980年に金融資産残高は、名目GDPとほぼ同じであったが、2007年には実体経済の3.7倍へと拡大している。このような金融資産の拡大はアメリカ、イギリスを中心に生じてきた[5]。

　資産別に残高の推移をみると（図表2）、1990年代半ばより2008年のリーマンショック前までは株式残高の拡大が際立っている。さらに歴史的な低金利の下で、国債の残高も拡大した。また、金融機関の発行する社債残高の拡大も顕著である。事業会社の社債発行残高が1990年、2000年代を通して10兆円前後であるのに対して、金融機関発行の社債

[5] 経済産業省資料「困難に直面する世界経済と「50億人」市場による新たな発展の展望」
http://www.meti.go.jp/report/tsuhaku2008/2008honbun/html/i1120000.html

図表3　日米家計の金融資産残高の推移

出所：アメリカ、FRB Flow of Account 2014年、日本『日銀資金循環勘定 2014年』より作成。

残高は1990年で8兆ドルであったが、2010年には41兆ドルにまで達している。

　図表3は、日米の家計資産残高の推移を見たものである。アメリカの家計の資産残高は1990年からの14年間で約3.5倍になっており、日本の1.6倍に比べて非常に高いことが分かる。資産構成別にみると株式と保険・年金準備金の伸びが高い。

　アメリカの金融資産の残高の40％は、最も裕福な上位1％の富裕層が保有し、これは下位80％の国民が保有する金融資産の2倍以上であると言われている[6]。アメリカの家計資産の中でリスク資産が多いのは富裕層が保有する資産が多いからである。つまり、富裕層はリスクをとれるということである。逆に、日本の家計資産で預貯金比率が高いのは、家計の資産保有の格差がアメリカ程大きくなく、またリスクをとれる富裕層がアメリカ程多くないということである。米国富裕層の資金は、そのほとんどが生産部門ではなく金融部門に投資される。株式市場への投資は投資先企業がどのような事業を営むか、業績はどうなのかといったこ

---

[6] チャールズ・ファーガソン［2012］『強欲の帝国』早川書房, p.15.

第Ⅲ章　経済の金融化における証券取引所の変質

とにほぼ無関係に行われ、株式市場はポンジースキーム（ねずみ講型投資詐欺）と化したと揶揄された[7]。この結果、金融取引に係る金融産業の利益は製造業を圧倒し、アメリカ企業の利潤源となった[8]。

（2）市場型間接金融の促進

　このような投機的市場に一般大衆の資金を流入させる仕組みが市場型間接金融である。市場型間接金融とは、資金供給者と資金需要者との間に市場を介在させた上で、それぞれと市場の間を金融機関が仲介する間接金融の在り方をいう[9]。昨今、盛んに喧伝されている NISA も市場型間接金融を促進するための戦略である。

　市場型間接金融では、従来の間接金融のメインプレーヤーであった銀行中心の経済システムではなく、ノンバンク、ローンブローカー、ヘッジファンド、その他の集団投資スキームなど、金融当局による監視の枠外で活動する様々な金融産業（いわゆるシャドーバンキング）が拡大する仕組みが中心となる。その結果、金融当局が金融市場の動きを監視したり制御したりすることが、ますます難しくなるという問題がある。

　市場型間接金融は２つの型に分類される。第一は投資信託、ヘッジファンド、年金基金などの集団投資スキームを通じて、一般投資家の資金が資本市場で運用される形態である。この形態で市場に参加する金融機関は、機関投資家と位置づけられる。第二は、銀行に代表される間接金融機関が市場を活用して与信を行う形態である。これは、シンジケートローンや貸出債権の証券化という仕組みが普及している。このような市場型間接金融の形態を促進してきたのは、資産運用ニーズを持つ機関投資家と多様化する金融商品を生み出してきた金融機関（投資銀行）である。市場型間接金融では、第一の形態、第二の形態を通じて、資金供給者、機関投資家、金融機関、資金需要者間が複線的な構造になり、リス

---

[7] デヴィッド・ハーヴェイ［2014］『資本の＜謎＞』作品社 ,p.38.

[8] 同上 ,p.39.

[9] 大垣尚司［2010］『金融と法』有斐閣 ,p.371.

99

クの量や所在が曖昧になるという問題点もある。サブプライム問題の一因はこの複雑な構造にある。わが国においても、「成長戦略」の一環で貯蓄から投資へ、間接金融から市場型間接金融への政策が推進されているが、このような問題が認識されなければならない。

（3）機関投資家の影響力の拡大とグローバル投資

前述のように、現代の金融構造においては、伝統的な銀行に代わり機関投資家が中心的な役割を果たしている。そのため、機関投資家の行動が経済や企業に対して及ぼす影響力は非常に大きくなってきている。

図表4は1995年から2011年までの機関投資家の資産額の推移を示したものである。世界の機関投資家の資産残高は1995年には、約30兆ドルにも満たなかったが、2011年には2倍以上になり、80兆ドル弱にまでになっている。このうち、アメリカの機関投資家が約3分の1を保有している。

1990年代半ばより、先進資本主義諸国では金融の規制緩和が行なわれ、日本、ドイツ、フランスといった間接金融中心の国においても、グローバルなポートフォリオ投資資金が流入した。アメリカ、日本、フランス、カナダ、ドイツにおける、GDPに対するグローバルポートフォリオ投資（株式と債券）比率は1975年には、2.3％に過ぎなかったが、1995年には日本を除く他国の同比率は100％を超え、2003年にはフランス、ドイツでは500％を超えた。日本では1995年に91％、2003年には100％を超えた[10]。わが国においては1996年に年金資金運用規制が大幅に緩和され、外資系運用会社の参入が可能となった。この時期以降、日本の株式市場に対する外国人投資家の資金流入は拡大し、2014年現在でわが国の発行済株式総数の約30％が外国人によって保有され、東京証券取引所（以下東証）の売買代金の約65％が外国人である[11]。

---

[10] Tiberghien,Yves［2007］,Entrepreneurial States,2007,Cornell University Press. p.31.

[11] 東京証券取引所［2014］『平成25年株式分布調査』。

第Ⅲ章　経済の金融化における証券取引所の変質

図表4　OECD 諸国の機関投資家の資産額の推移
（1995 年 -2011 年）（単位：兆ドル）

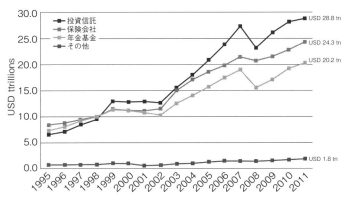

出所：OECD Institutional Investors and Long term Investment 2013p.1.

　こうしたポートフォリオ投資資金の流入の多くは、英米の機関投資家マネーであった。とくに 1990 年代にアメリカの年金基金や投資ファンドの残高が伸びており、ヘッジファンド、年金資金が対外投資に向かっていった。アメリカの機関投資家の対外投資残高は 1990 年に約 2 億ドルであったが、1998 年には 1 兆 4 千億ドルにまで伸びている[12]。機関投資家の資産残高、グローバルポートフォリオ投資の拡大は、各国の証券取引所の取引量、時価総額の増加をもたらした[13]。

（4）機関投資家の短期主義と株主価値極大化

　先進諸国の証券取引所では、機関投資家の影響力が大きくなると同時に、投資家の株式平均保有期間は下がっていった。図表 5 は、1991 年から 2009 年までの主要証券取引所の平均株式保有年数の推移を示したものである。1990 年代初頭においては、東京証券取引所の平均株式保有年数は 5，6 年であったが、2009 年には 1 年未満になっている。その

---

[12] Ibid., p.32.

[13] *The Conference Board Institutional Investment Report 2010*,p.8.

図表5　世界の主要証券取引所の株式平均保有期間の推移

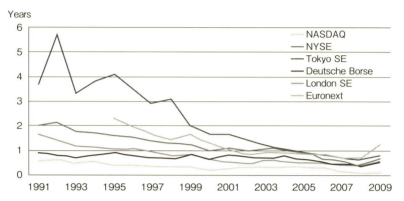

原出所：OECD Corporate Affairs Division
出所：*The Conference Board Institutional Investment Report 2010*, p.12.

　他の主要証券取引所においても同様の傾向が見られ、投資家の短期的な投資志向が見てとれる。このような投資家の短期志向は、短期的なROEの向上や、株主価値極大化を追求するコーポレート・ガバナンスの拡大をもたらし、結果として従業員や地域社会などのステイクホルダーと株主との利害対立は拡大した。

　投資家は、企業に対して自社株買いや配当の増額要求を行うようになり、配当利回りが長期金利を上回るようになった[14]。わが国における従業員の給与は、1990年代からほとんど変化せず、2000年代に入ると若干低下しているのに対して、配当金と役員賞与は2001年から急激に伸びている。配当金は2006年までの5年間で約3.6倍になり、2006年に

---

[14] このような現象は「逆利回り革命」とも呼ばれている。1960年代以降、先進諸国では、多くの投資家が値上がり益を目的に投資を行うようになり、長期国債の利回りを下回るようになった。これを「利回り革命」呼ぶ。逆に近年は、株式利回りが長期国債の利回りを上回るようになっている。企業の低成長、株式市場の低迷を背景として、投資家は企業内部資金を配当として株式に還元すること要求している。

第Ⅲ章　経済の金融化における証券取引所の変質

は 16 兆 2000 億円、さらに 2012 年には約 23 兆 8400 億円となった[15]。
2008 年、2009 年には当期純利益の 165%、133.2% の配当が支払われて
いる[16]。つまり、内部留保金を取り崩し配当を行っているということで
ある。投資ファンドは、まさにこのような要求をしており、実際に従業
員の賃金カット、解雇、工場閉鎖、商品価格の引き上げをして配当増額
をすることを要求する投資ファンドも現れた[17]。これが株主価値極大化
の実体である。

2. 世界の証券取引所の株式会社化と超高速取引

（1）証券取引所の株式会社化と再編

　機関投資家の取引量やグローバルな資金運用の拡大により、投資家は、
よりよい条件での売買注文の執行ができる市場へと移動するようになっ
た。グローバルな資金投資を行う機関投資家の売買注文獲得のために、
ニューヨーク証券取引所、フランクフルト、アムステルダム、オースト
ラリア、東京証券取引所などの世界の証券取引所は、高速に注文執行を
行う技術開発を競った。このため資金調達のために、各証券取引所は
1990 年代以降株式会社化を進めた。

　ロンドン証券取引所は、1986 年に会社法に基づく有限責任私会社と
なり、2001 年に株式を上場した。ニューヨーク証券取引所（NYSE）は
2006 年にアーキペラゴと合併した後、株式会社化し持株会社を上場さ
せた。ナスダックは 1996 年に持株会社の下に市場会社と規制会社を分
離している。ドイツ証券取引所はフランクフルト証券取引所を運営して
おり、1991 年にフランクフルト証券取引所が株式会社化された。日本

---

[15] 橋本健二［2014］『貧困連鎖』大和書房 ,pp.74,75.

[16] 財務省［2014］『法人企業統計調査結果』,p.5.
　　 http://www.mof.go.jp/pri/reference/ssc/results/h25.pdf

[17] 国際的な投資ファンドから配当増額などの株主提案を受けた大手上場企業へのイ
　　 ンタビューより得られた話である。

103

では、2000 年の証券取引法改正により、取引所の株式会社形態が認められ、2001 年に大証と東証、2002 年に名証がそれぞれ株式会社に組織変更した。欧米に遅れをとっているとして日本の証券市場も 2013 年に東証と大証が合併し、日本証券取引所グループとして上場した。これにより、先に述べたように大規模な IT 化への設備投資を行い、超高速取引（High Frequency Trading, 以下 HFT）に対応できるようになった。

戦前の日本で証券取引所が株式会社形態をとっていた頃は、取引所の株式が投機の対象になり、取引所自体が投機を煽った歴史もある。現代においては、投機目的の機関投資家が証券取引所の株式会社化・上場を促進し、戦前同様に証券取引所自体が投機的売買の対象となっている。2000 年にパリ、アムステルダム、ブリュッセル証券取引所が合併し、ユーロネクストになり、2007 年にはニューヨーク証券取引所とユーロネクストの合併など世界的な証券市場の再編が起こった。また、潤沢なオイルマネーを背景とした中東勢が、欧米の主要取引所の株式を取得する動きも相次ぐなど[18]、証券取引所運営はビジネスの様相を強めていった。

今や世界の証券取引所にとっての最重要課題は、市場間競争を勝ち抜くために取引量の増加、注文執行能力の向上を図ることである。注文が集中すれば、市場の流動性が高まり、さらに注文が増加する好循環が生まれる。このため、主要な証券取引所は合併による規模の拡大とシステム開発・更新の共同化でより高速に取引ができるように競うようになったのである。証券取引所は HFT の開発に力を注ぎ、投機的取引を煽る存在となっている。

（2）超高速取引（High Frequency Trading、以下 HFT）

超高速取引とはミリ秒単位で売買注文を出す「高速自動取引」である。HFT 投資家は、米欧に 100 から 200 社程度あり、主にヘッジファンド

---

[18] みずほリサーチ、「世界の証券取引所再編の動向」2008 年 March.p.7.

第Ⅲ章　経済の金融化における証券取引所の変質

である。彼らは、高速処理のコンピュータを駆使し、市場動向を瞬時に見極めながら独自のプログラムに基づいて、1000分の1秒単位で売買する。企業業績などのファンダメンタルは一切考慮しない取引手法で、統計的情報のみに基づいて頻繁に売買を繰り返し、わずかな値上がり益を積み上げていくというアルゴリズム取引という手法を用いるのが特徴である。HFTは、東証では売買代金の約3割、ニューヨーク証券取引所では約7割、欧州でも3割を占めるまでになっている[19]。

　このようなHFTを行う投資家の注文執行を処理するためには、大量のデータを瞬時に処理できるコンピュータなどの設備投資資金が必要となる。各国の証券取引所のグローバル化、IT化はHFTに対応するために展開してきたのである。欧米に比べてグローバル化、IT化という面で遅れを取ってきた日本でも、前述のように2013年に東証と大証が経営統合し、日本取引所グループとなり上場した。上場による資金調達で、東証は2014年1月に、従来数秒かかっていた売買注文の応答速度を400～600倍に高めた新取引システム「アローヘッド」を稼働させ、大手証券会社、大口投資家などにむけた「コロケーション[20]」サービスも始めた。さらに、2014年1月にはTICKデータ[21]をHFT投資家に対して販売し始めた。もはや証券取引所運営はビジネスと化したのである。昨今では中東のオイルマネーを背景としてドバイ証券取引所が北欧のOMX取引所やロンドン証券取引所、NASDAQなどの株式を取得するなど[22]、ますますビジネス間競争の様相を呈している。

---

[19] 日本経済新聞、「超高速売買、ミリ秒の攻防、株価乱高下の要因にも」、2011年6月26日。

[20] コロケーションサービスとは、証券会社などの自動売買用サーバーを東証のシステムの隣に置き、ミリ秒単位の売買注文を一瞬たりとも遅れずに処理できるようにするものである。

[21] 銘柄ごとにいくらで売買注文が出て約定したかを示す株式売買の基本情報ともいえるものである。膨大なデータを活用することで、市場参加者の癖を分析したり、あらたな売買プログラム構築に役立てたりすることができる。

[22] 結局、NASDAQが、ドバイ取引所が取得したOMX株式を取得し、NASDAQ-

3. 株式会社証券取引所の問題点

　証券取引所の株式会社化・上場の目的としては、①競争力強化（システム増強等への対応に向けた資金調達の多様化等）、②営利目的を掲げ、株主価値極大化経営を図るという株主のプレッシャーにさらされることで職員の意識改革、③情報開示の透明性をはかりガバナンスを強化すること、④取引所間の機動的な連携を促進し、経営戦略の柔軟化、多様化などが考えられる[23]。

　しかしながら、証券取引所の株式会社化をめぐっては、当初より様々な弊害が指摘されていた。例えば、①株式会社として利益を拡大しようとして、収益の大きな柱である取引手数料や情報ベンダーなどから徴収する情報量を引き上げる可能性があることである。取引に直接参加しない株主からの要求が強くなれば、証券市場の振興以上に、取引所の収益向上が重要になる。②上場審査や市場監視を含む自主規制機能が軽視される。取引所による市場規制は、人件費、システム整備などのコストばかりかかり、収益を生まない業務である。営利目的の株式会社にとって、このような業務は以前の非営利の組織形態の時とくらべて相対的に軽視される恐れがある[24]。本章では、これらの問題点を抱えたわが国の証券取引所の自主規制機能について検討をする。

（1）わが国の証券規制における自主規制

　金融商品取引法（以下金商法）では、自主規制について次のように定めている。「金融商品取引所、金商法、定款定その他の規制にのっとり、取引所金融商品市場における売買、およびデリバティブ取引の公正と投資者保護のため、適切に自主規制業務を行わなければならない。（84条

　OMXグループを結成した。

[23] 大崎貞和、『株式市場間競争』、ダイヤモンド社、2000年,pp.113, 114.

[24] 大崎貞和、「市場感競争と証券取引所のあり方」,p.6.

第Ⅲ章　経済の金融化における証券取引所の変質

1項)」[25]

　わが国の証券規制は、金商法に基づいており、金融商品取引市場の公正性を保ち、投資者保護の目的としてつくられた公的規制を中心に成り立っている。公的規制と自主規制はどのように関連するのであろうか。

　自主規制機関には、金融商品取引所と金融商品取引業協会とがあり、このうち、金融商品取引所は、取引所金融商品市場を開設し、市場における有価証券の売買等が公正かつ円滑に行なわれ、あわせて投資者の保護に資することを目的としている。金融商品取引業協会も同じ目的を掲げているが、金融商品取引所は、主として実際に行われる取引に係る規制や上場審査、ディスクロージャーなど上場対象物件にかかる規制等を中心とした自主規制を行っている。

　有価証券市場で取引される証券の内容や取引手法は、多種多様でありさらに日進月歩で変化している。このような証券市場を、公的規制だけで規制していくことは困難であるため、市場の現状や実務を熟知した専門的な知見を活用し、新しい事態に柔軟に対応する自主規制が必要となる。わが国においては、証券市場を監督する組織としては、行政組織である金融庁および証券取引等監視委員会に加えて、証券取引所と日本証券業協会が自主規制機関として存在する[26]。

　自主規制機関としての証券取引所は、上場審査・ディスクロージャーなどについて専門的に監督するスタッフをそろえ、規制機関としての体制を整えて、上場商品である企業の審査を行うことが義務づけられているのである。自主規制は公的規制とともに、あたかも車の両輪のようにその役割を担っていくことが理想の姿であるとされる[27]。

(2) 証券取引所の自主規制業務

　市場の信頼性確保に不可欠な自主規制業務は、市場での取扱い「商

[25] 河本一郎・大武泰南、『金融商品取引法読本』、有斐閣、2008 年 ,p.517.
[26] 小池拓自、「証券取引所と自主規制機能」、『調査と情報』第 496 号、2005 年 ,p.1.
[27] 河本・大武、前掲書、pp.517,518.

品」の内容が上場適格性を有しているか、あるいは喪失していないかを調査・審査する業務（上場関係）と、市場での取引がルールにのっとって行われているかを管理する業務（コンプライアンス関係）の、大きく2つに分類することができる。

「上場」および「上場廃止」、また財務諸表などの決定開示と適時開示状況をチェックする上場管理業務は、どのような有価証券を投資者に提供するかという、いわば品質管理である。上場物件としてどのようなものが適当かどうかは、証券取引所が判断することとされており、証券取引所には実際の運用と相当の裁量が委ねられている[28]。

取引参加者に対しては、対象に取引参加者資格があるか、資格に適った業務運営を行っているかを調査する業務（取引参加者の健全性維持）と、投資者が不正を行っていないかを調査する業務（不公正取引防止）の2つがある[29]。

このように証券取引所は自主規制機関として公的規制とともに、証券取引所の公正性を保つために重要な役割を果たすことが期待されている。ところが、1990年代後半以降、巨額の資金を動かす投資家を呼び込むには、大量の売買注文を素早く処理できるシステムが必要になった証券取引所は、株式会社化・上場により多額の資金調達を行った。東京証券取引所も2001年に株式会社となり、2014年にホールディングカンパニーの日本証券取引所グループが上場した。

2013年現在で、日本証券取引所グループの収入の内41％は取引参加料、上場関係収入は13％、決済関係収入は13％である[30]。収益を上げるには、上場商品である企業数を増やすことが重要な課題であるが、上場審査を行う立場でもある日本証券取引所グループは自ら利益相反の問

---

[28] 同上 ,pp.532,533.

[29] 自主規制法人 HP より

http://www.jpx.or.jp/self-regulatory-activities/outline/index.html

[30] 日本証券取引所グループ資料より

http://www.jpx.co.jp/investor-relations/events-and-presentations/ac4pe000000005dg-att/TSE-IR.pdf

第Ⅲ章　経済の金融化における証券取引所の変質

題を抱えているのである。証券取引所の不祥事、甘い上場審査、後手に
まわるルール制定等の問題が非営利組織形態のときから指摘されており、
株式会社となった後このような問題が顕在化したといえる。

（3）東京証券取引所の上場審査の問題点

　1990 年代の IT バブルによって老舗の「ジャスダック」、「東証マザー
ズ」、大証「ナスダックジャパン」などの新興市場間における上場企業
獲得競争が激しくなった[31]。その結果 IT バブル崩壊後により、新規公
開株が公開後に急落するなど、投資家の信頼を失う事態が多発し、新興
市場間の市場間競争の激化が、上場審査を甘くさせたと指摘された[32]。
以下ではこのような事例を紹介する。

　マザーズ上場第 1 号のリキッド・オーディオ・ジャパンの社長は、上
場後刑事事件で逮捕され、経営は混乱した。2003 年ニューディールに
社名変更したが、2009 年に銀行に株式事務委託の手数料を支払えず、
契約を解除されたため、上場廃止となった。

　マザーズ第 2 号として上場したインターネット総合研究所（IRI）は、
子会社の粉飾決算問題に絡み、2007 年 6 月に上場廃止になっており、
旧リキッドの上場廃止で、上場第 1 号企業は 2 社とも同市場から姿を消
したことになる。

　この時期東証マザーズやジャスダックなどの新興市場では、上場前か
らの粉飾のケースが明らかになり問題となるケースが相次いだ。
2003 年に東証マザーズに上場したシステム開発会社、アソシエイト・
テクノロジーは、上場前からの粉飾が判明し 2005 年に上場廃止とな
った。2006 年に 4 月に、ヘラクレスに上場したアスキーソリューショ
ンズ株式会社は、上場後の初値が 200 万円近い株価を付けるほど注目さ

---

[31] ナスダックはその後日本市場から撤退し、大証は「ヘラクレス」として改組され
た。

[32] 原田憲一「マザーズ倒産第一号の汚い舞台裏」『金融財政』、9876 号 ,2005 年 .7 月
7 日 ,p.7.

れたが、上場審査中の 2006 年 3 月期より粉飾をし、上場後も粉飾を継続していたことが判明し、わずか 2 年で上場廃止となった。2005 年にジャスダックに上場した株式会社プロデュースは 2008 年に上場廃止、2001 年にマザーズに上場した株式会社 IBE は 2008 年 3 月期まで架空売上で粉飾決算をしており、2009 年に上場廃止、2009 年にマザーズに上場した株式会社エフオーアイ（FOI）は 2010 年に上場廃止、2005 年にマザーズに上場した株式会社シニアコミュニケーションは上場前から 6 年間も粉飾を行っており、2010 年に上場廃止となった。

その他上場後の粉飾決算、不公正ファイナンス、不祥事などで上場廃止になったケースもある。2005 年から 2009 年までの 5 年間において、新興 3 市場の上場企業 1221 社中、刑事告発や課徴金処分、監理銘柄指定または取引所による改善命令などで粉飾が摘発された企業数は 98 社に達する[33]。

2005 年から 2009 年までに経営破綻で上場廃止となった企業の上場期間を見ると、もっとも短い企業で 10 ヶ月（モリモト）、1 年 2 ヶ月（エルクリエイト）など、上場後 3 年半以内に廃止になった企業が 10 社も存在している[34]。

このように上場間もない企業が、上場前の粉飾により上場廃止になる企業数の増加により、上場審査のあり方が問題となった。とくにエフオーアイのケースでは、取引所の上場審査能力に疑問の声が上がった。同社は、売上 118 億円の 97％が架空であることが判明し上場から最短の 7 ヶ月で上場廃止となり、市場関係者を驚愕させた。上場審査時点でたとえ粉飾を見破れなくとも、売掛金が売上の 2 年分以上という以上に高い数値をみれば、上場に相応しくない会社であることは明白である。ところが、東証は、「同社の決算書は監査人から『適正』とされている」との理由で上場を認可した。このような事例は、取引所に上場審査能力が

---

[33] 門脇鉄雄［2011］『上場ベンチャー企業の粉飾・不公正ファイナンス』中央経済社、p.1.

[34] 帝国データバンク『特別企画　上場廃止企業実態調査』,p.4.

ないことを証明している[35]と指摘されている。

　ITバブルと相まった空前の新規株式公開ブームの中で、証券取引所の上場審査の問題点が浮き彫りになった。利益追求機関と化した証券取引所が、市場の信頼性を確保するための自主規制機能を同時に運営することには問題があることは明白である。

（4）有価証券虚偽記載と上場廃止基準の問題点

　次に、東証の上場廃止基準をめぐる問題点を考察する。上場廃止を決定するための基準項目には、①株主数などの流動性に係わる基準、②企業の存続・継続性に係わる基準、③上場会社規律に係わる基準などがある。このうち、①、②については基準が明確で裁量の余地がないが、③については、基準が明確でなく東証の判断が分かれる場合があり過去にも問題となった事例がある。

　図表6は、過去に有価証券報告書虚偽記載などの不正があった主な企業で東証の判断が分かれた事例を示している。過去の有価証券虚偽記載などに関する上場廃止の東証の判断基準は、虚偽記載の「影響が重大か」どうかである。しかし、「重大性」の具体的な基準はなく、「悪質性」や「組織性」が問題となり、過去の事例との類似性から上場維持か廃止かが決定されている。東証は、西武鉄道やカネボウの上場廃止決定では虚偽記載自体の影響の大きさと並んで「組織性」を掲げた。日興コーディアルの場合、弁護士らで構成する特別調査委員会は「不正会計は組織的」とする報告書を提出した[36]。しかし、この問題に対して当時の東証社長は、「組織的、意図的とまではいえない。真っ黒でないグレーだ」と述べ、上場維持を決定した[37]。

　オリンパスの事例では、第三者委員会が「企業ぐるみの不祥事ではな

---

[35] 門脇、前掲書 .p.1.

[36] 日本経済新聞「投資家配慮を東証優先　日興株上場を維持　廃止基準、再考の余地」2007年3月13日。

[37] 日本経済新聞「日興上場維持　東証「グレーは罰せず」」2007年3月14日。

図表6　東証の上場会社規律に係わる基準の判断が分かれた企業

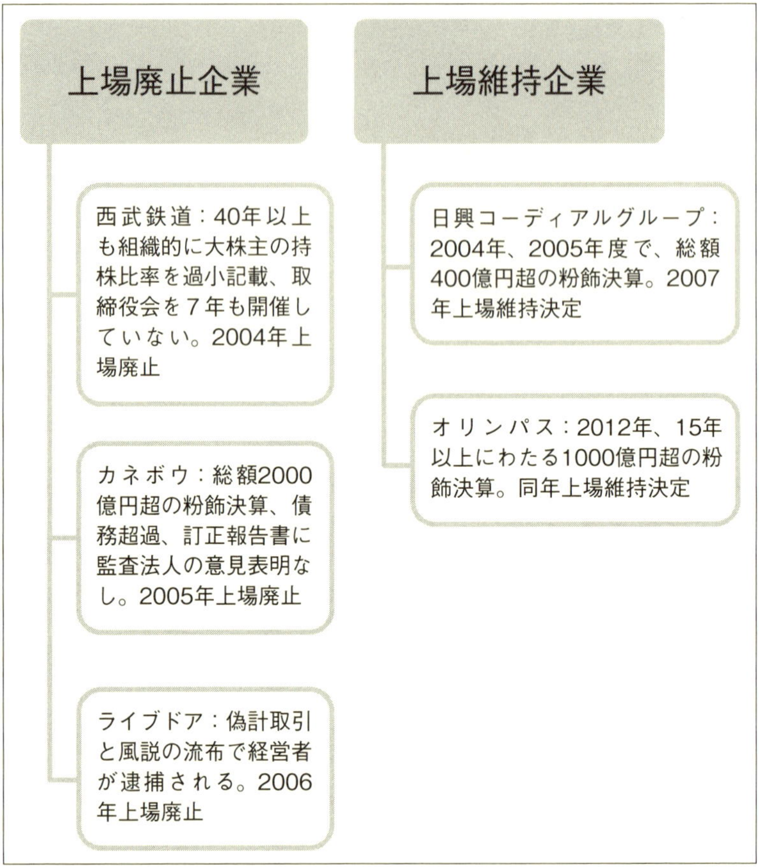

上場廃止企業

西武鉄道：40年以上も組織的に大株主の持株比率を過小記載、取締役会を7年も開催していない。2004年上場廃止

カネボウ：総額2000億円超の粉飾決算、債務超過、訂正報告書に監査法人の意見表明なし。2005年上場廃止

ライブドア：偽計取引と風説の流布で経営者が逮捕される。2006年上場廃止

上場維持企業

日興コーディアルグループ：2004年、2005年度で、総額400億円超の粉飾決算。2007年上場維持決定

オリンパス：2012年、15年以上にわたる1000億円超の粉飾決算。同年上場維持決定

出所：筆者作成

い」と判断したが、10年以上の長期間に渡って損失隠しの不正経理を続けてきたうえ、利益剰余金が実際より1,200億円も多く計上された決算期があったなど、投資家の信頼を著しく損なった。しかしながら、オリンパスは上場維持となった[38]。

---

[38] 日本経済新聞「オリンパス揺らぐ基盤―東証、悪質性どう判断、上場維持、捜査当局の対応も材料」2011年12月15日。

このように東証の上場廃止基準のうち、有価証券報告書虚偽記載に関連する事項に関しては判断基準が不明瞭である。「重大性」について統一した基準がない中では恣意性の入る余地がある。日興コーディアルの場合には、東証は証券市場の身内に甘いとの批判もでた。ライブドアなどの過去の上場廃止案件にも疑問が残ると指摘する声もある[39]。

(5) 特設注意市場銘柄制度

　東証はオリンパス上場維持の決定後に、オリンパスを特設注意市場銘柄に指定し、同社に対して上場契約違約金の請求を行った。特設注意市場銘柄制度とは、2007年にできた制度であり、上場廃止基準に該当する恐れがあると東証が認め、内部管理体制等について改善に必要性が高いと認められる場合に指定される。特設注意市場銘柄へ指定された上場会社は、当該指定から1年経過後速やかに、内部管理体制の状況等について記載した「内部管理体制確認書」を提出することが義務づけられる。

　東証は、上場会社より提出された内部管理体制確認書の内容等に基づき審査を行い、内部管理体制等に問題があると認められない場合には、その指定の解除を行う。ただし、上場会社が内部管理体制確認書の提出を速やかに行わない場合や、提出された内部管理体制確認書の内容が明らかに不十分であると東証が認める場合は、内部管理体制等に問題があるものとして取り扱う[40]。

　特設注意市場銘柄に指定された場合において、以下のいずれかに該当する場合は、上場が廃止される[41]。

・特設注意市場銘柄指定後1年以内に上場会社の内部管理体制等について改善がなされなかったと東証が認める場合（改善の見込みがなくなったと東証が認める場合に限る）

---

[39] 日本経済新聞「資本提携交渉前進へ　識者コメント」、小樽商科大学ビジネススクール准教授・保田隆明、2012年1月21日。

[40] 有価証券上場規程第501条。

[41] 有価証券上場規程第601条第1項第11号の2

・特設注意市場銘柄指定後1年6か月以内に上場会社の内部管理体制等について改善がなされなかったと東証が認める場合
・上記の他、特設注意市場銘柄指定中に、上場会社の内部管理体制等について改善の見込みがなくなったと東証が認める場合

　特設注意指定銘柄に指定された企業のその後（表7）を見ると、これまで指定解除になった企業はIHI（指定期間：1年3ヶ月）、フタバ産業（指定期間：1年3ヶ月）、アルデプロ（指定期間：4年5ヶ月）、アイロムホールディングス（指定期間：1年2ヶ月）、オリンパス（指定期間：1年5ヶ月）とアルデプロを除いた企業は一年あまりで指定解除になっ

図表7　東京証券取引所の特設市場注意指定銘柄

指定日	会社名	その他
2008年2月9日	IHI	2009年5月12日解除
2008年3月26日	真柄建設	2008年8月18日上場廃止：民事再生手続
2009年3月20日	フタバ産業	2010年6月25日解除
2009年8月26日	ジャパン・デジタル・コンテンツ	2009年11月1上場廃止：事業活動停止
2009年11月25日	アルデプロ	2014年4月19日解除
2010年4月22日	アイロムホールディングス	2011年6月22日解除
2010年5月19日	リンクワン	2011年4月25日上場廃止：時価総額基準
2010年9月25日	メルシャン	2010年11月26日上場廃止：キリンの完全子会社
2010年12月22日	デザインエクスチェンジ	2011年5月1日上場廃止：時価総額基準
2012年1月18日	京王ホールディングス	指定継続（2014年5月30日）
2012年1月21日	オリンパス	2013年6月13日解除
2012年6月20日	プリンシパル・コーポレーション	指定継続（2013年9月24日）
2013年5月15日	マツヤ	
2014年2月8日	エル・シー・エー・ホールディングス	
2014年3月11日	リソー教育	

出所：東証資料より筆者作成

ている。

　特設注意指定銘柄に指定され、その後上場廃止となった企業は民事再生手続き、事業活動の停止、完全子会社化、時価総額基準が理由として挙げられている。つまり、この制度ができて以来、一旦特設注意指定銘柄に指定されて、東証が内部管理体制の改善の見込みがないと判断して、上場廃止になった会社は1社もないということである。アルデプロのケースでは、指定から4年5ヶ月以上も経って解除されている。これらのことから東証の内部管理体制確認書の審査基準が不明瞭であり、「改善」とはなにを意味するのかが見えず、特設市場注意銘柄指定解除の基準の不透明さも問題と考えられる。

（6）日本証券取引所グループのガバナンス

　前述のように証券取引所は自主規制機能を果たす重要な役割を担っているが、株式会社化して株主利益の極大化を目指す企業となると、自ら利益相反問題を抱えている組織となる（図表8）。

　日本証券取引所グループは、「企業体としての利害と市場の公正性との間の利益相反問題の回避に万全を期するとともに、その実効性を確保するため、持株会社の傘下に市場運営会社（株式会社東京証券取引所及び株式会社大阪取引所）と自主規制法人（日本取引所自主規制法人）を置く。中省略−自主規制業務を市場運営会社から独立した自主規制法人が遂行することにより、自主規制機能の独立性の強化を図るとともに、持株会社を活用することで、市場運営会社と自主規制法人の適切な提携による自主規制機能の実効性確保と事業戦略上の自由度の向上を図る[42]」と述べている。

　しかし、自主規制法人は日本証券取引所グループの傘下にあり、株式会社東京証券取引所および株式会社大阪取引所から委託料を受けとり、自主規制業務を行っている。自主規制機能の発揮が営利性の追求と相反

---

[42] 日本証券取引所グループ『有価証券報告書2014年』,p.14.

図表8　日本証券取引所グループの組織

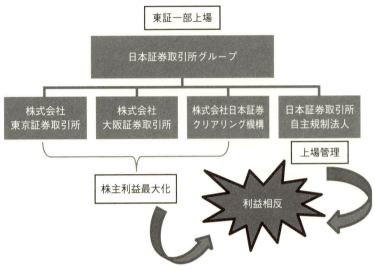

出所：筆者作成

する側面があること、また自主規制業務コストが著しく低い私設取引システム（PTS）等との競争においては、コスト構造上不利に働く可能性があるということが同グループの事業リスクとして指摘されている[43]。つまり自主規制業務を強化することは、自らの収益圧迫要因となるということである。

　また、日本証券取引所グループの取締役会議長が自主規制法人の理事長を兼任しており[44]、このような関係にある以上、市場運営会社から独立した審査を行うことが構造上困難である。自主規制法人と東京証券取引所間のチャイニーズウォール（情報の壁）などの対策がとられているかも不明である。

　図表9は日本証券取引所グループの株主状況をみたものである。保有株式数で見た場合、外国人の保有比率が36.1％と最も高いことがわかる。

[43] 同上 ,p.24.
[44] 同上 ,p.41.

第Ⅲ章　経済の金融化における証券取引所の変質

図表9　日本証券取引所グループ株式保有状況（保有株式数ベース）

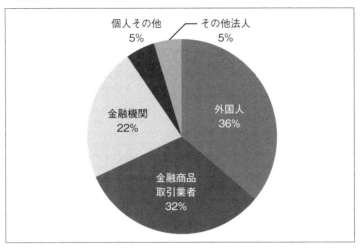

出所：日本証券取引所グループ『有価証券報告書2014年』、p.41.より作成。

次いで多いのは金融商品取引業者である（32.11％）。

　大株主状況をみると、SMBCフレンド証券株式会社が2.78％の最大株主であり、2位から4位までは信託口、グローバルカストディアンが占めている[45]。5位にはサウジアラビアのサジャップという団体名が掲載されている。これは中東のオイルマネーを資金源としたファンドであるが、こうしたファンドが日本証券取引所グループの大株主となっていること自体驚くべきことであり、取引所が投機対象となっていることを示している[46]。

　ファンドや外国人投資家の目的は、配当性向の上昇、自社株買いなどの効果での株価上昇を要求することである。日本証券取引所グループの経営戦略は、投資家の要求に応えるべく株主利益の極大化に傾斜していくであろう。そうなれば、市場の公正性を確保するという自主規制機能

---

[45] グローバルカストディアンとは、海外有価証券の売買や決済、配当受け取りなどのカストディアン業務を請け負う銀行のことをいう。
[46] 同上, p.41.

はますます軽視される可能性がある。

4. 証券市場の自主規制に関する国際的な動向[47]

（1）自主規制機関の形態

　従来より世界の資本市場には、様々な種類の自主規制機関が存在しており、次のように分類できた。①自主規制責任をもつ証券取引所、②市場運営者とは独立している証券ディーラーまたはブローカによる会員で構成される自主規制団体、③会員のために指針、ベストプラクティスを提供したり、その他の基準を定める業界団体、④証券集中保管機関と精算機関である。

　上記のような自主規制の形態が存在するが、証券取引所の株式会社化、新しい営利市場の発足による市場間競争の激化は、証券取引所の自主規制の役割に大きな影響を及ぼしている。営利企業となった証券取引所が規制の役割を有効に果たせるのかという点について、世界の証券取引所で議論が起こっている。こうした傾向によって、多くの国では、規制の権限と責任を証券取引所から行政機関へ移管している。アメリカやカナダなどの証券取引所は、独立した自主規制団体に規制活動を移管または委託した。また欧州など一部地域では、規制は基本的に公的機関の役割であると考えられているが、昨今このような見解が強まってきている。そのため、証券取引所の自主規制に対する依存度は全体的に低下傾向にある[48]。

　現在世界の証券市場規制を分類すると次の4種類の規制構造（モデル）に分けられる。

---

[47] 証券取引所の自主規制についての国際動向については以下の文献を参照した。Carson,John［2011］，"Self-Regulation in Securities Markets, Policy Research Working Paper 5542.（カーソン、ジョン［2011］「証券市場における自主規制」『政策研究ワーキング・ペーパー』第 5542 号)，p.10 〜 22.

[48] Carson,John［2011］，前掲書 ,p.10.

① 政府モデル…公的機関が証券規制を担当する。通常、取引所は市場のごく一部の監督を担当し、自主規制とはみなされない。フランスや英国、オーストラリア証券取引所、EU 加盟国の大半がこのモデルを採用している。

② 限定的取引所自主規制モデル…公的機関が主たる規制主体であるが、市場の運営に結びついた特定の規制機能（市場監視や上場など）を取引所に依存している。香港証券取引所、シンガポール証券取引所、スウェーデンの NASDAQ　OMX, ニューヨーク証券取引所、などがこのモデルを採用している。

③ 広範な権限を持つ証券取引所自主規制モデル…証券取引所が主たる規制主体である。会員の企業行動を規制するなど、市場の運営にとどまらない範囲での規制機能を取引所に依存している。東京証券取引所、マレーシア証券取引所などがこのモデルを採用している。

④ 独立会員自主規制モデル…独立団体が主たる規制団体である。独立自主規制機関（市場運営者ではない会員組織）に規制機能を広く依存している。カナダ投資業規制機構、ミューチュアル・ファンド・ディーラー協会、日本の証券業協会（JSDA）、アメリカの全米証券業協会（FINRA）などがある。

（2）業界団体へ移行（アメリカ・カナダ）

アメリカでは、SEC が利益相反に関する懸念と疑問を提示したことから自主規制制度は大幅に変更されている。アメリカでは、取引所自主規制と証券会社の業界団体（FINRA）の自主規制が併存していたのが特徴である。FINRA 設立後も、ニューヨーク証券取引所（NYSE）は、引き続き上場企業規制を行っていたが、2010 年に NYSE は市場規制機能も FINRA に委託することに同意した。同様に NASDAQ も市場規制の責任を負ってはいるものの、利益相反問題に対応するために、ほとんどの規制機能を FINRA に委託している。こうした傾向は、SEC が証券取引所の利益相反に強い懸念を示したためである。カナダにおいても、国

内5カ所の証券取引所がTMXグループへ株式会社化され統合されたことによって自主規制の大半が独立した業界団体に移行された。

（3）規制当局へ移行（イギリス・EU・オーストラリアなど）

　欧州のほとんどの国は、民法制度に基づき、政府による金融業務の監督を実施していることから、自主規制の役割は北米に比べて大きくなかった。イギリスは伝統的に1997年まではほぼ全面的に自主規制に依存していた。1997年に、イギリスでは営利企業が市場参加者の規制を含む公的権限を担うべきではないとの見解に達し、FSAが総合金融規制主体として設立された。従来自主規制で担っていた業務はすべてFSAに移管された。FSAは英国上場管理局を運営しており、同局が株式と債券の上場申請を審査し、上場維持規則を定めている[49]。2000年にFSAはEU委員会に対して、今日の市場は、すべての市場参加者に客観性の高い規制手段を提供するために、独立性の高い規制当局を必要としている、との見解を示した。

　こうした見解を受けて、欧州委員会は、証券取引所に委ねられていた規制機能の多くを政府規制当局が引き継ぐことを義務付けた。フランスでは2003年に、市場行為、金融仲介業者、発行体の監視に責任を負う強い権限をもつ金融市場庁（AMF）が創設されている。

　またオーストラリアの証券取引所も、以前は③のモデルを採用していたが、2010年に証券取引所の自主機能の大半を規制当局であるオーストラリア証券投資委員会に移行した[50]。

　証券取引所が自主規制機能を担う場合、多くは役員会レベルに規制監視委員会を設置している。また、利益相反委員会を設置している。これは株式会社化した証券取引所が取りうる最良の方法とみなされている。委員会は一般的に、取引所と競合または取引関係にある企業との関係を検証して、上場規則が公平に適用されていることを確かめ、その評価を

[49] 同上 ,p.21,22.
[50] 同上 ,p.14.

規制当局に報告をする。香港の HKEx, シンガポールの SGX, カナダの TMX などがこのような委員会を設置している。また自主規制機能を担う証券取引所の利益相反問題に対して、政府規制当局による監督強化は世界共通の課題となっており、規制強化の傾向が強い。

翻って、わが国においては、証券取引所が抱える利益相反を問題視して、自主規制業務の組織体制を見直す議論にも至っていない。それどころか、わが国の自主規制法人自身は、自らが「わが国の自主規制は独自の歴史に根ざしたものであり、世界的にみてもユニークなものである[51]」と述べ、利益相反問題を深刻な問題として捉えているとは考えられない。証券市場の公正性、投資家保護の徹底を図る観点からすれば、自主規制機能を取引所が担うのではなく、公的規制強化で対応すべきであると考える。取引所の自主規制機能を維持するならば、せめて香港、シンガポール、カナダのように利益相反委員会などを設置して、規制当局が監視をするということが必要であろう。まずは、日本証券取引所グループは、自主規制をリスク要因として捉えるのではなく、不完全な自主規制組織の問題点を議論し、行政機関も含めて、市場の公正性の観点から改めて自主規制のあり方を考えるべきである。

まとめにかえて

本稿においては、経済の金融化が進行する中で証券取引所がいかに変

---

[51]「自主規制はそれぞれの市場の発展の歴史や法体系、慣行により、様々な形態があり、各国や地域それぞれが固有の組織体制を構築しているといえます。

当法人の組織と業務執行体制は、取引所を取り巻く国際的な環境変化や我が国の歴史に根ざしたものであり、世界的に見てもユニークな組織形態です。当法人としては、今後も市場の公正を確保し投資者の皆様に信頼していただけるよう、市場環境や法体系に即して、引き続き実効性の高い自主規制業務を遂行していきたいと考えています。」。

日本証券取引所グループのホームページより

http://www.jpx.or.jp/outline/features/neutrality-effectiveness.html

質してきたかを明らかにした。本来証券取引所の自主規制は、証券市場の公正性を保ち、投資家保護を目的として金融商品取引法とともに、車の両輪としてのその役割を担うものである。しかし、経済の金融化の中で、証券取引所は株式会社となって上場し、利益追求が第一義的な目的と変質した。また短期的利益を追求する投資ファンドなどが証券取引所の株主となり、証券取引所自体が投機の対象となっている。

　経済の金融化のもとでは「人」ではなく「金」が主役となり、金融市場は公正性よりも効率性を追求するようになった。今日の証券取引所は、ますます「効率的」な運営を拡大し、自主規制機関としての役割を軽視する傾向にあるといえる。主要な先進国では、証券取引所が自主規制を行う場合の利益相反問題を重要な課題として捉え、市場の公正性を保つために、公的規制の強化、独立した機関による上場管理、利益相反委員会の創設などさまざまな工夫をしている。

　しかしながらわが国においては、利益相反の問題について十分な議論もなされず、この問題を抱えたまま日本証券取引所グループが自主規制を行っている状況である。本稿では、我が国における株式会社証券取引所の利益相反問題を早急に解決する必要があると考え、証券取引所の自主規制改革案を提案した。具体的には日本取引所グループ傘下にある自主規制法人の独立性を高め、ガバナンスを強化すること、利益相反委員会などの設置を行い、規制当局の監督を強化する、自主規制業務を規制当局に移行するなどの案を提示した。今一度証券規制の原点に立ち返ってそのあり方を考える必要があろう。

＜引用参考文献＞

大垣尚司［2010］『金融と法』有斐閣

大崎貞和［2000］『株式市場間戦争』ダイヤモンド社

大崎貞和［2007］「米国証券市場における自主規制機関の再編」『資本市場クォータ
　　リー』Winter

門脇撤雄［2008］『上場ベンチャー企業の粉飾・不正会計失敗事例から学ぶ』中央経
　　済社

第Ⅲ章　経済の金融化における証券取引所の変質

門脇撤雄［2011］『上場ベンチャー企業の粉飾・不公正ファイナンス』中央経済社

株式会社日本証券取引所グループ［2014］『有価証券報告書』

河本一郎・大武泰南［2011］『金融商品取引法読本』有斐閣

金融・資本市場活性化有識者会合［2014］「金融・資本市場活性化に向けて重点的に取り組むべき事項（提言）」金融庁

小池拓自［2005］「証券取引所と自主規制機能－東京証券取引所の上場を巡って」『国立国会図書館　Issue Brief』, No.496.

高田太久吉［2009］『金融恐慌を読み解く』新日本出版社

橋本健二［2009］『貧困連鎖』大和書房

デヴィッド・ハーヴェイ［2012］『資本の＜謎＞』早川書房

チャールズ・ファーガソン［2014］『強欲の帝国』作品社

帝国データバンク［2009］『特別企画　上場廃止企業実証調査』

Carson,John［2011］,"Self-Regulation in Securities Markets, Policy Research Working Paper 5542.（カーソン、ジョン［2011］「証券市場における自主規制」『政策研究ワーキング・ペーパー』第5542号）

Celik, Sedar & Mats Isaksson," Institutional Investors and Ownership Engagement" *OECD Journal: Financial Market Trends*, Volume 2013/2

Frentrop, Paul, "Short-Termism of Institutional Investors and the Double Agency Problem", Electronic Copy available at: http://ssrn.com/abstracts=2249872.

Goyer,Michel［2011］,*Contingent Capital*, Oxford.

OECD［2013］,"Institutional Investors and Long Term Investment".

Salter,S.Malcolm," Short-Termism at its Worst: How Short Termism Invites Corruption…and What to Do About It" *Edmond J.Safra Working Papers*, No.5, Electronic Copy available at : http://ssrn.com/abstracts=2247545.

Sanyal, Sanjeev［2013］,"The Random Walk Mapping the World's Financial Markets 2013", Deutsche Bank.

Sharma,Raghav& Tarun Jain, "Cross Listing of Stock Exchanges: Strengthening Self-Regulation?" Electronic Copy available at: http://ssrn.com/abstracts =1111978.

Tiberghien,Yves［2007］,*Entrepreneurial State*, Cornell University Press.

Roxburgh,Charles, Sudan Lund, John Piotrowski, "Mapping global capital markets 2011", Mckinsey & Company.

〔第Ⅳ章〕

ファンドによる企業支配と株主主権論

野 中 郁 江

1. 変わる株式会社観とファンド─問題の所在─

（1）変わる株式会社観

　1997年に自民党の法務部商法に関する小委員会は、「株式会社は、株主のものであって、株式会社の主権者は株主とする」、「株式会社は、株主の利益を最大にするように統治されなければならない」という株主主権論、株主利益最大化原則を展開した。2005年に成立した会社法の施行に伴う法務省の省令案には、当初「株主利益の最大化の実現に寄与する」が入っており、削除されたという経緯がある[1]。

　現在の会社法通説といわれる江頭憲治郎の解釈によれば、株主利益最大化原則を採用しており、つぎのとおり表現されている。「①株主の利益最大化に反する定款・総会決議は無効、②取締役・執行役の善管注意義務・忠実義務とは、株主の利益最大化を図る義務を意味する」[2]。

　こうした株式会社目的観、株主主権論は、従来の会社観とは異なっている。従来の株式会社観は、後述する法人実在説であった。1974年商法改正の議論において、会社の社会的責任の明文規定を設けるか否かの論争があった。松田二郎元最高裁判事は、石油ショックに便乗して大もうけをした大企業などに対する社会的批判を念頭に、商法に社会的責任規定を設けるよう主張した[3]。この主張は見送られたものの、その議論

---

[1] 森田章『上場会社法入門第2版』有斐閣、135-136頁。
[2] 江頭憲治郎『株式会社・有限会社法』（第4版）、有斐閣、2005年、16頁。
[3] 松田二郎『会社の社会的責任』、商事法務、1988年、3-28頁。

を通じて、企業が社会的な生産諸活動の主体として社会的責任を果たすことは当然であるから、会社法に明文規定は不要とされたと解釈されてきたともいえる。こうした従来の会社目的観を便宜的に社会的責任論とよぼう。「便宜的」と呼ぶのは、以下述べるようにわが国の従来の株式会社、特に日本社会を支配してきた大企業が、社会的責任を果たしてきたとは一概にいえないからである。

　従来の社会的責任論的会社観は、日本的経営や法人資本主義[4]といわれるわが国企業のあり方と併存してきた。金融グループ間の系列融資、株式の相互持ち合い体制のもとで、一割配当等の安定配当政策で、業績が悪化すれば無配にした企業も多かった。株主の利益というものは、会社が内部留保を確保したのちに配慮すればよかったのである。生え抜き従業員が役員をめざしてしのぎをけずり、年功給が中心の終身雇用で、福祉も年金もすべて会社がもつという会社のあり方、日本的経営があるべき企業モデルであり、「法人資本主義」との性格付けがなされた。

　なかでも大企業支配は、政治、財界、官界の癒着のもとに成立しており、この大企業中心のあり方を象徴し、正当化したのが八幡製鉄の政治献金についての最高裁判決だった。八幡製鉄政治献金事件は、代表取締役が行った企業献金について、会社に返金するよう求めた株主代表訴訟に対して、最高裁は、1970〔昭和45〕年6月24日大法廷判決において、株主の請求を棄却した高裁判決を支持する判決を出し、株式会社の政治活動を容認したのである[5]。

　こうした株式会社、法人が政治活動を行うことができる自由は、通説の地位にあった法人実在説[6]から正当化されたが、私は、法人実在説の

---

[4]　奥村宏『法人資本主義「会社本位」の体系』御茶ノ水書房、1984年。

[5]　最高裁判所民事判例集24巻6号625頁。

[6]　会社法では、法人実在説が有力説であるとされてきた。法人実在説に対応する考え方は、社会は個人、自然人から構成されるとする法人擬制説である。会社法は実在説であるが、法人税法は法人擬制説の立場を採っている。法人税法における法人擬制説は、課税は個人、自然人に対してなされるべきという立場をとり、法人が受け取った配当に対して課税しないことを正当化するために使われる論理で

枠を逸脱し、自然人である市民の参政権を侵害すると考える。しかし企業自体が最大利益、高蓄積を追求しながらも社会的に有益な存在、国民経済の発展に寄与する、株式会社という企業形態に公益性がある、という法人実在説という株式会社観と社会的責任論とは、並立しえるものと想定されていたのである[7]。

しかし 1989 年に始まる日米構造協議、バブルの崩壊をはさんだ金融制度改革（金融ビッグバン）を経て、日本的経営は崩壊し、経営者が配当や株価に関心を示している証明として自社株買いを行う企業が、もはや主流となった。株主重視経営である。

株主重視経営に対応して、会社法では、会社は株主のものであり、株主が主権者であるという株主主権論が登場した。先に示した自民党の法務部商法に関する小委員会などの立場である。

会社法の株主主権論の根拠は、次の点にあるとされている[8]。債権者、労働者、消費者、地域、政府という利害関係者がそれぞれ確定した権利内容を会社に対して有しているのに対し、株主は剰余に対する処分権を有するので、株主価値を増大させることができるという契約モデル説である。この主張により、会社法は、さまざまな利害関係者、地域住民、消費者、労働者の利害考慮を排除することが可能となったのである。

では、株主主権論が強調されているなかで、これを推進しているのは、どのような勢力であろうか。単に株主、投資家、債権者、経営者、あるいは利害関係者と区別される企業自身のどれかという議論ではなく、グローバル金融化という背景のなかで、推進している主体を捉える必要があるであろう。

ある。また法人税率が、個人所得税と異なり、累進ではなく一律であることを正当化するためにも用いられる。筆者は、会社法が法人実在説を有力視し、税法が法人擬制説を採用するという矛盾は、大企業優遇のための使いわけであり、筆者は、解釈学の限界であると考えている。

[7] 森田前掲書、134-135 頁。

[8] 落合誠一「企業法の目的―株主利益最大化原則の検討―」『岩波講座 現代の法7 企業と法』、岩波書店、1998 年、17-19 頁。

会社法改正論議[9]のなかで、また会計基準の国際的統合[10]のなかで、重視するべき主体となってきているのは、ひとまず「投資家」である。ここでいう投資家は、戦後の財閥解体、証券民主化のときに強調された個人投資家ではない。ここでいう投資家はわが国の証券市場についてみてみれば、それは海外投資家であり、具体的には外資ファンドである。外資ファンドこそがグローバル金融化の主役であり、ファンドの利益こそが、株式会社の目的論を変えてさせている推進勢力である。

(2) ファンドが引き起こす社会問題

株式会社の目的、性格規定として、社会的責任論を排除した株主主権論が有力視される一方で、社会は、ファンドが引き起こす社会問題に直面することになった。

わが国において、近年特に深刻だったのは、AIJ 投資顧問の破綻である。この破たんは、中小企業に働く労働者の企業年金基金の多くを破綻させ、解散においやった（2012 年）。翌 2013 年にはアメリカのファンド MRI の乱脈経理が発覚し、日本の投資家の 1300 億円の財産が回収不能となった事件があった。MRI は、金融商品取引法に基づいて、第 2 種金融取引業者として登録しており、金融庁は、事件発覚後、業務停止命令をだした。被害者は、投資資金の回収をめざすための投資被害救済のための訴訟団を結成したが、在米のファンドに対する資金回収の裁判は厳しいものとなると予想される。

安倍政権が推進するいわゆるアベノミクスの株価を上げるための方策として、年金を含む政府資金を証券市場で運用する割合を高めることになり、公的年金資産の運用リスクが増大している。公的年金もさまざまなファンドに運用をゆだねられることになる。国民も公的資金の運用の

---

[9] 2014 年会社法改正論議の中で、海外ファンドが株主総会で議決権を行使するためのコンサル会社、Institutional Shareholder Service（ISS）が発言力を発揮している。

[10] 野中郁江「社会的存在としての企業と投資家会計学批判」『会計理論学会年報』、第 19 号、2004 年、10-16 頁。

第Ⅳ章　ファンドによる企業支配と株主主権論

あり方について、監視の目を向けざるをえない時代となってきた。「公的年金がファンドによる運用損失によって消えた！」ではすまないのである。

　しかし前述の株式会社観、株主主権論との関係で、問題となるのは、これから述べるファンドが運用先である企業を支配することによって生じる諸問題である。

　ファンドによる企業支配については、2013年、西武ホールディングスと米ファンド、サーベラス・キャピタル・マネジメント（以下、サーベラス）との対立が話題となった。上場についての考え方の違いから、サーベラスが公開買い付けTOBを仕掛けて、44%への保有株式増を目指したと報道されたが、目標には至らず、失敗した。サーベラスは、秩父鉄道や西武球団など、採算のとれてない赤字線や球団の売却を要求していたといわれ、鉄道利用者、周辺住民などの不安をかきたてた。またTOBを行ったエスーエイチ　ジャパン・エルピーは、ケイマン諸島にあるサーベラスの関連事業体であり、エスーエイチ　ジャパン・エルピーの代理人（弁護士）が株購入を募った。報道によるサーベラス本社からの情報は、二転三転し、だれが西武を支配しようとしているのか顔が見えない、方針もわからない、したがって無責任というファンド支配のあり方、不気味さも明らかになった。

　大阪では、泉北高速鉄道を外資ファンドに売却する提案が知事から府議会に提出され、これを議会が否決し、事なきをえたことが報道された（2013年）。事なきをえたという評価は、筆者の評価であることをあらかじめ断っておくが、いずれも事例が公共鉄道に対するファンドの支配であり、そもそも公共交通について、運用益の取得を目的とするファンド支配に問題はないのかが問われた。

　筆者は、鉄道のような公共事業でなくとも、ファンドによる企業支配には、問題があると考えている。アジア・パートナーシップ・ファンド（以下、APFファンド）による上場会社・昭和ゴム支配事件は、背景に深刻な投資家被害や証券取引等監視委員会（以下、監視委員会）による

架空増資・市場操縦嫌疑、筆者が巻き込まれたスラップ訴訟、企業価値
の毀損が問われている株主代表訴訟、さまざまな労働組合への不当労働
行為を引き起こしており、現在も進行中である[11]。APF ファンドは、タ
イに籍をおき、日本で出資を募り、代表は日本人であり、「和製ファン
ド」である。投資家被害と架空増資・市場操縦嫌疑は、投資家保護を目
的とする金融商品取引法違反や損害賠償請求事件（詐欺事件）として、
スラップ訴訟は学問および表現の自由を脅かす事件として、株主代表訴
訟はファンド経営者の利益相反取引による被害の賠償事件として、労働
組合との関係では、団体交渉権や団結権の侵害問題として、それぞれ性
格が異なっている。紙幅の関係で、これ以上は述べられないが、ファン
ドによって引き起こされている被害が明らかにされた事例として、
APF ファンド事件は、複合的な社会性のある事件となっている。行政
や司法による被害救済や問題解決は遅れており、不十分である。

　以下に示すが、わが国はファンドによる企業支配がもたらす被害につ
いて、無防備である。株主主権論は、株主価値最大化を大義名分として
株主支配を正当化し、ファンドによる企業支配を正当化し、ファンドの
企業支配によって生じる様々な市民階層に及ぶ被害について、これを問
題化できない株式会社観である。ファンドは、従前の株式会社などの企
業秩序のなかにどのように介入してきたのか、どのような問題をもたら
すのかを以下、取り上げることとする。

（3）株式会社と市民社会―本論文の基本的視角

　本稿の基本的視角を明確にし、ファンドという資金の受け皿および活
動が現代社会において占めている位置を確認するために、株式会社との

---

[11] APF ファンドに関する諸事件については、以下の論文、著作がある。北健一「フ
ァンドは事業会社に何をもたらすか」、『経済』182 号、2010 年 11 月。野中郁江
「不公正ファイナンスと昭和ゴム事件」、『経済』189 号、2011 年 6 月。徳住堅治
「ファンドと昭和ゴム事件」『経済』216 号、2013 年 9 月。福田邦夫「SLAPP と
言論弾圧」、『日本の科学者』、2013 年 5 月号。野中郁江、全国労働組合総連合編
『ファンド規制と労働組合』、新日本出版社、2013 年 12 月。

第Ⅳ章　ファンドによる企業支配と株主主権論

比較を行う。

　まずイギリスにおける株式会社の発生と市民社会との関係を確認す
る[12]。資本による海外資源の収奪、商業利潤収奪に役割を果たしたのは、
ベンチャーといわれる会社であった。イギリスの西インド会社や東イン
ド会社は、複数の、場合によっては不特定多数から資金を集め、株式を
発行した。株式が自由に売買できず、その会社が法人格を持たないなら
ば、会社といってもファンドに類似したものである。

　しかしファンドと株式会社との違いは重要である。イギリス会社法の
歴史を参考にしてみよう。イギリスにおいて、ジョイント・ストック・
カンパニー、株式会社は 1720 年制定の泡沫会社法によって禁止されて
いた。これは南海泡沫会社事件という貴族をまきこんだ詐欺事件がきっ
かけである。当時、産業資本は株式会社を主要な企業形態として採用し
ておらす、株式投機が公債投機とからまって展開されたために、国家財
政収入の基盤が動揺させられたという体制側の判断が背景にあったと指
摘されている[13]。泡沫会社法以降長らく、株式会社は一般に設立を禁止
され、国王の勅許状か議会の私法律によってのみ設立することができる
という例外的、特権的な企業形態であったのである。

　その後、1825 年に泡沫会社法が廃止され、1844 年には株式会社登記
法によって法人格が付与されたが、有限責任はみとめられなかった。
1855 年の有限責任法によって、株式による出資者の有限責任が認められ、
1856 年に制定される会社法が最初の株式会社法となる。

　株式会社は、商業利潤を求める調達資金の集合体、いわばファンドの
なかから発生し、当初、一般に設立が禁止され、後に、産業資本の企業
形態となり、永続性を求めるようになり、有限責任である株式会社に法
人格を与えられていくという経緯ととる。この経緯のもとで、株式会社

---

[12] 野中郁江「イギリスにおける会社法の成立と会計規定」、『明治大学大学院紀要』、
　　第 18 集、1980 年度。同「イギリス会社法の展開と会計規定」、『明治大学大学院
　　紀要』、第 20 集、1982 年度。

[13] 山之内靖『イギリス産業革命の史的分析』、青木書店、1966 年、247-248 頁。

の設立を認めるということは、自然人からなる市民社会に異なる法人格を有する特権的組織を認めるということであり、市民社会との関係で、会社法において、株式会社の要件とはなにか、何を規制するのかという株式会社と市民社会との関係が常に問われることになった。

議会の特別委員会での議論によれば、個人＝自然人との契約により成立した株式会社について、契約の担保としての資本が、損なわれていないか、配当可能利益についての計算書類の作成や登記を条件として株式会社を認めるか否かが、重要な論点であった。1844年の株式会社登記法においては、詳細な監査規定や計算書類が定められ、義務づけられていた。これが1856年会社法、1862年会社法に至ると任意となり、計算書類や監査についての定めが復活するのは、20世紀に入ってからのことである。

現在も、イギリスの会社法の議論において、株主主権論にたちながら長期的利益を重視する啓発的株主価値（Enlightened Shareholder Value）アプローチと利害関係者の集合体と考える多元論（Pluralist）アプローチがそれぞれ有力であることが指摘されている[14]。

ここで確認したいことは、市民社会は、自然人から構成されており、自然人でない有限責任の会社が法人格を得ることは特権であったという事実であり、市民社会がその権利を付与しているという関係にあるということである。そして株式会社を市民社会のなかで、どのように位置付けるかは、会社法改正における論点であり続けてきた。株式会社が市民と同等の権利を持つことによって、市民の権利を損なってはならないのである。

前述の八幡製鉄政治献金事件のように、株式会社の政治活動を容認する判決は、企業が社会において経済活動の重要な主体として存在しているという「法人実在説」の範囲を不当に拡大し、株式会社の権利の濫用

---

[14] 金井宏美『イギリス会社法とコーポレート・ガバナンス―『会社法の現代化に関する白書』等の検討から』、金井宏美さんの修士論文を完成させるプロジェクト、明治大学野中郁江研究室、2006年、39-40,45頁。

を認め、市民社会を損なうものである。したがって本稿は、決して株式会社という法人が市民の権利とアプリオリに共存できると考えてはいない。しかし少なくとも市民社会との共存や共栄を求めるべきであるという合意があり、これが会社法や関連法規の改廃において検討されてきたと考えている。

これに対して、わが国の株主主権論は、市民社会を前提とせず、所有関係と証券市場を重視するあまり、社会的責任論を排除するという点において、問題がある。以下、株主主権論のもとで、ファンドに対して社会はあまりにも無防備であるということを、ファンドによる企業支配に限定して、市民社会に対する脅威という視角から、検討するものである。

2. 支配するファンドの問題性

（1）株主主権論正当化の根拠と支配するファンドとの矛盾

ファンドは、株式会社と同様に、不特定多数から資金を集めるが、ファンドスキーム自体は、法人ではないので登記することはない。会計も公表しない。株主総会のような出資者による意思決定機関ももたない。ファンドを管理する会社を本国に、ファンドの受け皿となる組織（これをヴィークルという）をタックスヘイブンにおいて、多数のファンドスキームを組成するファンドは、匿名、無国籍で、課税も回避できるのである。

ファンドとは、株式会社と同様に、不特定の人々から広範な資金を集めることができるが、株式会社と異なり、市民法秩序のなかで永続性をもとめて法人格を得ようとするのではなく、資金調達、運用の単なるスキームとして、出資者は匿名であり、運用者と区別され、及ぼす行為について責任をとらずに済む構造になっている。巨額な資金を運用し、多大な影響力をもっていても、タックスヘイブンを通過すれば、マネーロンダリングを行うこともでき、匿名性、無国籍、したがって無責任でありつづけることができるのである。

グローバル金融化という現代資本主段階において、ファンドという資本の運動形態は、象徴的であるといえる。株式会社は、国籍をもち、政治に影響力を行使する資本の表の顔であるのに対して、ファンドは、国籍すらなく、組成も解散も公表する必要がないという資本の裏の顔ともいえる。現在、年々の実物経済が生み出す富よりも、はるかに巨額のマネーが無数のファンドとして、利回りを求めて動いている。このファンド・マネーは投機により、個別国民経済を破綻させることもできるし、世界銀行や IMF を通じて権益を確保することもできる。

　では、運用益のみを求めて、永続性を求めず、出資者は匿名、有限責任であるファンドが企業を支配するとどのような問題が生じるであろうか。企業法専門家の神作裕之は、次のとおり述べている。本稿の問題意識と同様であるので、長文であるが引用する[15]。

　「相当程度の持株比率を有する株主が会社の支配権に影響を及ぼす場合の会社法の論点について、伝統的な会社法理論が等閑視してきたわけではない。支配従属関係の存在する結合企業の文脈において、むしろ活発に論じられてきた問題である。しかし、伝統的な結合企業法の文脈においては、株式の所有・被所有関係が継続的であることが前提とされてきたように思われる。本書の対象とするヘッジファンド等のうち、あるタイプのものは短期的に投資を回収して退出（イグジット）することを意図しており、また、他のタイプのものも短期的ではないにせよ最終的にはイグジットして投資を回収することを目標としていることに鑑みると、典型的な親子会社関係とは相当に状況が異なっていると言わざるをえない。そのような場合には、株式に基づく権利は企業価値の最大化のために行使されるはずであるという考え方が必ずしも通用しないばかりか、議決権が当該会社の株式価値の最大化のために行使されないおそれがある典型的場合と目されてきた結合企業の場合とも異なる。というのは、従属企業にとって不利益な決定が支配企業によりなされる場合にお

[15] 神作裕之、資本市場研究会編『ファンド法制—ファンドをめぐる現状と規制上の諸問題—』、2008 年、7-8 頁。

いて、結合企業の場合にはグループ全体の利益が少なくとも主観的には目指されている可能性があるのに対し、ヘッジファンド等の保有する株式の議決権については、当該会社のみならず当該グループの価値向上ともまったく無関係に行使されることが考えられるからである。」

株主主権論を正当化する根拠は「株主価値最大化」にあるが、ファンドの会社支配は、「株主価値最大化」を目指さない危険性があることが指摘されている。ファンドの行動の自由は、株主主権論によって正当化されていると同時に、株主主権論の根拠と相反する行動をとるという矛盾を抱えているのである。

(2) 敵対的買収における「濫用的買収者」―ブルドックソース事件―

現代資本主義社会において、株式を多数保有するものが、企業を支配する。これは自明のようにみえる。事業会社ではないファンドによる事業会社の支配に対する規制はないのであろうか。ファンドによる敵対的買収に対する経営者の防衛策の是非について、裁判において争われたのが、ブルドックソース事件であった。

スティールパートナーズ（以下、SP）による株式の公開買い付け、敵対的買収に対して、経営側がとった防衛策、ファンド以外への新株予約権の無償割当を株主総会で決定したことが、会社法違反か否かで争われた。東京高裁は、防衛策の必要性を認め、SPを「濫用的買収者」と認定した。その根拠として次のように株式会社を規定した。「株式会社は、理念的には企業価値を可能な限り最大化してそれを株主に分配するための営利組織であるが、同時にそのような株式会社も、単独で営利追求活動ができるわけではなく、一個の社会的存在であり、対内的には従業員を抱え、対外的には取引先、消費者との経済的な活動を通じて利益を獲得している存在であることは明らかであるから、従業員、取引先など多種多様な利害関係人（ステークホルダー）との不可分な関係を視野に入れた上で企業価値を高めていくべきものであり、企業価値について、専ら株主利益のみを考慮すれば足りるという考え方には限界があり採用す

ることができない。」（東京高裁平成 17 年 7 月 9 日商事法務 1806 号 40 ページ）

高裁判決は、企業の社会的責任論、広範な利害関係者論に依拠し、防衛策を追認したのに対して、最高裁判決は株主総会決議の有効性、つまり株主の自治という考え方を採用した。そして敵対的買収をする公開買付者に対しては、株主に付与された新株予約権の行使を認めず、新株予約権を発行会社が現金で買い取ることを認めたのである。（最高裁判決平成 19 年 8 月 7 日民集 61 巻 5 号 2215 ページ）

最高裁の決定については、批判がある。公開買い付けは、金融商品取引法が認める買い付け方法であり、発行会社が株主総会決議をもって妨害することは公開買い付け制度の強行法規性を台無しにするのではないかというものである[16]。この批判が妥当であるとするならば、株式会社の社会的責任論からではなく、株主主権論から敵対的買収に対する防衛策を正当化することの難しさを示しているといえる。

その後、SP は、敵対的買収ではなく、既存株主や旧経営陣との対立を避けたかたちで企業を支配する道をえらぶ（後述）。

（3）第三者割当増資等規制(不公正ファイナンス規制)とファンド

TOB による敵対的買収ではなく、経営者がファンド等に第三者割当増資や新株予約権の大量売却を行って、支配権を渡してしまうことが既存株主の利益という枠組みから問題となった。不公正ファイナンス問題である。不公正ファイナンスの問題点は、次のとおり[17]。

① 　大幅な第三者割当ては、既存株主の利益を大幅に希薄化（dilution）し、企業支配権が移動し、従来とは、全く異なった企業に変化させてしまう。このような事態が既存株主の関与もなく、取締役会の決議のみで起こってしまう。

② 　業績不振に陥り公募増資が困難な企業の第三者割当てを引き受ける

---

[16] 森田前掲書、389-390 ページ。

[17] 河本一郎、大武泰南『金融商品取引法読本第 2 版』、有斐閣、2011 年。81-82 頁。

ことにより経営権を支配し、これを利用して、本業そっちのけにして証券市場から資金を調達するためにだけ利用して搾取し尽す（いわゆる「箱企業」化）。

③ 不透明な第三者割当てが、株価操縦、浮説の流布、インサイダー取引等の有価証券の不公正取引の温床となる。

④ ②の場合、このような第三者割当増資の割当先として往々にして反社会的勢力が関与してくる。

不公正ファイナンスに対して、東京証券取引所は、2009 年 8 月に①希薄化率 300%超の第三者割当増資を行う発行者を上場廃止の対象にする等、上場廃止基準の整備、②希薄化率 25%以上の第三者割当増資に際し、経営陣から一定程度独立した者の客観的な意見の入手、または株主総会の決議などの株主の意思確認、③割当先が反社会的勢力と関係ない旨を記載した確認書の提出等、ルールを充実させた。

同様の不公正ファイナンス対策は、さらに整理されて、2014 年改正会社法に盛り込まれることとなった。

（4）証券取引等監視委員会による不公正ファイナンスの告発

東証のルール化に合わせて、2009 年 7 月以降、証券取引等監視委員会は不公正ファイナンスについてのキャンペーンおよび偽計嫌疑による告発を進めてきた。当時、証券取引等監視委員会事務局総務課長の職にあった佐々木清隆の論文では不公正ファイナンスの問題が、単に証券市場の不正というだけではなく、本業にかかわりのないファンドによる企業支配がもたらす問題性も含めて、広く企業の不正として指摘されている[18]。

発行会社の「箱企業」化と割当先について、次の説明がある。

「第三者割当増資を繰り返す過程で株主構成も大幅に変わり、特に、実態の不明な海外のファンドや投資事業組合、いわゆる仕手筋や反社会

---

[18] 佐々木清隆「不公正ファイナンスへの対応―不公正ファイナンスの特徴」『月刊日本行政』NO.450、2010 年 5 月、8-11 頁。

的勢力とつながりのある株主の関係者が登場する、経営陣もそのような実質株主の息のかかった者が送り込まれ、また業務内容も「投資事業」を中心にしたものに変化する。」「割当先としては、海外の税率の低いタックス・ヘイブンや規制の緩いオフショア金融センターに設立された特別目的会社（SPC）に対するものがよく見られる。中でも、英領バージン諸島（British Virgin Islands;BVI）に籍を置く SPC がよく利用されるが、これはかなり怪しいと考えている。」「英領バージン諸島でなく、国内の投資事業組合に対する割当の場合でも、いくつもの投資事業組合を関与させて、真の所有者を見えにくくする点は、同様の問題がある。」

　ファイナンスの後に生じる事態と監視委員会としての評価等について、次のように述べられている。

　「ファイナンスや資金調達の目的として、開示資料の中では、「借入金の返済」、「研究開発費」、「M&A 等事業再編」等があげられることが多いが、増資後の企業行動を見ていると、調達された資金は、当該企業から別の企業等（反社会的勢力のフロント企業等と繋がっていることもある）に対し、投資、融資の形で流出したのち返済されず、翌期には特別損失が計上されることも少なくない（むしろ当初から返済されないことが仕組まれていることも多い）。」「箱企業を利用した不公正ファイナンスの問題は、多くの証券不公正取引、さらには他の分野の違法行為と関連する複合的な、また資本市場の根幹に係る問題と認識し、監視委としては、現在最優先課題と位置づけ取り組んでいるところである。」

　監視委員会は、既存株主および一般投資家の利益を保護するという枠組みで不公正ファイナンスを取り上げているが、その内容は、「本業そっちのけにして証券市場から資金を調達するためにだけ利用して搾取し尽す（いわゆる「箱企業」化）」や「真の所有者を見えにくくする点」、「調達された資金は、当該企業から別の企業等（反社会的勢力のフロント企業等と繋がっていることもある）に対し、投資、融資の形で流出したのち返済されず」、「多くの証券不公正取引、さらには他の分野の違法行為と関連する複合的な、または資本市場の根幹に係る問題」と指摘さ

第Ⅳ章　ファンドによる企業支配と株主主権論

れ、単に既存株主の権利の希薄化にとどまるものではない。まさに投資ファンドなどによる企業支配がもたらしている問題と共通しており、第三者割当増資等の手続きの厳格化のみによっては、排除したり、防止することはできないのである。

(5) ファンドによる企業支配と労働問題

　ファンドによる敵対的買収に対しては、ファンドによる企業支配が企業の価値を向上させないとして、経営者は株主総会を活用して対抗することができる。経営者と多数株主が企業の価値破壊を守る役割を果たす。しかし多くの場合、経営者はすすんで、株式をファンドに売却してしまうので、ファンドによる企業価値破壊に直面し、被害をこうむるのは、主として労働者ということになる。

　東急観光事件は、外資ファンドの支配によって、第二組合を作られ、組合が分裂、弱体化させられた事件である。組合破壊の不当労働行為に対して、労働組合は、会社を支配するファンドとの団体交渉を求めたが、ファンドには使用者責任がないとして応じなかった。この事件は、ファンドによる会社支配について国会で取り上げる契機になり、注目された[19]。

　労働者保護については、厚生労働省に、「投資ファンド等により買収された企業の労使関係に関する研究会」が設置され、2006年5月に、「投資ファンド等により買収された企業の労使関係に関する研究会報告書」が出されている。政府・厚生労働省の見解は、支配しているファンドの団交応諾義務は、子会社労働組合に対する親会社の団交応諾義務と同様に扱う、というものに後退し、特にファンドに支配された企業の労使関係には踏み込まなかった。現在、子会社労働組合に対する親会社の使用者責任は、労働法において明文化されておらず、したがってファンドとの団体交渉権は無きに等しい状態である。ファンドに支配された企

---

[19] 徳住堅治『企業組織再編と労働契約』、旬報社、2009年、15-16頁。

業の労働者は、ファンドの指示を実行しているが当事者能力を有していない「抜け殻」のような経営者を相手にするしかなく、団体交渉権は形骸化しているのである。

3. ファンドによって支配された企業の事例

　ファンドによって支配された企業で、どのようなことが起きているのか。ここでは三つの事例を紹介する。いずれも労働組合がファンド支配に対して、雇用と生活を守ろうと努力を重ねた経緯があったことから、事例として取り上げることができた。以下で示される事態と類似することが、繰り返されているとしても、その実態は明らかにはならない。その理由は、職場に労働組合がないこと、労働組合があったとしてもファンド支配に対応しないこともあるだろうが、根本的には、あまりにも労働者・労働組合が不利であることが推察できる。

（1）不公正ファイナンスによる箱企業との闘い―ユニオン光学事件―[20]

　監視委員会による不公正ファイナンス、偽計の告発で上場廃止され、その後会社解散となった事例に、ユニオン光学がある。図表1によれば、ユニオン光学は、1948年創立の金属顕微鏡事業中心の光学機器メーカーである。1962年に東証2部に上場し、その後、あさひ銀行主導により、サムソン・グループの支配下にはいるが、2002年に、バージン諸島を所在地とする投資ファンド、グランドポイントトレーディング（以下、Gトレーディング）に株式が売却され、サムソン・グループは撤退する。

　ファンド、Gトレーディング支配の下で、本体の光学事業の売上高は15億円にすぎなかったが、300億円もの増資が行われ、純粋持株会社ユニオンHDが設立され、そのもとに次々と正体不明の子会社が設立される。資金が子会社に流出したとみられるが、光学事業以外に、実態のあ

---

[20] 野中・全労連編前掲書、50-65頁。

第Ⅳ章　ファンドによる企業支配と株主主権論

図表 1　ユニオン光学創業から企業再建まで

1948 年	6 月、ユニオン光学株式会社創立（金属顕微鏡事業中心）。
1962 年	東証二部上場
1995 年	4 月、あさひ銀行主導のもとで、サムスン・グループに 52 億円の割当増資を実施し、ユニオン光学はサムスンの支配下におかれる。
2002 年	7 月末、サムスンはサモアを所在地とする「Intercapital Venture」に 5 億 8000 万円の割当増資を実施。 8 月初め、バージン諸島を所在地とする「Media Sonic」に総額 5 億 9000 万円の新株を発行し撤退を開始する。 9 月 5 日、サムスン・グループはバージン諸島を所在地とする投資ファンド「グランドポイントトレーディング」に保有株式全てを売却し撤退する。10 月 1 日、このファンドから横濱氏が社長に送り込まれる。あさひ銀行も貸付金金額を回収して取引を停止する。
2003 年	10 月、ユニオン光学を「ユニオンホールディングス」（以下、ユニオン HD）に商号変更。
2004 年	10 月、ユニオン HD は持株会社として上場。ユニオン光学は会社分割法を利用し子会社にされる。この時 JMIU は、ユニオン HD との間で団体交渉権を確認し協定する。
2009 年	11 月、横濱氏は「架空増資と迂回融資で株価操作」という「偽計」容疑で逮捕・起訴され社長を解任される。
2010 年	3 月、後継経営者はユニオン光学を破産させる。
2010 ～ 2013 年	2010 年 6 月、組合員は仲間の支援によって「破産会社」の資産を買い取りユニオン光学を「再建」する。2010 年度から 2012 年度まで 3 期連続黒字を達成し、組合員のくらしと雇用を守るために奮闘している。

出典：野中他編『ファンド規制と労働組合』、51 ページ。

る事業が行われていたのか、単なる箱企業となっていたのかは、不明である。この増資額に匹敵する 260 億円もの特別損失が生じている。

　2009 年に上場廃止となったが、原因となった監視委員会による不公正ファイナンス、架空増資・迂回融資・株価操作という偽計の犯則事実は、以下のとおり（図表2）。(株) IABjapan」（以下、IAB ジャパン）という会社がユニオン光学の持株会社であるユニオン HD の第三者割当増資のうち 1 億 3500 万円を引き受け、同額を払い込むと同時に、ユニオン HD より、2 億 500 万円が還流した。さらに同日に、IAB ジャパンは、

141

図表2　ユニオンHDが告発された第三者割当増資払い込み事件の流れ

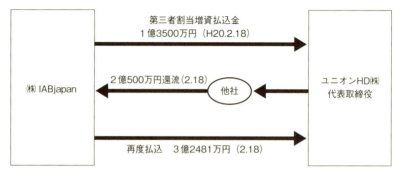

出典：証券取引等監視委員会「告発の現場から──①不公正ファイナンスに係わる偽計の告発」より

　3億2481万円を増資資金として払い込んだ。IABジャパンは、第三者割当増資等の名目上の割当先とするために設立した実体のない法人に過ぎなかった。この取引により、ユニオンHDの株価を上昇維持させ、発行予定の新株等を売却するため、虚偽の事実を公表するなどの偽計を行おうと企てたとして告発され、社長は、逮捕・起訴された。

　監視委員会が、偽計容疑として、明らかにした金額は、わずかに4億円余り、動いた純額は2億5000万円程度にすぎず、300億円もの資金が動いたはずの「箱企業」としての実態は、闇のなかである。上場廃止を経て、最終的には企業解散に至ったことにより、監視委員会の「市場を汚すものの跳梁跋扈を許さない」目的は果たされたといえるが、本業である光学部門は一顧だにされず、全容は明らかにならなかった。

　その後、ユニオン光学は、従業員の手によって新生ユニオン光学として、再建されている。新生ユニオン光学が再建を果たして、取引先との関係を回復し操業を続けている事実は、技術も競争力もある「ものづくり企業」に対してファンドは無関心で、証券市場から巨額な資金を得ていたにも関わらず本業に投資をせず、人減らしだけは進めるというファンド支配の本質を改めて明らかにしたといえる。

第Ⅳ章　ファンドによる企業支配と株主主権論

図表 3　アデランスのスティール・パートナーズ介入までの経緯

2007 年	3 月 28 日	スティール・パートナーズ（SP）が買収防衛策廃止の株主提案を行う
	4 月 20 日	アデランスは提案拒否
		SP とアデランスによる委託状争奪戦の展開
	5 月 24 日	株主総会決議において SP の株主提案は退けられ、アデランス勝利
2008 年	2 月 8 日	SP がアデランスに書簡「業績評価と提言」を送付
	4 月 17 日	アデランス、書簡に対する中期経営計画を公表
	5 月 29 日	株主総会でアデランス側の取締役候補（9 名中 7 名）が否決
		臨時株主総会で SP 候補が取締役に選任される
2009 年	3 月 25 日	SP が取締役の選任に関する株主提案を行う
	4 月 16 日	アデランスはユニゾン・キャピタルとの戦略的資本提携を発表
	5 月 28 日	株主総会で SP が勝利、旧経営陣が退陣
		SP 候補の取締役が選任（取締役 8 名）→ SP が経営権を掌握
	6 月 18 日	買収防衛策廃止

出典：野中他編『ファンド規制と労働組合』、27 頁。

（2）外資ファンド SP が支配するアデランス[21]

　SP は、ブルドックソースにおいて、TOB が失敗し、以降、保有していた日本企業の株式を次々に売却したが、現在、株式を保有し、支配しているのが株式会社アデランスである。アデランスは、かつらなど毛髪関連の製造販売会社であり、1986 年創立以来、国内売上高一位である。SP は、2009 年 6 月の株主総会以降、アデランスを支配している（図表3）。

　SP が、アデランス株式を保有したことによって、提出義務の生じた大量保有報告書によれば、日本で投資を行っている SP は、タックスヘ

---

[21] 野中・全労連編前掲書、22-35 頁。

143

イブンであるケイマン諸島籍の「スティール・パートナーズ・ジャパン・ストラテジック・ファンド・オフショア・エル・ピー」SPJSF である。SPJSF のゼネラル・パートナー（無限責任組合員）は、「SPJS　Holdings,L.L」である。

アメリカでは、SP はスティール・パートナーズ・ホールディングス（SPHD）を形成し、2012 年にニューヨーク証券市場に上場しているが、SPHD のホームページには、SPJSF の実態がわかるような情報はない。

これ以上のことは何もわからない。真の責任者はだれで、どこに行けば、責任者に会えるのか、こうした基本的なことが不明である。株式会社は登記をすることによって法人となる。役員名も登記をするし、住所を変更した場合も登記をすることになっている。しかし外資の、特にタックスヘイブンに籍をおく、ファンドは、「あなたはだれ？」という問いにすら答える義務がないのである。

SP 支配後のアデランスでは、売り上げが低迷し、特別損失が計上され、有価証券や不動産の売却がすすめられた。2008 年度の資産総額（連結）は、2007 年度 903 億 5200 万円であったが 2011 年度には 356 億 9700 万円と、4 割になった。純資産は 2008 年度、613.4 億円であったが 2011 年度には 261 億円に激減した。

こうした業績不振を背景に、2009 年から 2011 年 2 月にかけて大幅な労働条件の切り下げ、①一時金の大幅ダウン、② 2010 年の賃上げストップ、③流通センターの人員整理が行われ、並行して 400 名もの希望退職が提示された。その結果、2011 年度の決算では、売り上げが減り続けるなかでの V 字回復となった。

労働者は、ファンド支配後に、全労連・全国一般東京地方本部アデランスグループ支部を結成し、組合員は 3 百数十名に増大したが、労働条件切り下げや希望退職による人員整理によって、100 名以上の組織減を余儀なくされた。ファンドとの団体交渉ができないなかで、経営陣との間では、「経営の計画や政策についてはまだ実のある交渉が成立しない」という。また海外企業の買収という動きもあり、内部留保が海外に流出

144

第Ⅳ章　ファンドによる企業支配と株主主権論

する危険性もある。

　こうしたリストラ、資産売却、海外企業買収は、ファンド支配のもと
でなくとも行われているとの指摘はあるだろう。しかしファンドの支配
は、とかく本業について無関心、本業についての施策の失敗を伴いがち
であり、アデランスの急激な業績不振もそのようなものとみることがで
きる。海外への投資資金の流出も外資ファンドの手によって行われるの
と、日本企業が国内空洞化への対応として海外投資をすることでは事情
は異なる。

　外資ファンドによる支配は、これまで日本国内で完結する「労使共同
の労使関係」によっては解決できない問題を投げかけているといえる。

（3）フェニックスファンドと未公開会社カイジョー[22]

　ファンドによる企業支配は、上場会社ばかりではない。未公開会社カ
イジョーでは、フェニックス・キャピタル（以下、フェニックス）とい
う銀行系といわれるファンドによって支配され、部門売却、遠隔地への
配置転換がすすめられ、企業規模の縮小が進められた事例である。

　カイジョーは、1948年創立の海上電機を前身とし、魚群探知機や超
音波洗浄機、半導体製造装置を主力製品とする老舗企業である。NEC
が筆頭株主であったが、2005年には半導体不況のなかで経営困難に陥
った。

　2005年3月、カイジョーはフェニックスに対して第三者割当増資を
行い、30億円の出資を受けた。86.1パーセントの株式を取得したフェ
ニックスは、当初、「上場をめざす」として経営を支配したが、投資額
にみあう運用益をあげないままに、2012年に全株式を売却、撤退して
いく。

　その間、分割した子会社の売却や退職強要と問題になった「希望退
職」、東京の従業員の松本への強制的な出向が進められた。資産売却、

---

[22] 野中・全労連編前掲書、36-49頁。

145

図表4　カイジョーの経営指標　　　　　　　　　　　　　　　（単位：百万円）

年度	2001	2002	2003	2004	2005	2006	2007	2008	2009	2010	2011	11／03年度
売 上 高	14,635	16,860	17,213	20,271	14,728	15,778	15,607	6,403	4,724	8,129	6,150	0.36
営 業 利 益	-3,085	464	609	446	-826	251	837	-748	194	766	374	0.61
総 資 産	19,950	19,281	19,603	22,380	19,946	14,987	12,870	8,181	8,216	8,769	6,809	0.35
有利子負債	14,192	13,763	11,051	11,500	12,685	7,620	6,200	4,980	4,900	4,400	1,950	0.18

出典：カイジョー「事業報告書（第81期〜84期）」「定時株主総会招集通知（第85
　　　期〜91期）」より

　部門売却、職場統合・配置転換によって、売上高は、2005年147.3億円
から、2011年度61.5億円に、総資産は同199.5億円から同68.1億円に、
激減した。しかし営業利益は2005年のマイナス8.3億円からプラス3.7
億円にわずかの黒字化がなされただけである（図表4）。
　フェニックスにとっても採算の取れた投資ではなかった。出資額が
40億円、配当受取額が1.4億円であったが、株式の売却額は17.5億円
にすぎなかったのである。この結果から、フェニックスは、株主価値を
増加させなかったということができる。
　しかしこの間の有利子負債の減額、銀行への返済は進み、2005年
126.9億円を2011年には19.5億円とし、ほとんどを返済してしまった
のである（図表4）。「上場をめざす」企業再生ファンドであったはずの
フェニックスは、実は金融機関の意を受けた債権回収ファンドではなか
ったかという疑念が関係者からは指摘されている。
　カイジョーの事例は、支配するファンドは、本業事業や企業の価値増
大には無頓着で、場合によっては、表明していた買収方針とは異なる行
動をとったとしても、責任をとる必要がないということを示している。
この事例でも、全日本金属情報機器労働組合（JMIU）東京地方本部カ
イジョー支部があり、フェニックスとの団体交渉を求めたが、応じるこ
とはなく、労働者は、ファンド支配に翻弄され、多くの労働者が職場を
去ったのである。

4．支配するファンドと市民社会

（1）ファンド規制の枠組み[23]

ファンドを規制する枠組みには、仕組み規制、業者規制、開示規制とがある。仕組み規制とは、民法上の任意組合、商法上の匿名組合、株式会社、信託、投資信託・投資法人、特定目的会社、投資事業有限責任組合のようにファンドがどの法律に則った組織形態（器、ヴィーグル）を採っているかによる区別である。

「伝統的ファンド」と呼ばれる証券会社系や信託会社系の規模の大きいファンドは、株式会社、投資信託・投資法人の形態を採り、本体や親会社が上場企業である場合が多い。ここで取り上げている企業を支配してしまうファンドは、「伝統的ファンド」に対して「代替的ファンド」とよばれるものの一種で、課税面で有利、かつ出資者が有限責任ですむ投資事業有限責任組合の形態を採るファンドが多い。代替的ファンドは、伝統的ファンドに対する用法であって、代替的ファンドの性格を示す呼称として、ヘッジ・ファンドやプライベート・エクイティ・ファンドとも呼ばれている。

仕組み規制は、名前は「規制」となっているが、どの企業形態を採るかという選択の幅であって、ファンドの行為を規制するものでも、まして支配するファンドの行為を規制するものでもない。

伝統的ファンドと代替的ファンドは、次に述べる業者規制や開示規制でも全く異なって適用をうけている。

業者規制は、金商法に定められている。ファンドが行う業務ごとに、第一種金融商品取引業、第二種金融商品取引業、投資助言・代理業および投資運用業の類型に分類され、業者登録を行い、それぞれについての行為規制を受けることになる。第一種金融商品取引業とは証券業などの

---

[23] 三和裕美子「ファンドとは何か」『経済』216 号、2013 年 9 月。

ことで、登録業者は主として証券会社である。

　ここで取り上げている企業を支配するようなファンドは、第二種か第三種に登録することになる。しかし適格機関投資家等特例業者という登録せずともよい無登録ファンドの枠を設けている（2006年）。この例外は、もともとプロで、規模の大きい金融取引業者のみに認められていた登録免除の規定を、小規模（アマ）に拡大する規制緩和がなされたものであった。人数制限を投資家50人未満にしたことから、50人になれば別のファンドを組成すればよいという抜け穴ができたのである。

　適格機関投資家等特例業者としての要件を満たさないのに登録を行わない無登録ファンドも多く、金融庁はファンド名を公表しているが、罰則規定はほとんど発動されていないようである。

　開示規制も金商法に定められており、有価証券およびファンドスキームのような「みなし有価証券」を発行する業者については、有価証券届出書や有価証券通知書の提出を求めているが、これも免除の枠は広く、ファンドが勧誘したのが49名以下であったり、50名以上に勧誘を行った場合にも、ファンド持分の購入者が499名以下であれば、提出を免除されている。

　全体としてみれば、伝統的ファンドとよばれる年金基金、保険会社、投資信託、財団は、取引業者として登録し、財務諸表を含む情報開示を行っている資金運用型機関投資家であり、企業を支配することはない。企業（上場会社、非上場会社を問わない）を支配して、企業価値を毀損する恐れのある業者は、外資ファンドや日本のファンドでタックスヘイブンに籍をおくファンド、および国内の投資事業有限責任組合であり、いずれも正体不明で、3－5年程度の運用期間で、短期利益を追求する。支配するファンドとして問題になるのは、規制がかけられていて、企業情報などが開示されている伝統的ファンドではなく、規制を逃れている代替的ファンドである。

（2）支配するファンドを規制する方向性

　上村達男・商法学者は、西武鉄道・サーベラス事件のさなか、新聞に、「投資ファンドが一線を越える時」という見出しで、つぎのような意見を述べた[24]。「投資目的のための経済合理的行動をすべきファンドが、経営に深く関与し、特別決議の成立を阻止するだけの株式数では足らずに、より強い圧力を経営に対してかけるのであれば、当然、そうした行動の結果に対し法的責任が伴わなければならない。アメリカなら支配株主の忠実義務という観念があり、支配株主の支配には責任が伴う。従業員に対する使用者責任すら問われる可能性がある。」

　上村氏が述べるように、ファンドは短期的な運用益を追及するのが本来の姿であり、こうしたファンドの枠組みのなかで行動するべきである。ファンドの枠組みを決めるのは市民社会の側であるべきだ。支配するファンドには応分の責任を果たさなければならないのである。このことは株式会社が法人格を得ていらい、株式会社と市民社会との間で検討されつづけたことなのである。

　ところがわが国において、ファンドによる企業支配については、まったく規制がかけられていない。ファンドが企業を支配する場合には、少なくとも以下の諸点が検討されるべきである。

① 　ファンド（あるいはスキーム）の責任主体を明確にし、ファンドの運用方針、運用期間、目標利回り、企業支配の目的などの開示を行う。企業の価値向上を目的としないファンドには適格性がない。

② 　第二種金融商品取引業者として登録し、公認会計士が監査する事業報告書を提出すること。

③ 　ファンドが送り込む役員のうち過半数は、ファンドから独立した社外取締役であること。

④ 　ファンドが選任する役員は、会社に対する忠実義務を宣誓し、文書

---

[24] 産経新聞、平成 25 年 2013 年 4 月 10 日。

化すること。

⑤ 支配したのち一定期間は、重要な事業・売却、財産処分、撤退、大量の人員整理を制限する。

⑥ 支配するファンドには、使用者責任が生じることから、労働組合との団体交渉に応じる義務を負う。

⑦ 国内で出資を募らない外資ファンドについて例外を認めないこと。

⑧ ファンドが支配株主となるための適格性を判断する機関を金融庁に設置すること。

⑨ これらを担保するため、会社法に、労働者・労働組合、取引先、地域社会、消費者、市民に対する社会的責任の規定や長期的利益を強調する文言を明文化すること。

(3) 株主主権論と社会的責任論

農業への株式会社参入、金融円滑化法の廃止後に地域金融の分野で進められている官民ファンドの設立、再生支援機構の改編、こうした動向は、小泉改革が進めた官から民への移行による社会インフラ・公共性の解体という新自由主義の現段階に、ファンドという新しい推進主体の本格的登場を招来させることになっている。今後TPPの受け入れが決定されることになれば、海外ファンドも含めて、無国籍、匿名、無責任のファンドが跳梁跋扈する時代は、すぐそこまで来ているのである。

株主主権論にしたがえば、企業は株主（ファンド）のもので、株主（ファンド）の利益をもっぱら最大にするために、経営者は行動する義務を負っているということになる。企業で働く、あるいは取引をするさまざまな市民は、ファンドの主張を受け入れなければならないのか。こうした株主主権論では、ファンド支配の脅威から、生活を、雇用を、安全を、市民社会を、守ることはできない。

先に紹介した上村氏は、同一のコラムで、株主と市民社会との関係についても述べている。「日本では、会社は株主のものだから経営者が株主のために行動するのが当たり前と思っている人が多いようだが、それ

は間違っている。欧米ではこうしたことが言われるのは株主が個人であり市民であることを前提としているからであり、社会の主権者である市民が株主であるから尊重されるのである。」と述べる[25]。

本業にかかわりのないファンド支配から、市民社会をまもるためには、やはり社会的責任論を重視した株式会社観を再度、取り入れる必要がある。

こうした議論は、実は日本がお手本とする新自由主義の国、アメリカ、イギリスでも主流なのである。主として森田氏の本からの紹介である[26]。

アメリカには過半数の州会社法に社会的責任規定がおかれている。たとえば、ミネソタ州会社法では「取締役が、取締役の地位に基づく義務を遂行する場合、会社の最善の利益を検討するときに、会社の従業員、顧客、供給者、および債権者の利益、州の経済および地域的かつ社会的配慮、ならびに会社および株主の長期的および短期的利益——利益は会社の継続的な独立性によって最善にもたらされるという可能性もこれに含まれる——を検討することができる」と定めているという。

イギリスには「会社の取締役は、株主の利益と同様に従業員の利益に配慮して職務の遂行をすべきことが規定されていたが（1985年会社法309条）、2006年会社法では、取締役は、従業員の利益のほか、債権者、顧客、地域社会、名声の維持および長期的利益に対して配慮しなければならない旨を定めている（172条（1）項）」。

ドイツには、よく知られているように、共同決定法があり、労働者と株主が対等に監査役会を構成することとなり、株主の利益の追求に対してステーク・ホルダーがガバナンスに大きく関与している。

アメリカでも、イギリスでも、ドイツでも、紹介した江頭氏の解釈論のような単純に割り切った株主利益最大化原則が幅をきかせているわけではないことがわかる。

---

[25] 産経新聞、平成25年2013年4月10日。
[26] 森田前掲書、136-137頁。

ファンドという国籍不明、匿名で、自由に移動する収奪的資本に対して、市民社会は、どのように防御壁を築くのか、このことは社会科学に提起された課題である。

＜引用参考文献＞

森田章『上場会社法入門―第2版―』、有斐閣、2010年。

野中郁江、全国労働組合総連合編著『ファンド規制と労働組合』、新日本出版社、2013年。

鳥畑与一「「略奪的」ファンド規制の国際的動向と日本」、『経済』204号、2012年9月。

高田太久吉「現代資本主義とファンド問題」、『経済』216号、2013年9月。

ニコラス・シャクソン、藤井清美訳『タックスヘイブンの闇―世界の富は盗まれている』、朝日新聞出版、2012年。

〔付記〕　本論文執筆後、アデランスを支配していたスティール・パートナーズ（SP）は、株式の相当額を売却し、筆頭株主ではなくなった（アデランスIR情報、2014年12月25日）。

〔第Ⅴ章〕

批判的マーケティング論の類型と今後の課題

猿 渡 敏 公

はじめに

　批判的マーケティングが批判の研究対象にしようとするのは、勿論、「マーケティング」であり、そのマーケティングの担当者・実践家であるマーケティング行為者自身を批判の対象とするものではない[1]。そこで、その批判の対象になるのは、最も簡単に言えば、マーケティングの「理論と実践」(theory and practice) であり、それを疑問視したり、問題視したり、評価したりするのが批判的マーケティング研究である。

　そこで、批判的マーケティングの対象となるマーケティングについてだが、それについては「批判的志向」(critical orientation) を持つ研究者間では、ほぼ意見が一致している[2]。すなわち、そこでのマーケティングとは、第二次大戦後アメリカで発生し、現在も一般的に「主流のマーケティング」(mainstream marketing) として位置づけられている1つのパラダイムとしての「マネジリアル・マーケティング」(managerial marketing) である[3]。それは、周知のように、現代資本主義体制下での

---

[1] Mark Tadajewski and Robert Cluley (2013a), "Editors' Introduction : New Directions in Critical Marketing Studies"in *New Directions in Critical Marketing Studies*, (eds.), Mark Tadajewski and Robert Cluley, SAGE, p.xxiii

[2] Mark Tadajewski (2013b), "Towards a History of Critical Marketing Studies" in *New Directions in Critical Marketing Studies*, (eds.), Mark Tadajewski and Robert Cluley, SAGE, p.5

[3] マネジリアル・マーケティングについては、以下の森下論文を参照。
　・森下二次也、「Managerial Marketing の現代的性格について」、『経営研究』、第

営利企業の経営者的・管理者的視点から、企業の利潤を第一義的に展開される、商品・サービスの販売に係わる活動及び哲学である。従って、批判的マーケティングはこのようなマーケティングの知識体系とその基本的哲学を基にした活動を理論的・方法論的・哲学的に批判しようとするものである。

そこで問題になるのが、批判的マーケティングでの「批判的」(critical)あるいは「批判」(critique)とはどのようなものを想定するか、ということである。すなわち、批判自体の性格をどのようなものとして想定するかという、いわゆる「批判性[4]」であり、その想定の仕方によって「批判的」マーケティングの内容も相当に変わってくることになるのは言うまでもない。そこでここでは、フィラト＝タダジュスキ（A.F.Firat and M.Tadajewski）が挙げる3つの批判形態[5]、すなわち、(1) 一般的批判、(2) 学派基盤の批判、(3) 体制基盤の批判を参考に、以下の各々の内容を検討することによって、批判的マーケティングの現状および今後の課題の一端を提示することにする。

1. 一般的批判

先ず一般的批判であるが、彼らによると[6]そこでの「批判」とは、最

40号、1959年2月

・同、「続・Managerial Marketing の現代的性格について」、『経営研究』、第41号、1959年6月

[4] M.Tadajewski (2013a), *ibid.*, p.4。単に「批判」と言っても様々なことが想定される。例えば、ハックリー（Chris Hackley）は、マーケティングにおける批判の類型として①機能的批判、②倫理的批判、③学問的批判、④政治的批判の4つを示すが、これは批判の「視点・観点」である。ゆえに文化的批判など他もありうる。(Chris Hackley (2009), *Marketing:a critical introduction*, SAGE, pp.12-16)

[5] A Fuat Firat and Mark Tadajewski (2009), "Critical Marketing-Marketing in Critical Condition" in *Marketing Theory*, (eds.), P.Maclaran, M.Saren, B.Stern and M. Tadajewski, SAGE, p.127

[6] A F.Firat and M.Tadajewski (2009), *ibid.*, p.127

第Ⅴ章 批判的マーケティング論の類型と今後の課題

も一般的な意味で定義されるように、挑戦課題となるあるいは修正・訂正されるべき欠点や問題などの発見を意図して、何らかの「主張体系」（a body of discourse）を断定的に評価しようとする何らかの立場である。このような立場からの批判は、例えば、ハックリー（C.Hackley）が「"批判的"思考（"critical" thought）は、暗黙裡に、一般的に受け入れられている見解に反対の立場を採る。……批判（critique）とは、1つの題材に対して、新しい観点を適応することであり、その場合の意図は、その既存の自明の仮説や事実に対して、単に敵対的なものではなく、むしろそれら自明の理を継続的に疑問視し、その古い考え方を斬新するために新しい考え方を導入しようとする知的なものである⁽⁷⁾」という時の批判の意味に相応する。従って、批判の意味をこのように定義すると、そこでは批判するものと批判されるものが時間の経過とともに、またその脈絡に応じて変化してゆくものとなる。例えば、今まで主流の主張体系に対して批判的であったものが、主流の主張体系の位置につくようになると、今度は様々な新たな立場・考え方からの批判に晒されるという具合である。従って、このような批判（的）概念をマーケティングに適応すれば、批判的マーケティングというのは、既存のマーケティングの「理論と実践」に対して何らかの修正や訂正を示唆するものが、過去・現在を問わずすべて批判的と位置づけられることになろう。このことを既述のマーケティングの批判対象に関連していえば、主流のマーケティングであるマネジリアル・マーケティングを何らかの立場・考え方から評価しようとするのは、すべて批判的マーケティングということになる。換言すれば、このことは、いわば研究者が「批判的精神⁽⁸⁾」を持って学問を研究すれば、すべて批判的というに等しいことを意味する。

　そこで既述の一般的批判概念を用いて、主流のマーケティングであるマネジリアル・マーケティングの何を批判対象にするのかということが問題になろう。この点に関して、ここではその理論的側面と方法論的側

⁽⁷⁾ C. Hackley（2009）, *ibid.*, p.17
⁽⁸⁾ 高島善哉、『実践としての学問』、第三出版、1974 年、p.63

面を取り上げることにする。ここで理論的側面として取り上げるのは、マネジリアル・マーケティングの本質や意義についての理解の方法である、いわば認識論的側面である。なぜならば一般的批判概念は、既述のように余りにも一般的・包括的に過ぎ、そのような批判概念をもってしては、特定の時期に特定の研究分野に現出した批判的研究、すなわち、マーケティング論において1980年代後半から顕著になってきた批判的マーケティング[9]の意義を明らかにするのは困難であると思われるからである。そこで、対象の特定の側面を取り上げ、それとの係わりにおいて批判概念を一層厳密にすることによって、特定の時期に現出した批判的マーケティングの意義が明らかになるものと思われるからである。

(1) 理論的批判

さて、このような視点から、批判的マーケティングの意義を明らかにするために、その批判概念を厳密化しようとした試みが、タダジュスキによる「目的＝手段図式」(means-ends calculus) である。彼によれば「"主流の" 理論や研究から "批判的" という用語を区別する場合、我々は理論や研究の動因となる成果主義的 "目的" (performative "intent") を検討しなければならない。成果主義的とは "目的＝手段図式" によって採られ、それによって正当化される[10]」ということである。つまり、ここでの批判概念を厳密化するための分類基準となっているのは、目的＝手段図式であり、そこでの批判概念を規定しているのは成果主義的目的それ自体である。すなわち、批判という行為が成果として何を目的としておこなわれるか、あるいは結果としてどのような知識を開発・生産しようとしているかという研究者の価値関心（理論・研究の目的）に依

---

[9] M.Tadajewski and R. Cluley (2013a), ibid., p.xxv (note1)

[10] Mark Tadajewski (2014a), "Critical Marketing Studies : Logical Empiricism, 'Critical Performativity' and Marketing Practice" in *Philosophy of Marketing*, vol. I (2014), (eds.), Mark Tadajewski, John O'Shaughnessy and Michael Hyman, SAGE, p.398

第Ⅴ章　批判的マーケティング論の類型と今後の課題

存した分類規定である。例えば、既述のマネジリアル・マーケティング
が想定するような、商品・サービスの最小費用での最大利潤の獲得のた
めの知識の開発・生産は一つの成果主義に他ならない[11]。従って、成果
として利潤を目的とした手段の整合性を論究する理論や研究は、それ自
体一つの成果主義であり、それが既存の理論や研究をいかに"批判"し
ようとも正当化されるということになる[12]。

　ならばいかなる意味でこれが批判概念の分類基準となるのであろうか、
ひいては、80年代後半からの批判的マーケティングの意義を明らかに
してくれるのであろうか。それに対する解答は、そもそもマーケティン
グの理論・研究の目的が何であったかという歴史的視点を必要とする。
この点に関しては、周知のようにマーケティングの理論化への祖とされ
るW. オルダーソン（W.Alderson）によると、マーケティング理論はマ
ーケティング実践家に1つの見方を提供するものでなくてはならず、研
究者はそこでは外部観察者の態度よりも、マーケティング活動への参加
者の態度を反映した理論の構築が要請されている[13]ということであっ
た。だとすれば、成果主義的目的（理論・研究の目的）がマーケティン
グ実践家の態度を反映したものである限り、また、そこで展開される目
的＝手段の整合性理論および研究が、いくら既存の理論や研究を批判し
ようとも、その"批判"的研究は、マーケティング実践家に貢献する限
りでのいわば「内在的批判」であり、それをもってしては80年代後半
に新たに現出した"批判的"マーケティングとは言えないものであろう。
それゆえ、マーケティングについて批判的志向を持った研究から、成果
主義的目的としてマーケティング実践家に奉仕するための理論を措定し

[11] Alan Brodshaw and A.Fuat Firat（2007）,"Rethinking Critical Marketing"in
Critical Marketing-Defining the Field,（eds.）, Michael Sharen, Pauline Maclaran,
et al., ELSEVER, p.9

[12] M. ウェーバー、『社会科学方法論』、富永祐二・立野保男（共訳）、岩波書店、昭
和40年、9頁～65頁

[13] 拙著、「'50年代OBS概念の原基的性格について」、『明大商学論叢』、第69巻3・
4号、1987年3月、pp.57-58

ての批判的マーケティング研究は批判概念から除外して考えることが妥当であるといえる。このことから明らかなように、80年代後半からの批判的マーケティングは、その成果主義的目的としてマーケティング実践家の主要な関心事である利潤を目的として批判的なマーケティングではないといえる。ならば、80年代後半からの批判的マーケティングの"批判（的）"とは何かということになるが、それについては後の節で明らかにする。

（2）方法論的批判

　一般的批判のもう一つの側面が、方法論的批判である。勿論、この批判の対象になるのは、理論的批判の場合と同様に、現在主流のマーケティングであるマネジリアル・マーケティングであることに変わりはない。異なるのは対象の側面あるいは次元の違いであり、この方法論的批判はいわば「メタ・セオリー的」な次元[14]を対象とする。そこで、この方法論的批判家としてのアンダーソン（Paul.F.Anderson）やピーター＝オルソン（J.Paul Peter and Jerry C.Olson）などの方法論的批判[15]によると、彼らに共通するものは、その批判対象である主流のマーケティングの方法論が、長期間に亘って自然科学の方法を範として経験的観察を基礎とする実証主義に偏重し過ぎていることを相対主義（アンダーソン）、相対主義・構築主義（ピーター＝オルソン）の立場より批判する。

　先ず、アンダーソンは、論理経験論、実証主義、科学革命、研究系統（パラダイム）、認識論的無政府主義、科学（知識）の社会学などを各々検討した結果として、理論の正当性を測る唯一の方法としての経験的テストを科学の営み（scientific practice）の規範として認めることは出来ないと主張する。しかも、理論を評価するための単一の方法などないた

---

[14] Robert Bartels, *Marketing Theory and Metatheory*, IRWIN, 1970, pp.2-4

[15] Paul F.Anderson, "Marketing ,Scientific Progress and Scientific Method", *Journal of Marketing*, Fall, 1983, pp.18-31. J.Paul Peter and Jerry C.Olson, "Is Science Marketing", *Journal of Marketing*, Fall, 1983, pp.111-125

めに、マーケティング理論を評価するための単一の最良の方法を追求するよりも、マーケティングに係わる人々を納得させるような理論の妥当性についての方法論を追求すべきであるとする。そこで、その解決策として採用されるのが「相対主義的立場」なのである。

彼によれば、相対主義では科学的妥当性の基準について普遍的なものは存在しないと考え、多数の研究学派は各々独自の方法論的、存在論的、学派内での抽象的な約束事を持ち、知識は主に同意によって認められるとする。

以上のように主張するアンダーソンによる相対主義的立場の採用の基礎になっているのは、科学（知識）の社会学における理論評価（受け入れ）での「科学とは、本質的に合意形成のプロセスであり……究極的には１つの社会的活動である[16]」という主張であり、ゆえに科学が１つの科学として認可されるためには社会的合意が必要であるということになる。そこで、マーケティングが１つの科学となるためには、先ず、社会的合意を得るためにマーケティングは何をなすことが出来るかという実用主義的立場を採り、それを社会に広めること、更には、一部の人々だけが利益を得るようなマーケティング交換の研究ではなく、交換過程それ自体の客観的研究としての知識のための知識の研究（基礎研究）[17]の必要性を主張する。

一方、ピーター＝オルソンもアンダーソンと同様に、科学が１つの社会的活動・社会的合意であるとするならば、その合意を得るためにはマーケティング活動が必要になるとして、「科学」を１つのアイデアとしての「製品」と見做し、そのマーケティング戦略の方法を具体的に展開する。その場合、科学がマーケティング活動を必然化するような科学観[18]として「相対主義・構築主義（以下、R/C)」を提示し、「実証主義・経験主義（以下、P/E)」とのメタ・セオリー的な次元、すなわち

---

[16] P.F.Anderson, *ibid.*, p.25

[17] P.F.Anderson, *ibid.*, p.28

[18] J.P.Peter and J.C.Olson, *ibid.*, p.120

知識の性格、知識の達成方法、哲学的諸仮説などでの差異を強調する。そして、「創造的なマーケティング科学」への途はP/E科学観よりも、R/C科学観採用によって開かれると主張する。そこで、彼らは、R/Cの科学観を強調するために、P/Eの科学観に欠落しているものを提示する。それは (1) 科学者間での社会的相互作用、(2) 科学者固有の信念・価値観、(3) 観察データに対する科学者の主観的解釈、などの影響であり、R/Cではこれらの要因が重要な役割を果たすと主張[19]する。このような基本的認識の下に、それら2つの科学観の差異を指摘しているが、主要なものは次の4点である[20]。

①現実世界の捉え方
・P/Eでは、現実主義者の観点を採り、単一の外的世界の存在を仮定し、経験的観察を介してその世界の本当の性格が次第に分かるようになると想定する。その結果理論は現実世界についての一般的な立言形態を採る。
・R/Cでは、現実世界について、多数のありうる現実を仮定し、その各々は特定の脈絡や枠組みに相対的（依存的）であると想定する。ゆえに、科学者は様々な現実について自分達の理論の社会的合意を創出しようとして現実を構築するような理論を提示する。

②科学の客観性
・P/Eでは、科学の客観性を仮定し、科学者の知覚あるいは感覚的印象を、現実世界についての客観的、偏見のない模写と想定する。ゆえに、経験的観察（科学者の感覚的印象）は、いかなる理論とも無関係な客観的データとして取り扱う。
・R/Cでは、科学者の知覚は客観的なものでなく、多数の要因に影響されたものと認識する。従って同一データも科学者間では異なった意味を持つことがありうる。換言すれば、科学的知識を構成する特殊な、専門的な意味を含め、すべての意味は主観的に決定され、

---

[19] J.P.Peter and J.C.Olson, *ibid.*, p.119
[20] J.P.Peter and J.C.Olson, *ibid.*, pp.120-122

第Ⅴ章　批判的マーケティング論の類型と今後の課題

絶対的なものではなく、脈絡・枠組に相対的であると想定する。従って、脈絡が変われば、それに関連した経験的観察についての意味も同様に変わる。

③理論の普遍性

・P/E では、普遍的な理論や法則を開発することを目標としている。そのため多様な分析法を用いて因果的説明をなす。

・R/C では、理論は特定の脈絡の中でのみ意味を持つと仮定し、その一定の前提条件の範囲内でのみ意味を持つと想定する。ゆえに、前提条件が変われば、その理論の意味も変わる。

④データの客観性

・P/E では、データ（経験的観察と同じように）は、テストされる理論と無関係であると仮定され、理論がテストされたり、比較されたりする客観的基準と想定される。

・R/C では、すべてのデータは理論負荷的であると仮定し、データは科学者によって作り上げられ、操作を介して自由にコントロールされるものであり、現実世界の中で客観的に収集されるべく待機しているものではないと想定する。

　以上が実証主義という方法論に対する相対主義者からの批判であるが、そこで想定されている批判の意義は何か、確かに実証主義は現実世界を単一の客観的な外的存在として仮定し、その社会の内在的法則の発見を第一義的に考え、得られた知識（法則）の中立性（客観性）を主張する。これに対し、相対主義は現実世界を主観的に、脈絡依存的に解釈することによって、多様な現実のありようを理論的に再構築する。問題はそうすることの意味である。そこで、相対主義者が提示するのが、その再構築された諸理論の「有用性」基準である。すなわち、実証主義理論に対する相対主義理論の実践的、現実的問題解決能力の有用性を強調する。なぜならば、社会が科学に期待するのは、その問題解決能力であり、科学の進歩は現実の問題解決に対する科学のパラダイム間競争によって生

じる[21]と想定するからである。とすれば、アンダーソンがマーケティングに対して問題解決能力を持つ「例示的諸理論（体系）」（the examplary theories ,an exemplary body of theory）と解決可能な問題群の探究の必要性を要請[22]するのも理解できるし、ピーター＝オルソンが、「有用性とは実用性基準であり、理論が推奨してもたらされるその成果あるいは潜在的成果である。ゆえに、理論がその使用者に、現実世界で"うまくやってゆく"のにどれくらい効果的か、あるいは特定の仕事を達成させるのに、どれくらい効果的かという観点で理論を判断する……（ゆえに）理論の真理内容基準は、基本的に相対主義・構築主義的観点にとって不適切[23]」と述べるのも了解出来る。

　しかし、このことは実証主義の成果と相対主義のそれとの現実世界に対する問題解決能力のパラダイム間競争を強調しているだけではないのだろうか。換言すれば、ベイカー（M.J.Baker）がマーケティングの過去の論文を編纂した著書を刊行するに当たり、「この本の多くの貢献物（論文）の適切なテストは、"これは有効であるか"ということである[24]」と述べる場合の評価基準とどこが異なるのであろうか。もしもそうであるならば、相対主義による実証主義批判の帰結は、既述の理論的側面での批判と論理的には異なるところはなく、「現実世界という大河の流れ」を彼岸から解釈した新たな「内在的批判」であると想定され、論理的には批判的マーケティングの範疇から除外した方がよいと考えられる。

2.　学派基盤の批判

　この批判の形態は、主流のマーケティングを思想の特定の学派に基づ

---

[21] P.F.Anderson, *ibid.*, p.28

[22] P.F.Anderson, *ibid.*, p.28

[23] J.P.Peter and J.C.Olson, *ibid.*, p.121

[24] Michael J.Baker, "Introduction"in *Marketing : Critical Perspectives on Business and Management*, (ed.), Michael J.Baker, Routledge, 2001, p.17

いた観点から批判するものであり、論者によっては、後述の「体制基盤
の批判」の諸形態の中の一つとして含められる。この批判形態では、
「何を批判するか」というその批判の対象ではなく、むしろ「どのよう
に批判的であるか」というその批判の方法が焦点になる[25]。なぜならば、
思想の特定の学派（パラダイム）は、それ独自の方法論的、存在論的、
あるいは抽象的な学派内の約束事が存在するからである[26]。

　一般的にこのような批判の形態の例として挙げられる思想の学派は
「批判理論学派」（Critical Theory school）であり、欧米では「フランク
フルト学派」と呼ばれている。英語文献の中の大文字で「Critical
Theory」と既述されている場合は、このフランクフルト学派の批判理
論を指している場合が多い。批判理論の代表としてこのフランクフルト
学派が挙げられる理由は、マルクス（K.Marx）の基本的な考え方を再
生することに関心のある研究者が、「社会調査研究所」に集い、それが
1923年にドイツの「フランクフルト大学」に帰属したからである[27]。従
って、この学派は当初から体制批判的な志向を持つのは当然であると言
える。そこで、マーケティング論でのこの思想学派と想定されるマーレ
イ＝オザンヌ（J.B.Murray and J.L.Ozanne）、ヘトリック＝ロザダ
（W.P.Hetrick and H.R.Lozada）の批判内容を観てみることにする[28]。

（1）批判理論の理念（マーレイ＝オザンヌ）

　マーレイ＝オザンヌによれば、批判理論（Critical Theory）は、社会

---

[25] A F.Firat and M.Tadajewski（2009），*ibid.*, p.127, M.Tadajewski（2013b），*ibid.*,
p.4

[26] P.F.Anderson, *ibid.*, p.25

[27] Jeff B.Murray and Julie L.Ozanne,"The Critical Imagination：Emancipatory
Interests in Consumer Researchi"in Marketing Theory,（eds.）. P.Maclaran,
M.Saren, and M.Tadajewski, 2008, p.299

[28] J.B.Murray and J.L.Ozanne, *ibid.*, pp.296-322, William P.Hetrick and Hector
R.Lozada,"Construing the Critical Imagination：Comments and Necessary
Diversions"in P.Maclaran, M.Saren and M.Tadajewski,（eds.）, *ibid.*, pp.323-340

状況についての体制的批判による解放、すなわち、人間の自由と人間の可能性とを拘束しているようなものからの解放を目的とするものである。そこで、この批判理論の観点を理解するためには、既存の観点と比較することが解り易いとして図1を提示する。主軸となっているのは、主観—客観軸と秩序—闘争軸である。彼らによれば主観—客観軸は「現実の性格」(nature of reality)、すなわち、実在をどう認識するかということについてなされている基本的な仮定を表し、例えば、極端な主観主義では、社会的現実は個人の知覚に基づいて構成されるという考え方を持つのに対して、客観主義では、社会的現実は具体的な客観的実体として存在し、個人の知覚とは無関係であるという考え方を持つとされる。他方、もう1つの軸である秩序—闘争軸は「社会変革」(social change) への観点に焦点を合わせ、秩序アプローチはなぜ社会は分離することなく統合に向かう傾向にあるのかを探究するのに対し、闘争アプローチは、人間

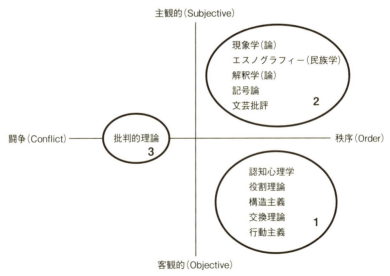

図1　知識探究へのアプローチ

(出典：J. B. マーレイ ＝ J. L. オザンヌ、前掲書、p.297)

第Ⅴ章　批判的マーケティング論の類型と今後の課題

の進歩を制限したり、抑圧したりしている構造から、いかにしたら解放されるかということを探究するとされる。その上で、図のクラスター（1）の研究は、既存の社会行動を説明、予測することを焦点にしているし、クラスター（2）は単に社会の記述でしかなく、批判的でもなければ展望的でもない。これに対し、批判的理論は、社会的現実については、主観と客観の両側面を持つだけでなく、人間生活を改善すると思われる社会変革を探究していると主張する[29]。

　以上のように現在の知識探究への諸アプローチを特徴づけた上で、さらに、闘争志向を持つ研究にとって不可避的な問題、すなわち、「理論（知識）と実践（適用）」の問題を、実証主義との関連で明確にする。

　では、その前に、なぜ理論と実践の問題が不可避的問題なのかという理由について、彼らは科学が社会発展のプロセスに参加すべきものであるならば、（社会的現実の）事実は価値観（values）と分離出来ない[30]のみならず、人間を拘束的構造から解放しようとする知識は、不可避的に利害関係に結びついているからである。ゆえに、問題は研究において、研究者が政治的に無関心であることが出来るかどうかではなく、むしろどんな政治的立場を取るかということになると主張する。

　他方、闘争志向と関連して実証主義と解釈主義を取り上げた理由としては、実証主義や解釈主義にとって、科学的知識の使用ということは、知識それ自体にとって外在的なもの、すなわち知識が一旦生産された後、その知識は、それを適用する集団の利益に従って、様々な方法で適用される中立的な情報として取り扱われる。知識をその使用方法から引き離すことで、実証主義と解釈主義は、既存体制に挑戦することもなく、現状を維持する傾向にある。それのみでなく、これら2つのアプローチは既存社会の主要な一部となる知識をもたらしている[31]からである。それゆえ、科学は実践的行為と結びついていると信じる批判的理論家にと

---

[29] J.B.Murray and J.L.Ozanne, *ibid.*, p.297

[30] J.B.Murray and J.L.Ozanne, *ibid.*, p.300

[31] J.B.Murray and J.L.Ozanne, *ibid.*, p.305

っては、理論と実践の問題は一層中心的な重要性を持つものなのである[32]。

以上のことから明白なように、この批判的理論は、体制批判を前提とするので、その考え方・観点を採り入れた「批判的マーケティング」も当然現状の主流のマーケティングおよびその方法論的基礎である実証主義・解釈主義を批判的に研究することになり、その代案として位置づけられることになる。そのためには、批判的理論の主要な仮定や目標が明確になっていなければならない。そこで、マーレイ＝オザンヌは、批判的理論家に共通する一般的な規範を実証主義、解釈主義との対比で説明する。その要約が表1である[33]。以下では、批判理論について必要な限りで簡単に説明する[34]。

批判理論の「存在論的仮定」であるが、これは既述のように「現実の性格」をどのように認識するかということであるが、批判理論では主体と客体との不断の戦場、すなわち、主体である人々が社会構造につけた間主観的意味とその客体としての社会構造との間の不断の相互作用に焦点を合わせる。現実世界はその社会的相互作用を介して作り出されるが、一旦現実世界が構築されると、それは主体に反作用を及ぼす。ゆえに、主体と客体との間に緊張あるいは矛盾が発生する。この矛盾が変革の原因である。そこで、もし人々が現実についての考えとその実際の現実とが一致しないと気付くならば、この意識は合理的な社会発展や社会変革にとっての刺激となる。ゆえに、現実は常に戦場なのである。

そこで「社会的存在の性格」については、先ず、人間は完全に受動的でもなければ、完全に能動的でもないと考える。すなわち、人間はその現実世界に影響することは出来るが、その影響力は歴史的全体性（例えば、過去の社会的構造物）によって媒介されている。なぜならば、それが我々を拘束するからである。ゆえに、人間は将来についての完全に自

---

[32] J.B.Murray and J.L.Ozanne, *ibid.*, pp.296-298

[33] J.B.Murray and J.L.Ozanne, *ibid.*, p.302

[34] J.B.Murray and J.L.Ozanne, *ibid.*, pp.302-308

第Ⅴ章　批判的マーケティング論の類型と今後の課題

表1　実証主義、解釈主義、批判理論

	実証主義	解釈主義	批判理論
■存在論的仮定（前提）			
・現実の性格	・客観的・具体的 ・単一の歴史的 ・断片的 ・分割可能	・社会的に構築 ・複数的 ・全体的 ・脈絡的	・主体と客体の 　"戦場"
・社会的存在の 　性格	・決定論的 ・反応的	・自発的 ・順向的（保守的）	・動的 ・歴史的全体性 ・判断の保留 ・人間の可能性を 　強調
■価世辞的仮定			
・最優先の目的	・一般法則・予測 　による"説明"	・解釈を介しての 　"理解"	・理性・平等・自 　由を促進する社 　会的組織を介し 　ての"解放"
■帯誰籠的仮定			
・もたらされる 　知識	・法則的 ・無時間 ・脈絡依存なし ・価値自由	・個別例的 ・時間拘束 ・脈絡依存 ・価値負荷	・前向き・進歩的 ・想像的 ・批判的／暴露的 ・実践的
・因果性の見方	・現実の原因の存 　在	・複数・同時形成	・対話、再構築、 　熟慮を介して拘 　束の熟慮・暴露
・研究との関係	・二元論、分離	・相互的・協働的	・継続的対話
・メタファー 　（比喩）	・客観的観察者	・翻訳者	・解放者

（出典：J. B. マーレイ＝J. L. オザンヌ、前掲書、p.302）

由な創造主ではない。そこで、社会的存在について考える時、人間は、自分の潜在的能力を知らないので、逆に人間の能力があらゆるものの評価の基準となる。しかし、現実世界は、確かに人間の産物ではあるが、思い通りには創造されない場合がある。

　次に、「価値論的仮定」であるが、批判理論は、先ず2つの価値判断を前提とする。すなわち、①人間の生活は、生きるに値するということ、②人間の生活は、改善されうるということ、これである。そこで、その

ための最終目的は自由、平等、理性を促進するような社会的組織の形成である。そこでそのような最終目的を達成するための手段的な下位の目標が、「理想的な発言状況」の形成である。すなわち、全ての人々が、権威、伝統、独断などによって拘束されるようなことのない自由な「対話」に、平等に参加する機会があること、すなわち、発言者間に対称的な自由な発言が確保されていることである。これによって、上記の２つの価値判断も現実のものとなる。なぜならば、そこでは批判的「対話」を通して人間が素直になるからである。

　最後に、「認識論的仮定」であるが、既述のように、変革は主体の客体理解（意味）と実際の客体の史的、経験的状況との間に矛盾がある場合に起こり得る。ゆえに、批判理論家は、最初に現在についての史的形成を理解し、次にこれを越えようと努力しなければならない。なぜならば、現在の秩序の中で起こりそうな変革の道筋を明らかにすることが目的だからである。その結果、もたらされる知識は、前向き、創造的、批判的、実践的なものになる。次に因果性の見方だが、既述の存在論からも明白なように、人間は社会構造によって拘束されるが、同時に人間はこれらの社会構造の創造主でもある。そこでは社会構造の影響は、対話による人間の理解（意味）によって媒介されて実現する。ゆえに、予測（結果）はこの意味づけが安定している限りで可能であると考える。したがって、その因果性の基礎にあるのは、主観的理解と史的経験的状況との不一致、矛盾である。そこで、この因果の見方は社会の歴史的全体性に対応して、相対的に理解されることになる。

　以上、少し長くなったが、批判理論の考え方を要約すると次のようになる。科学的な理論化は、政治的行為から分離出来ないので、研究者は、その研究から誰が利益を得るかを考慮すべきである。研究は開放的であるべきであるし、拘束されている社会的行為者にその経験的・解釈的理解を明らかにしてやるのみならず、彼らを自由にするようにデザインされるべきである。研究者は、主題の単なる観察あるいは情報提供者の社会的現実に単に参加することを超えて、対話を通して、これらの拘束を

明らかにするようにすべきである。そのことによって情報提供者は意識的に政治的行為に従事するよう動機づけられるのである。要するに、批判的研究の目的は、社会的行為者にとっての生活をよりよいものにすることである。そのような訳で、批判理論家と社会的行為者との関係は、継続的な対話あるいは批判的対話に基づいた関係である。比喩的に言えば、批判理論家は、対話を通して、社会的行為者に拘束的な構造を意識させる「解放者（liberator）」なのである。この意識こそ、社会変革への途の第一歩なのである。

　以上がマーレイ＝オザンヌによる批判理論の理念についての主要な主張であり、特定の思想学派からする批判概念である。このような主張は、明らかに既述の批判概念とは異なって、いわば「外在的批判」と言える。すなわち、そこでは現状の社会構造という制度的枠組みを超えた、拘束のない自由な別の社会構造という価値的規範を設定しその規範の達成が批判理論の目的に据えられているからである。この点では真に既述の批判概念とは大きく異なった批判概念である。ただ、問題はこのような批判概念をマーケティング論に導入して科学的な「批判的マーケティング」の理論化がどのように定式化されるのかが提示されていないことである。そのためには、マーケティング論へ批判理論を導入するためには、それに先立って明確な批判理論の構築が前提となるだろう。この課題にチャレンジしようと意図したのがヘトリック＝ロザダである。それは、マーレイ＝オザンヌ論文批評という形で現れた。

（2）批判理論の理論化の方向（ヘトリック＝ロザダ）

　さて、ヘトリック＝ロザダによるマーレイ＝オザンヌに対する批評（comment）はその性格上多方面に及んでいるが、彼らの批評を概略的に整理すれば、以下の3つの批評部分からなるものと思われる。(1) 批判理論の理論化の方向、(2) 批判理論の実践者の問題（いわゆる「agent」問題）、(3) 批判理論構築方法の問題（いわゆる内部矛盾）である。(2) と (3) は批判理論一般に係わる問題であるので、ここでは、第1の点

について彼らの批評の中からその方向性を示唆するものを挙げてみよう。

　先ず、彼らは、マーレイ＝オザンヌに対し、「解放」の概念的領域について十分な洞察が与えられていない。その結果、誰が何から解放されるのか明らかではないと批評する。それゆえ、抑圧と支配について明確にすることが必要である。何れにしても、「解放の議論をする前に、抑圧の議論がなされるのが当然」[35]と主張する。

　そこで、彼らは自分達が考える批判理論の定義から始め、批判理論とは、資本主義社会制度と実証主義的科学とに対する、ネオ・マルクス主義からの批判であるとされる。それゆえ、そこでの人々の闘争（conflict）は、一方での資本主義的生産方法およびそのイデオロギー的基盤を支持する人々と、それに対して破壊的（subversive）であろうとする人々との間の闘争であるとする。

　そのような批判理論の考えの下に、彼らは解放の概念的領域を以下の３つの領域に分ける。(1) 自由の定義、(2) 障害物の定義および発生源、(3) 自決の定義とその促進策である。そこで先ず、自由の概念であるが、「自由」には消極的自由（～からの自由）と積極的自由（～への自由）があり、前者の自由概念が「あらゆる制約の欠落」と定義されると、それは決して実現されないとする。他方、後者の自由概念は、人々を自分の生活の方向性を決める主体、活発な存在と想定するので、解放にとっての自由概念は後者が相応しいとする。次に、障害物の概念規定であるが、その前に、「制約」について検討し、それを基本的制約と不必要な制約に分ける。前者は文明の永続化や進歩にとって必要なものであるが、後者の制約は社会のエリートが自己の特権的立場を再生産するために、一般大衆の上に課す追加的統制であり、それゆえ解放にとっては後者が相応しいとする。従って、上記の２つの概念規定からすれば解放とは、個人や集団が抑圧的な社会的・イデオロギー的な状況から自由になるプロセスであるとする[36]。

---

[35] W.P.Hetrick and H.R.Lozada, *ibid.*, p.324

[36] W.P.Hetrick and H.R.Lozada, *ibid.*, p.326

第Ⅴ章　批判的マーケティング論の類型と今後の課題

　しかし、多様な利害関係を前提とすれば、社会的に不必要な制約、換言すれば、人間の自由への障害物には多様な形態があることになる。そこで、ある種の理論的方向性がないとそのような障害物を排除しようとする仕事は不可能になるので、批判理論の立場に立てば、障害物は資本主義価値体系の中で識別され、労働と消費の分野へのその影響も識別できるとする。従って、その障害物の根源となるものが、資本主義生産過程での疎外と商品の物神化であり、それが労働と消費の分野にどのように影響するかの分析が必要であると指摘する。なぜならば、「労働者と消費者は同一、不可分のもの」[37]であるからである。ゆえに、解放は生産と消費の局面で概念化されねばならないとされる。

　次に、解放の第3の概念領域である「自決」(self-determination)については、イデオロギー批判が必要であると指摘する。そのためには先ず、イデオロギー操作のその基礎になっている権力や支配とイデオロギーとの関係を明確化し、その上でイデオロギー批判が必要であるとする。なぜならば、「支配や抑圧などの概念化なしに解放の議論をしても無意味であるし、イデオロギー的神秘化の軽減は、自決に向かっての非エリートの闘争を促進する第一歩であると思われる」[38]からである。

　ところで、イデオロギーを研究するということは、意味(meaning)が、支配関係を維持するために役に立っている仕方を研究することである。そこで先ず支配について、支配の存在とは、権力関係が体制的に非対称である時、あるいは権力が制度的に与えられている時に存在する。しかも、その権力基盤が何であるかは関係ないという。その非対称性の典型的なものが差別であり、その差別のもたらす不平等が被支配者の立場を明確化する。そこで、この被支配者の立場にいる人々は、次第に解放的活動を受け入れ易いと自決の促進主体を示唆する。これは既述の第2の問題、すなわち「agent問題」に係わるが、ここでは触れないことにする。以下、イデオロギーと支配との具体的な関係とについてアメリカの

---

[37] W.P.Hetrick and H.R.Lozada, *ibid.*, p.328

[38] W.P.Hetrick and H.R.Lozada, *ibid.*, p.329

消費局面における文化産業と広告を例示している[39]。

　以上がヘトリック＝ロザダによる批判理論の理論化への方向性であるが、彼らが規定する批判理論は、ネオ・マルクス主義からの批判であり、その批判概念は、資本主義社会と実証主義的科学を基盤とした主流のマーケティングに対しては、当然「外在的批判」である。彼らは、勿論、具体的な「批判的マーケティング」の理論は提示していないが、仮に批判的マーケティングがその基礎として、彼らの批判理論の理論化の方向を採用するならば、例えば、現代社会での消費局面の現象記述では済まなくなり、物神化論[40]、ひいては疎外論[41]、から論理的に展開されなければならないことになろう。

3.　体制基盤の批判

　フィラト＝タダジュスキによると、この「体制基盤の批判」とは、例えば、資本主義体制というある特定の秩序基盤から生じた何らかの学問的主張に対して、それを批判するものはすべてこの批判形態であるというものである。従って、この批判概念では、それが特定の秩序基盤から生じた学問的主張の何を批判しているかということによって、多種多様な批判的研究がその範囲には入ることになる。そこで、批判的マーケティングの批判概念をこのような批判概念で捉えると、それは既述の「一般的批判」の批判概念に類似したもののように思われるが、その差異は「体制基盤」（a system-based）という点にある。すなわち、この形

---

[39] W.P.Hetrick and H.R.Lozada, *ibid.*, p.331

[40] K. マルクス、『資本論』（1）、向坂逸郎（訳）、岩波書店、昭和 50 年、129 頁〜151 頁。
　　なお、石井淳蔵（著）、『ブランド：価値の創造』、岩波書店、1999 年も参照。

[41] K. マルクス、『経済学・哲学草稿』、城塚登、田中吉六（共訳）、岩波書店、1977年、84 頁〜 106 頁。
　　なお、保田芳昭（著）、『マーケティング論研究序説』、ミネルヴァ書房、1976 年も参照。

態での“批判的”という考え方は、特定の規範およびその規範を支持する体制（秩序）を批判しようとするものである[42]。

このような批判概念を、資本主義体制の産物であるマーケティングに適用すると、そこでは様々な「批判的マーケティング研究」（critical marketing studies）が存在することになり、「批判的マーケティング」という名称は、あたかも大きな「傘」[43]（umbrella）のような名称に過ぎなくなる。そこで、これらの諸研究が本当に体制批判になっているかどうかの基準が必要になる。その基準が、大衆によりよい社会を構想させるように現状の社会状況についての体制的批判を展開しているかどうかということであり、これが批判概念を用いた研究の最終的審判になる。換言すれば、批判的研究が「解放への関心」、すなわち人間の自由と可能性への拘束・制約の除去を目指したものであるかということが基準になる[44]。いわば、その批判的研究が「外在的批判」かどうかということになる。このような観点から、フィラト＝タダジュスキは主流のマーケティングに対して新たに出現した批判的マーケティング研究（パラダイム）が本当に批判的マーケティングの名称に値するかどうかを検討することになる。対象となったのは消費文化論、マクロ・マーケティング、ソーシャル・マーケティング、批判的ソーシャル・マーケティングである。

以下、簡単に説明すると、先ず「消費文化論」では、それは市場経済の中に消費者は存在するという状態について、それを弁護論的に表明しているに過ぎないとする。すなわち、企業によって形成される記号や試みに対する消費者の何らかの抵抗も、消費文化論では純粋行為の主体者としての消費者によって、その意味が形成されると解釈する。従って、そこでは消費者の主観性や消費者を苦しめているものが体制の構造物であるとの考えが無い。例えば、消費者は「達成イデオロギー」への執着

---

[42] A F.Firat and M.Tadajewski（2009）, *ibid.*, p.129

[43] A F.Firat and M.Tadajewski（2009）, *ibid.*, p.132

[44] A F.Firat and M.Tadajewski（2009）, *ibid.*, p.132

を示すものと捉えられ、市場での大量生産された商品から、個性の表現へとその商品を変形することが出来ると考えられている。しかし、たとえそれらの商品にいかに個人的意味づけを与えようとも、現代資本主義市場体制の商品への消費者の慢性的、無意識的な依存ということが捉えられていない。個人の個性の形成と構造化は、商品によって形成・構造化されるのではなく、労働と生産関係によって規定されるのである。従って、この主流のマーケティングに対する批判的志向はその弁護論にしか過ぎない[45]。

　次に、「マクロ・マーケティング」についてであるが、最近のマクロ・マーケティングはマーケティングの社会、また逆に社会のマーケティングに及ぼす影響についての研究であるが、この研究は社会をよりよくするという考え方に結びついている批判的マーケティングとどこが異なるのか、という疑問である。これに対して彼らは、マクロ・マーケティングの研究者によると、資本主義体制はほとんどの消費者の生活水準を改善するものとして捉え、それに対する批判もなく、一般的に受け入れていると主張し、最近のマクロ・マーケティングは、批判的マーケティングよりも、一層経営者的視点であり、企業の実践を変革することでなく修正することに関心を持つ道徳的弁明であるとする[46]。他方、伝統的なマクロ・マーケティング、すなわちマーケティング・システムはいかに作動しているかを説明したり、予測したりしようとする方法で、マーケティング・システムの性格を検討するマクロ・マーケティングについては、それは批判的マーケティングの全体的な価値論をそもそも持っていない。仮にその基礎にある価値観（values）が、社会の福利や社会が直面している多くの問題を市場やマーケティングの立場から探究するものである限り、そこでは市場に限定された基準が社会の福利の主要な審判者になる。このように世界を市場やマーケティングという立場から視る考え方は、明らかに社会での市場の役割についての保守的な解釈で

[45] A F.Firat and M.Tadajewski（2009）, *ibid.*, p.129
[46] A F.Firat and M.Tadajewski（2009）, *ibid.*, p.132

ある[47]。

「ソーシャル・マーケティング」は社会的に有益な活動を人々に採用させようとする行動変更の操作の学問である。フィラト＝タダジュスキはその際問題になるのが、多数の利害集団によっては問題であるが、行動変更の標的となった人々自身によっては、必ずしもそうとは考えられないような場合であるとする。その場合、影響を受ける人々を無視することになるが、その場合そもそもどんな行動を対象とするのか、また、その中のどの行動を選択し変更させるのかということを、実際に誰が意思決定するのかということが疑問である。そこではその意思決定に誰の意見が反映されるかという問題になり、権力関係が介入しないだろうかということである。もしもそうであるならば、行動修正のための標的となる人々のニーズに焦点を合わせるという論理的合理性にもかかわらず、そのやり方は一層保守的な志向になる傾向を持つようになる[48]。

最後に「批判的ソーシャル・マーケティング」について、それはソーシャル・マーケティングに「批判理論（Critical Theory）」を一般的に組み込んだものである。そこでその研究は、営利的マーケティングの社会への影響を事実として理解し、ソーシャル・マーケティングや政策・規制で流れを逆にしようとするために、批判理論基盤のアプローチを利用する研究と言える。しかし、この批判的ソーシャル・マーケティングは、批判的マーケティングとは異なり、その批判されるべき実践・行動をその歴史的脈絡で捉えていない。換言すれば、人間の行動の起因となる制度的要因に注意を向けていない。このような社会制度的要因（条件）の無視は、研究対象となる行動を余りにも個人に帰着させることになるので誤りである[49]。

---

[47] Mark Tadajewsk, "What is Critical Marketing Studies? Reading Macro, Social and Critical Marketing Studies" in *Humanistic Marketing*, (eds.), Richard J. Varey and Micheal Pirson, palgrave macmillan, 2014, p.42

[48] M.Tadajewski, *ibid.*, p.44

[49] M.Tadajewski, *ibid.*, pp.45-46

以上、「体制基盤の批判」としての批判概念も、その一部の内容を精査すれば、「内在的批判」に該当するものも多数含まれての批判形態であることが解る。この他にも、ポスト構造主義、フェミニズム、マルクス主義の修正など、ある種の「根源的な社会理論」(radical social theory)[50]からの主流のマーケティングに対する批判も含め、しかもそれら全てを「批判的マーケティング研究」と呼んでいる。

　そこで、ここで一つの論争問題が生じる。節を改めて批判的マーケティング研究でのこの問題を観てみよう。

4.　今後の課題

　さて、以上のことから明白なように、本稿での批判概念は、それを資本主義体制に対する「内在的」、「外在的」という視点で分類し、その分類基準をそのまま現代資本主義の産物といわれるマーケティングに準用している。従って、そのような分類基準から整理すれば、明らかに一般的批判は「批判的」マーケティングの批判概念には該当しないと言わざるを得ない。他方の極に位置するのが本稿で取り上げたフランクフルト学派の批判概念であり、もっとも"批判的"な批判概念であると言える。勿論、本稿で紹介したマーレイ＝オザンヌ論文に対するヘトリック＝ロザダの批判もあるが、それは同じ「学派内論争」であり、彼らが学派内で依拠した理論の差（ちなみに、マーレイ＝オザンヌは主にハーバーマス (J.Habermas)[51]であり、ヘトリック＝ロザヌはホルクハイマー＝アドルノー (M.Horkheimer and T.W.Adorno)[52]に依拠したがゆえの論争であり、これが既述の批判理論一般に係わる第3の問題である「批判理論構築の方法問題」の1つであり、その依拠する理論によって批判に程度の差が生じることになる）と言えなくもない。しかし、いずれも

---

[50] A.F. Firat and M.Tadajewski（2009）, *ibid.*, p.133

[51] J.B.Murray and J.L.Ozanne, *ibid.*, pp.300-301

[52] W.P.Hetrick and H.R.Lozada, *ibid.*, p.334

基本的に資本主義体制に対する「外在的批判」であることに変わりはない。

　その両極の中間に位置するのが、体制基盤の批判概念である。本稿では、フィラト＝タダジュスキの批判概念の分類に基づき、この体制基盤の批判概念について主流のマーケティングに対して新たに出現したいくつかの研究パラダイムを紹介した。その際に、彼らはこれらのパラダイムが体制批判的かどうか、つまり「外在的」かどうかの基準に学派基盤の批判概念を用いて評価している。その結果、採り上げられたすべての研究パラダイムが「外在的」ではないと規定され、"批判的"マーケティングの範疇から除外されることになった。従って、体制基盤の批判概念を判断する場合、いかなる基準を用いるかによって、その内容は大きく異なることになる。このことが、皮肉にもその後のフィラトとタダジュスキとの「批判的マーケティング」の学問範囲の差異となって現れる事になる。

　以下、二人の批判的マーケティングに係わる認識差異を基にいくつかの今後の研究課題を提示してみよう。そこで、この批判の基準が先ず、批判的マーケティング論での今後の研究課題の一つになるだろう。ちなみに、本稿では既述のようにその基準を資本主義体制に対して「内在的」「外在的」として論じたのであるが、彼らの立場を以下、簡単に説明する。

　フィラト[53]は「批判理論」を使用しない最近の主流のマーケティングに対する批判論議の横行が、"批判的"という用語を希釈化された概念にしているとし、多様な学派基盤からのマーケティング"批判"はマーケティングの"批判的"分析ではないと主張する。その上で、そのような多様な学派からなる批判的マーケティング研究は、そこに統一的支柱がなければ、中心のない不安定な統合に陥り、単に「全体的な多様な学派の寄せ集め」にしか過ぎないと考える。

---

[53] A.Brodshaw and A.F.Firat（2007）, *ibid.*, p.31, p.41

これに対し、タダジュスキ[54]は、批判的マーケティングの学問は1つのパラダイムに限定されるものではなく、何らかの「批判的社会理論」を用いた批判ならば、その学問範囲に入ると考える。その上で、異なったパラダイム間を交差した知的な「交差受精」(cross-fertilisation)にとってその方が生産的であるし、社会の幅広い議論に耳を傾けない「知的カルテル」は、仲間外れにされると主張する。

　批判的マーケティング論の2つ目の研究課題は、「理論（家）と実践（家）」との関係である。すなわち、理論は実践に係わるべきか、もしそうであるならどのような係わり方をするのか、という問題である。この課題に対しても上記の二人は対照的である。

　フィラト[55]は、理論は実践に直接的に係わるべきではないと主張する。いわゆる「実践の拒否」である。なぜならば、理論が実践に係わると、その研究者は抑圧の一形態である思考停止に陥るからである。そして、その理由として、「思想はある集団にとって有益であるかどうか」ということが正当性の基準になっていて、その「真実性」ではないのが現状だからと説明する。ゆえに、批判理論に依拠した批判的分析は、それ自体一つの権利の行使であり、それ以降の行為計画には係わらないと主張する。従って、マーケティングへの批判的志向の導入は、あくまでもマーケティングの普遍的理解のためであり、批判的マーケティングの能力は、その現代マーケティングに対する有効な洞察能力にあるとする。

　タダジュスキ[56]の場合は、フィラトとは逆に研究者は積極的に実践に係わるべきだと主張する。その場合、研究者は大学外部の構成員が営利・非営利かに係わりなく、誰であっても構わないとする。そうすることによって外部構成員の意識を高揚させ、主流の実践からの"小さな解

---

[54] M.Tadajewski (2013b), *ibid.*, p.35, p.38, Mark Tadajewsk and Robert Cluley, "Introduction：Critical Marketing and Critiques of Marketing" in M.Tadajewski and R.Cluley, (eds), *ibid.*, p.xxxvi.

[55] A.Brodshaw and A.F.Firat (2007), *ibid.*, pp.35-40

[56] M.Tadajewski (2014a), *ibid.*, pp.394-401

第Ⅴ章　批判的マーケティング論の類型と今後の課題

放"を果たすことが目標になる。なぜなら、学問研究は既に社会的・特権的地位を占めており、そうしなければ一層社会変革は困難になるからである。勿論、この場合の理論の目的は開放のための手段であるとする。ゆえに、その研究は参加行為的研究になる。しかし、参加型であると実践からの理論のいわゆる「吸収問題」、すなわち、所得や地位確保の見込みと交換に「学問的独立性」を喪失する危険性があるが、それは実践家との不均衡なパワー関係を認識した上で、研究者が批判視点を保持し、実践家との相互の尊厳に基づく倫理関係が維持されれば問題はないとする。

　最後に、今後の研究課題としては、批判的マーケティングの研究方法と批判的マーケティング論が目指すその内容が課題となりそうである。この点に関してフィラト[57]はその研究手段として「批判理論」を使用し、方法論的多元論は採らないとする。彼が問題とするのは、マーケティングの存在基盤であり、従来の交換パラダイムを超えたマーケティングそれ自体の制度の構築を目指すとする。そのためには既存のマーケティングの理論と実践を「批判理論」の解放イデオロギーに基づいて批判的理解を図ることが必要であるとする。しかし、「批判理論」の諸概念は理論的次元のものであるので、それゆえ、現代社会でのマーケティングの理論と実践を批判的に理解するためには、それ自体の概念構成物を必要とすると主張する。その目指すところは、人々に消費者という自覚を捨てさせ、組織とマーケティングを統制するために支配し、それを自分達の目的のために使用する「マーケティングのオーガナイザー」とすることであるという。

　これに対し、ダダジュスキ[58]は、学問の価値判断を前提に、既存のマーケティングの存在論的、認識論的諸仮定を疑問視することから始めることが必要だとする。そして実践家との共同の参加行為的研究を採り、

---

[57] A.Brodshaw and A.F.Firat（2007）, *ibid.*, p.40

[58] M.Tadajewski（2014a）, *ibid.*, p.402, A.F. Firat and M.Tadajewski（2009）, *ibid.*, p.135

実践家（マーケティング行為者）が多数の合理性の中からどの合理性を採っているかを学ぶことによって、マーケティング行為を規定しているものについての多元的理解を図ることを目指すとする。なぜなら、実践家は研究者に対して先験的偏見を抱いているからであるという。そこで、このような批判的マーケティング研究は、従来の「伝統的な批判的立場」を超え、実験的かつ批判的なものになると指摘する。こうして社会変革のための基礎を学ぶことによって、批判的マーケティングを「解放の科学」とすると主張する。

　以上、批判的マーケティングにまつわる論議の第一歩として、批判概念の捉え方（批判性）を中心に検討したが、今後の課題の一端も含め、そこに通底するのは「ウェーバーかマルクスか」という基本問題への対応のようである。

〔第Ⅵ章〕

地域的貿易協定の展開とその論点に関する一考察
― NAFTA と TPP の類似点・相違点を巡って―

所　　康　弘

はじめに

　1994 年 1 月 1 日発効の北米自由貿易協定（NAFTA）に象徴されるように、1990 年代以降米国が主導する地域的貿易協定または自由貿易協定（FTA）は、今次の国際通商秩序形成の動向を把握する上で重要な柱である。NAFTA 以降の事例としては、米国・チリ FTA（2004 年発効）、米国・中央アメリカ FTA（2009 年までに全加盟国で発効）、米国・ペルー FTA（2009 年発効）、米国・コロンビア FTA（2012 年発効）などがあげられる。

　その後、米国の FTA 網の地理的範囲はアジア、アフリカ、中東地域へと拡大し、近年では環太平洋経済連携協定（TPP：Trans Pacific Partnership）の行方が注目されている。その背景には、アジア太平洋経済協力機構（APEC）域内の関税撤廃とアジア太平洋自由貿易圏（FTAAP）の創設をも射程に入れ、その突破口として TPP が重視されるに至ったことがある。米国はまさに NAFTA の姿に似せて FTAAP を創設すること、米国の経済的（ならびに軍事的）利害の軸足をアジア太平洋地域へと均衡回復（リバランス）することを狙っている。

　その上、メキシコ国際問題評議会のザブルドフスキー代表らが述べるように、「TPP は、アメリカが締結したいくつかの自由貿易合意に準じた広範な分野とアジェンダをカバーしている。上手くいけば、アメリカ

の貿易の 40% が TPP という一つの FTA の下に包含される」[1]、ほどの戦略的重要性を帯びている。

本小論は、TPP 構想へ至る過程への画期的な踏石となり、米国の2000 年代以降の対外通商戦略の基軸＝先例となった NAFTA に注目し、その教訓や評価を巡る議論を参照しながら、その脈絡上で日本（や加盟各国）の TPP プロジェクト参加の含意を探るものである。

以降、議論の前提として、1 節で TPP 全体の制度の概要を概観する。2 節で日本における TPP に関する代表的な論点を確認する。とりわけ重要と思われる産業空洞化の問題については、そうした懸念が生じる一要因である日本企業の海外進出による国内還流（配当還元）と現地再投資の動向を確認する。3 節で TPP という地域貿易構想がそもそも隆盛した背景および国際通商秩序の構造変化の潮流を、米国との関わり上で押さえる。4 節で TPP の先例である NAFTA 発効 20 年の現状を取り上げ、米国以外の加盟国（メキシコ）における効果とその評価を巡る議論を検証する。そして NAFTA 下のメキシコの教訓が、同じ TPP の米国以外の加盟国にどんな示唆を与えるのかに関して、若干の指摘を行う。

1. TPP 全体の制度の概要

（1）P−4 から TPP へ

2013 年 3 月、安倍首相は国論を二分してきた TPP への参加を正式に表明した。同年 7 月から交渉の場に加わり、同 10 月の APEC 開催に合わせて、日米合意事項の発表を行った。

TPP は、元々、チリ、ブルネイ、ニュージーランド、シンガポールの小国 4 ヵ国で 2006 年に締結された FTA である、P−4（Partnership−4）協定に起源を持つ。その後、アメリカ、オーストラリア、ペルー、

---

[1] ジェイミー・ザブルドフスキー、セルジオ・ゴメス「WTO と地域貿易構想—TPP と TTIP の可能性—」『フォーリン・アフェアーズ・リポート』フォーリン・アフェアーズ・ジャパン、2014 年 1 号、45 頁。

ベトナム、マレーシアが順次、参加し、12 年にメキシコ、カナダが、13 年に日本が加わった。その結果、アジア太平洋 12 ヵ国が加盟する協定となった。

交渉は 24 もの作業部会で進められ、首席交渉官会議、物品市場アクセス（農業）、物品市場アクセス（繊維・衣料品）、物品市場アクセス（工業）、原産地規制、貿易円滑化、SPS（衛生植物検疫）、TBT（貿易の技術的障害）、貿易救済（セーフガード等）、政府調達、知的財産、競争政策、サービス（越境サービス）、サービス（商用関係者の移動）、サービス（金融サービス）、サービス（電気通信サービス）、電子商取引、投資、環境、労働、制度的事項、紛争解決、協力、横断的事項（中小企業・競争・規制関連協力）、から構成されている。

TPP の前身である P−4 は、全 20 章の構成となっている。主な項目は 3 章　物品貿易、4 章　原産地規則、5 章　税関手続、7 章　衛生植物検疫措置、9 章　競争政策、10 章　知的財産、11 章　政府調達、12 章　サービス貿易、13 章　一時入国、15 章　紛争解決、である。

表 1 は、P−4 協定と NAFTA の条文構造を比較したものである。両者の相違点は、NAFTA の中に、11 章 投資および紛争処理、14 章 金融サービスが規定されている点である。とはいえ、P−4 の文中にも発効後 2 年経過したら現行で規定されていない投資分野と金融サービス分野について、交渉を開始するとの文言が盛り込まれていた。これこそが、米国が TPP 参加を決めることになった一要因と言われている[2]。

上記の TPP の部会のテーマを一瞥すると、その理由が明確となる。TPP は財・商品取引の関税を原則すべて撤廃（10 年以内）する自由「貿易」のみならず、金融を含むサービス貿易の条件整備のための制度で、かつ自由「投資」制度の確立を目指すものだからである。

---

[2] 磯田宏「アメリカは TPP で何を狙うか」田代洋一編『TPP 問題の新局面』大月書店、2012 年、54 頁。

表1　NAFTAとP-4の条文構造の比較

	NAFTA	P-4	（続き）	NAFTA
1 章	目的	目的	12 章	サービス貿易
2 章	一般定義	一般定義	13 章	電気通信
3 章	内国民待遇・市場アクセス	物品貿易	14 章	金融サービス
4 章	原産地規則	原産地規則	15 章	競争政策
5 章	税関手続	税関手続	16 章	業務一時入国
6 章	エネルギー	貿易救済措置	17 章	知的財産権
7 章	農業・衛生植物検疫措置	衛生植物検疫措置	18 章	法の執行
8 章	緊急措置	貿易の技術的基準	19 章	アンチダンピング税な
9 章	技術基準	競争政策	20 章	組織体制・紛争解決
10 章	政府調達	知的財産権	21 章	例外規定
11 章	投資・紛争解決	政府調達	22 章	最終条項

（出所）NAFTA の HP<http://www.nafta-sec-alena.org/>、ニュージーランド外務貿易
　　　省の HP（P4 協定）
<http://www.mfat.govt.nz/downloads/trade-agreement/transpacific/main-agreement.pdf>.（2013 年 1 月閲覧）。

（2）TPP と農業

　周知の通り、製造業部門では日本から米国などの加盟国に対して、自動車を中心に工業製品の輸出増が期待されている。だが、日米交渉で米国自動車業界への譲歩（乗用車への輸入関税2.5％の5年超維持、トラックへの同関税25％の10年超維持などを含む優遇措置）を強いられるなど、その交渉過程は同部門にとって決して順調とは言えない。他方、日本の比較劣位部門である第一次産業に関しては、関連産業も含めて大きな影響が出ると予測されている。

　とくに米（コメ）、小麦・大麦、牛・豚肉、砂糖、乳製品などの高関税品目は聖域5品目となっている。TPP による市場開放を通じて、米国は米や肉・肉加工品類、ニュージーランドは乳製品、オーストラリアは肉・肉加工品類の対日輸出の拡大を見込んでいる。日本側が主張する聖域品目において、その全てを例外にすることは困難である。関税分類

第Ⅵ章　地域的貿易協定の展開とその論点に関する一考察

項目に細分すると膨大な品数にのぼり、高水準の
自由化率を目指す TPP でそれら全てを保護する
ことは非現実的であると言える[3]。

　一例として、北海道庁の試算（2013 年 3 月）を
紹介する。同庁は関税撤廃の影響で農業産出額
（12 品目を対象）は、4,762 億円減少するとして
いる[4]。これ以外に食品加工や物流・販売を含む
関連産業では 3,532 億円、飲食業・商店を含めた
地域経済全体では 7,383 億円、計 1 兆 5,846 億円
もの損失が出ると公表している[5]。

　表 2 では、地域差はあるものの北海道以外でも
農林水産業と同産業に基づいた地域経済が損失を
被ることが示されている。同産業は高齢化の進行、
遊休耕作地の拡大、食料自給率の低下、世界的食
料需給の逼迫化など、多くの問題を抱えているこ
とで知られる。

　加えて、TPP による農業生産減少額を生産額（農水省試算）のみな
らず、所得額で試算（品目別・各地域別）した興味深い研究（三好・関
論文）もある[6]。同論文によれば、17 品目（農水省試算では 2.5 兆円の生
産額減）を対象にした場合、第 1 に全国の農業所得減少額は 4,081 億円
（総所得 2.9 兆円の 13.9％に相当）である点、第 2 に所得額減少には地

P–4

サービス貿易
一時的入国
透明性
紛争解決
戦略的連携
行政と制度的条項
一般条項
例外規定
最終条項

---

[3]　例えば、牛・豚肉ではすでに米国畜産業界の後押しを受け、日米間で関税引下げ
　　等の詰めの交渉が熾烈化している状況である。『日本経済新聞』2014 年 5 月 29 日。

[4]　北海道農政部『関税撤廃による北海道農業等による影響試算』<http://www.pref.
　　hokkaido.lg.jp/ns/nsi/seisakug/koushou/eikyo130319.pdf>.（2014 年 6 月閲覧）。

[5]　同上資料。

[6]　三好ゆう・関耕平「TPP による農業生産・所得への影響― 47 都道府県・19 品目
　　を中心に―」『経済』新日本出版社、2013 年 10 月号。なお、同様の方法で 8 品目
　　を対象に試算を行ったものとしては、三好ゆう・関耕平「TPP による農業生産・
　　所得への影響」『経済』新日本出版社、2013 年 8 月号。

表2 19 道県が試算した TPP 参加による農林水産業の減少額（単位：億円）

道県名	減少額	試算の主な内訳
北海道	4,762	バター、チーズ、脱脂粉乳、砂糖用テンサイは全滅。小麦もほぼ壊滅。
岩手	1,015	小麦、牛乳が全滅、豚肉 70％減、コメ 50％減。水産物はサケ・マス類が 57％減。
茨城	1,174	加工用トマト、乳製品が全滅。小麦が 99％減、大麦が 79％減。
栃木	1,088	小麦、乳製品が全滅。牛肉は 9 割程度減。
群馬	635	麦類 87％減、牛乳 81％減。
埼玉	433	小麦 86％減、牛乳 75％減、豚肉 70％減。
千葉	1,019	麦類、牛乳が全滅。豚肉 78％減、牛肉 70％減、落花生 40％減。
滋賀	249	小麦、乳製品、豚肉が全滅。コメ 49％減。
鳥取	246	牛乳が全滅。豚肉 78％減、水産物はイワシ 72％減。
島根	325	牛乳・乳製品、大麦が全滅。豚肉は 9 割減。
岡山	407	大麦 94％減、乳製品 93％減、牛肉 76％減、豆類 71％減。
徳島	213	牛乳・乳製品が全滅、牛肉 74％、コメ 50％減。
香川	178	牛乳・乳製品、サトウキビが全滅。
愛媛	306	豚肉 70％減、大麦 67％減、コメ 50％減。
高知	158	牛肉、豚肉が全滅。コメは 5 割以上減。
熊本	869	牛肉・乳製品が全滅、小麦 98％減、豚肉 79％減、牛肉 70％減。
大分	332	豚肉 70％減、牛肉 68％減、牛乳・乳製品 45％減。
宮崎	1,254	牛乳・乳製品がほぼ壊滅、豚肉は 8 割程度減、牛肉は半減以上。
鹿児島	1,372	サトウキビ、デンプン原料用のサツマイモが全滅。
計	16,085	

(注) 交渉参加 11 ヶ国を対象に関税を即時撤廃し、国内対策を何も講じないと仮定して試算。

(出所)『東京新聞』（2013 年 4 月 12 日朝刊）より転載。

第Ⅵ章　地域的貿易協定の展開とその論点に関する一考察

域間格差がある点、第3にとりわけ被災地への影響が深刻である点が指摘されている。例えば、岩手、宮城県の試算額は全国平均の生産額減を下回っており、うち岩手県は全国ワースト7位、宮城は同10位と試算されている。また、所得額ベースの試算では、被災県の福島県は184億円減少（全国ワースト4位）、宮城県は同ワースト6位の減少額となっている[7]。

　ところが、影響はこれにとどまらない。土井英二氏は経済取引を通じた他地域への跳ね返り効果をも計測している[8]。例として、東京都自身の農林水産物等の減少額はわずか31億円に過ぎないが、他道府県の生産減が東京都の加工食品、肥料、農薬、運搬など関連産業に与える影響額は1兆907億円にまで跳ね上がると指摘している。生産減少倍率は実に349.2倍である。同じく神奈川県の同倍率は17.2倍、大阪府も40.1倍である。しかるに同氏は、TPPは地方の問題ではなく都市部の問題でもある、との主張を導き出している[9]。

　なお、日本農業が「守られ過ぎで競争力が失われた」という議論は誤りだと言う議論もある。事実は逆で、むしろ日本の農業保護度は先進国中で際立って低い。鈴木亘弘氏らは、例えば農業産出額に対する農業予算の割合（国による財政の農業支援度の比率、2005年）は、米国65％、ドイツ62％、フランス44％、イギリス42％に対して、日本は27％に過ぎないと論じている[10]。また中期的スパンで見ても、1980年代以降、同部門で多国籍企業化と市場原理的な潮流が進み、1984年の日米諮問委員会報告、1986年前川レポート、農政審議会答申を通じて、アメリカ

---

[7]　同上論文。

[8]　土井英二『2013年7月17日　第3次TPP影響試算の結果発表　記者会見』（TPP参加交渉からの即時脱退を求める大学教員の会HP）。
　　<http://atpp.cocolog-nifty.com/blog/2013/07/717-3-16e3.html>.（2014年6月閲覧）

[9]　同上HP。

[10]　鈴木亘弘・木下順子『よくわかるTPP 48のまちがい』農文協、2011年、18頁。

表3　海外現地法人の業種別動向

（企業数）	2007 年	2008 年	2009 年	2010 年
合　計	16,732	17,658	18,201	18,599
製　造　業	8,318	8,147	8,399	8,412
非製造業	8,414	9,511	9,802	10,187
情報通信	463	567	565	575
運　輸　業	1,032	1,062	990	1,019
卸　売　業	4,290	4,821	4,982	5,134
小　売　業	400	466	479	494
サ ー ビ ス	778	1,080	1,314	1,398
（売上額）	2007 年	2008 年	2009 年	2010 年
合　計	236,208,099	201,679,131	164,466,063	183,194,818
製　造　業	111,040,510	91,180,733	78,305,761	89,327,934
非製造業	125,167,589	110,498,398	86,160,302	93,866,884
情報通信	1,531,568	2,512,098	2,207,386	1,993,547
運　輸　業	3,211,399	2,991,975	2,393,785	2,805,088
卸　売　業	101,522,485	85,553,354	66,572,090	70,017,106
小　売　業	6,065,394	5,778,311	4,645,167	5,105,883
サ ー ビ ス	1,885,072	2,275,379	2,242,943	3,307,629
（経常利益）	2007 年	2008 年	2009 年	2010 年
合　計	11,352,577	7,283,212	6,973,659	10,900,398
製　造　業	5,519,326	2,698,146	3,493,637	5,280,353
非製造業	5,833,251	4,585,066	3,480,022	5,620,045
情報通信	121,955	215,818	174,127	54,471
運　輸　業	148,612	151,030	57,561	69,903
卸　売　業	2,374,989	1,161,232	976,585	1,605,309
小　売　業	126,452	82,592	134,419	136,214
サ ー ビ ス	129,347	318,747	233,303	305,812

（出所）経済産業省『海外事業活動基本調査』経済産業省ホームページ。<http://www.
meti.go.jp/statistics/tyo/kaigaizi/result/result_43.html>.（2014 年 7 月閲覧）。

（金額の単位：100万円）

2011 年	2012 年
19,250	23,351
8,684	10,425
10,566	12,926
550	786
1,019	1,322
5,318	6,381
589	705
1,587	1,918

2011 年	2012 年
182,242,114	199,034,419
88,289,996	98,384,657
93,952,118	100,649,762
2,015,200	2,308,107
2,084,453	2,852,838
68,035,352	72,421,076
5,544,575	6,372,995
4,898,034	5,489,720

2011 年	2012 年
10,624,778	7,643,631
4,071,330	4,160,430
6,553,448	3,483,201
69,260	30,511
66,991	86,290
1,708,245	1,315,272
151,503	134,235
619,473	582,601

向けの農業市場の開放と規制緩和が深化してきたことは間違いない[11]。

（3）TPP とサービス貿易

TPP は単なる経済連携や貿易の協定ではなく、その影響が農業に限定されるものでもない。大きな特徴として、金融・保険・流通など広範囲に渡るサービス分野の自由化があげられる。現行の国際貿易では財貿易以外にサービス貿易が多様な形態で展開中である。WTO のサービス貿易に関する一般協定（GATS：General Agreement on Trade in Services）は、サービス貿易の自由化のための多国間国際協定であり、その対象範囲を 12 分野に分類している。

実際に日本でもサービス貿易は重要な対外活動であり、貿易全体に占める比率も急増中である。現地法人の業種別企業数では 2000 年代半ば以降、製造業よりも非製造業が上回っている（表3）。表3から、売上額や経常利益でも非製造業が製造業を上回っていることもわかる（2012 年の経常利益のみ除く）。また、企業数の推移（2007 ～ 12 年）では、製造業は 8,318 →

[11] 暉峻衆三「日本の農業と食の安全と破壊する TPP」『経済』新日本出版社、2013 年 7 月号、66 頁。

10,425 社と 1.25 倍増であったのに対し、非製造業は 8,414 → 12,926 社と 1.53 倍増であった。今後ますます非製造業進出の勢いは増すことが予想される。進出先の地域別（2012 年）ではアジアが圧倒的で、その数は 15,234 社（対全体比で 65％強）にのぼっており、次いでアメリカが 2,974 社、EU が 2,623 社、中南米が 1,205 社となっている(12)。

　非製造業の展開事例として、経済産業省は宅配サービス（ヤマトグループの宅急便）、コンビニエンスストア、観光業（老舗旅館の海外進出）、外食産業（吉野家やモスバーガーなど）をあげている(13)。同省によれば、同業種における対 GDP に占める対外直接投資残高の比率が、主要先進国に比べて低水準であるため、一層の事業拡大が切要だとしている。ゆえに海外進出を狙う広範なサービス業界にとっても各国でビジネスをし易くし、同業種の様々な国家規制を撤廃する TPP の推進は、重要事項となってくる。

　とはいえ、サービス貿易を考える上で必要な視座は、GATS の決定的争点を明らかにしたスーザン・ジョージ（Susan George）の指摘にある。本質的な問題は、自由化を通じたサービス貿易（あるいはサービス関連企業の海外進出）の量的拡大にあるのではなく、その質的拡大にある。スーザン・ジョージはこう述べる。「GATS がかかわるサービスは、単に貿易取引…だけではなくて、およそありとあらゆる人間活動におよんでいる。『サービス』という、この一見、なんの変哲もない言葉が、実は 11 の──「その他」というカテゴリーを入れると 12 の──大きな分野を包摂していて、そのなかで 160 にものぼる下位分野が絶えず進化を遂げている。…しかしながらこのリストは、WTO の意図が実際にどれくらいの範囲にまで広がっているかを考えたら、そのごく一部しか体

----

(12) 経済産業省『海外事業活動基本調査』経済産業省ホームページ。
　　<http://www.meti.go.jp/statistics/tyo/kaigaizi/result/result_43.html>.（2014 年 7 月閲覧）。
(13) 経済産業省『通商白書 2010』参照。

現していないといわねばならない」[14]、と。換言すれば、サービス分野の定義はそのつど無限に拡大解釈できる可能性を持っているのである。

2. TPP を巡るいくつかの論点

（1）グローバル企業の海外事業活動

　ここでの問題は、「日本」企業という名の「グローバル」企業が海外市場で売上げを伸ばし、海外現地法人で外国人を雇用し、外国政府へ各種税金を支払うことが、日本の雇用拡大や政府財源の拡充につながるのかという点である。また、グローバル企業の海外収益が継続的に日本へ還流し、それが内需拡大型の投資に振り向けられるのか、という点も重要である。

　表4は、第一次所得収支動向の細目を示している。2013 年は過去最高だったリーマン・ショック直前期の水準に達し、同収支額は 16.47 兆円に達した。国内還流分と海外再投資分の評価に関して経済産業省は、2007 年以前は現地法人の経常利益の増加に比して、国内（本邦）還流の増加は緩慢だったが、2009 年以降はそれが逆転し国内還流分が増加した、としている[15]。配当金・配分済支店収益額の推移は、2008 年までは最高額でも 1.64 兆円にとどまっていたが、2011 年 2.54 兆円、2013 年 3.57 兆円とここ数年は激増している。

　その要因として同省は、第 1 に 2008 年世界経済金融危機による本社利益の減少を補填するため、第 2 に 2009 年に新たに導入された外国子会社配当益金不算入制度のため、であったと分析している[16]。むろんその通りであると思われるが、ただし、併せて指摘されるべきは、当該期

---

[14] スーザン・ジョージ（杉村昌昭訳）『WTO 徹底批判！』作品社、2002 年、52 〜 53 頁。

[15] 経済産業省『ものづくり白書 2011』経済産業省ホームページ、19 頁。
　<http://www.meti.go.jp/report/whitepaper/mono/2011/pdf/honbun01_01_02.pdf>.（2014 年 7 月閲覧）。

[16] 同上書、19 頁。

表 4　国際収支表＝第一次所得収支構成細目表

第一次所得収支　雇用者報酬　投資収益

				直接投資収益	
					配当金・配分済 支店収益
1996	61,544	-3	61,547	15,364	8,663
1997	68,733	13	68,720	13,004	6,930
1998	66,146	24	66,122	7,682	7,868
1999	64,953	44	64,908	3,554	1,342
2000	76,914	-4	76,917	17,942	6,974
2001	82,009	-49	82,058	13,434	7,747
2002	78,105	-105	78,209	9,879	5,464
2003	86,398	-138	86,536	13,017	5,455
2004	103,488	-121	103,610	24,431	8,987
2005	118,503	-141	118,644	27,367	9,710
2006	142,277	-34	142,311	34,503	13,158
2007	164,818	-71	164,890	35,805	16,301
2008	143,402	-25	143,428	20,284	16,468
2009	126,312	-35	126,347	33,171	23,727
2010	136,173	-45	136,218	40,537	24,063
2011	146,210	-59	146,269	44,044	25,468
2012	141,322	-53	141,375	40,740	22,477
2013	164,755	-47	164,803	53,868	35,721

（出所）財務省『国際収支状況』財務省ホームページ。
<http://www.mof.go.jp/international_policy/reference/balance_of_payments/>. より
作成（2014 年 7 月閲覧）。

（2010 ～ 14 年）の直接投資収益の合計額（約 17.9 兆円）に占める再投資
収益の合計額（約 7 兆円）が常に 40％程度で推移している点である。国
内還流＝配当還元が増加している一方、他方で現地への再投資分の比率
は相変わらず 4 割という看過できない比率となっているからである。
　このことと関連して、日本の代表的産業の自動車産業においては、新
興国での事業展開が加速化し、かつ、国内工場の停滞・縮小が進んでい

第Ⅵ章　地域的貿易協定の展開とその論点に関する一考察

（単位：億円）

		証券投資収益	その他投資収益
再投資収益	利子・所得等		
5,121	1,580	43,589	2,594
4,272	1,802	53,477	2,239
-1,331	1,145	52,762	5,678
1,212	1,000	49,364	11,991
10,054	914	51,124	7,851
4,575	1,112	62,269	6,355
3,866	550	63,455	4,875
7,255	308	68,209	5,310
15,105	340	74,304	4,874
17,083	573	86,480	4,798
20,609	737	105,558	2,249
18,643	861	122,515	6,569
3,323	493	113,278	9,865
8,995	449	87,922	5,253
16,132	342	89,930	5,751
18,477	99	95,386	6,839
18,045	218	93,960	6,675
17,572	575	105,179	5,756

る[17]。一例をあげると、第1に日産中期経営計画「日産パワー88」では、世界販売シェアを8％へ引き上げることと海外投資を加速化（対中国投資、対インドネシア投資、対メキシコ投資）すること、第2にトヨタ「グローバルビジョン」では、新興国の世界販売シェアを2015年までに

[17] 坂本雅子「日本の自動車は空洞化するか（上）・（下）」『経済』新日本出版社、2013年8月および9月号。

50％に引上げること、第3にホンダでは、メキシコ、ブラジルなど新興国への投資計画＝海外生産促進を実現すること、などがあげられる。日本国内ではその影響は工場ラインの縮小に留まらない。坂本雅子氏は、同部品産業はすでに劇的にモジュール化が進展しており、部品メーカーと完成車メーカーの系列関係の紐帯解体が一層進むことになると論じている[18]。

(2) TPP と保険・医療分野

米国のサービス業も日本で事業活動し易くなる。とくに米国が高い国際競争力を持つ金融・保険、医療サービス分野に関しては、すでに保険分野で日米事前協議において合意された項目が公表されている。そこでは、かんぽ生命保険が提供するがん保険の新商品販売を数年間許可しないことが決定されている。のみならず、日本郵政は全国2万店の郵便局で、アフラック（アメリカンファミリー生命保険）のがん保険を販売する運びにもなった。

これに関連して、孫崎氏は以下の指摘をする。「日米の企業経営者らが、政治や経済情勢を討議する日米財界人会議が2012年11月8日、都内のホテルで開幕した。ここでは『日本がTPP交渉に参加することを強く支持』とした共同声明を採択した。では、米側議長は誰であったろうか。それは、生命・医療保険会社アフラック日本のレイク代表だったのだ。ここにこそ、米国がTPPで何を目指しているかがもっとも明確にあらわれている」[19]。

医療分野では、日本医師会がTPP交渉参加によって、「(1) 知的財産分野における薬価や医療技術等、(2) 金融サービスにおける私的医療保険の拡大、(3) 投資分野における株式会社の参入、が対象になれば、国

---

[18] 坂本雅子「日本の自動車は空洞化するか（下）」『経済』新日本出版社、2013年9月号、150 〜 154頁。

[19] 孫崎亨「国家主権投げ捨てる安倍政権」『世界』岩波書店、2013年4月号、54頁。

民皆保険の崩壊につながる」と、主張してきた[20]。(1) に関しては、低価格のジェネリック薬（後発医薬品）の市場参入の阻止、特許保護期間の事実上の延長、特許薬の高価格の維持と独占的権利の強化、が懸念されるからである。(2) と (3) に関しては、混合診療の解禁と株式会社の医療機関経営への参入が危惧されている[21]。TPP の医療サービスの自由化を根拠に、それらを米国が要求する可能性がある[22]。混合診療が解禁となれば、米国の製薬会社や保険会社にとっては大きなビジネス機会となる。また、株式会社の参入が許可されれば、自由診療の拡大も期待できる。日本医師会は、不採算部門・不採算地域からの撤退（＝無医村の拡大）、優良顧客（＝高額所得者患者）の選別、コスト削減の優先による安全性の揺らぎ、などを問題点としてあげている。

(3) 自由「投資」協定としての、TPP

サービス自由化に続く、もう一つの TPP の特徴は投資自由化である。それにより、加盟国企業を国内企業と同等に扱う内国民待遇が設定され、受入国は加盟国企業に対する投資受入れ条件（各種の制限）を課すことが禁止される。1980 年代以降、先進国から資本財や中間財を途上国へ輸出し、途上国でそれを組立加工し、完成品に仕上げて先進国へ再輸出する生産工程間貿易が主流となってきている。そのため海外直接投資（FDI）は質的に変化し、いまや多国籍企業は労働集約的な生産機能を低賃金労働力の保有国へアウト・ソーシングしている。

途上国地域には巨大都市圏を中心に農村部から流入した厖大な低賃金

---

[20] 日本医師会『TPP 交渉参加判断に対する意見』（2013 年 2 月 27 日）、<http://dl.med.or.jp/dl-med/nichikara/tpp/tpp20130315.pdf>.（2014 年 5 月閲覧）。

[21] 安倍政権は 2014 年 6 月に新成長戦略の一環として、混合診療の対象を 2015 年度から拡大する方針を決定し、拡大幅をどこまでにするかの新制度案の策定に入った。『日本経済新聞 web 版』2014 年 6 月 4 日。<http://www.nikkei.com/article/DGXNASFS0304F_T00C14A6EE8000/>.

[22] 日本医師会『TPP 交渉参加判断に対する意見・関連資料』（2013 年 2 月 27 日）。<http://dl.med.or.jp/dl-med/teireikaiken/20130227_12.pdf>.（2014 年 7 月閲覧）。

労働力が堆積している。それらの補充・交換は、いくらでも、いつでも可能である。「世界の工場」で作られた安価な工業製品は、多国籍企業が牛耳る流通チャネルを通じて世界市場へ輸出・販売（＝貿易）される[23]。投資の自由化が求められるゆえんである。

こうして、自由「貿易」と自由「投資」はセットであることが必須となる。加えて、前述したサービス分野の諸企業の海外進出＝海外投資を促すための制度を構築するという側面も併せ持っている。この点は、日本多国籍企業にとって死活問題である。図1の通り、国際投資環境の「整備」を日本政府はOECD（先進国）水準、WTO（途上国含む）水準、APEC（アジア太平洋諸国）水準、および二国間協定水準といった重層的レベルで展開してきており、かつ、近年、二国間協定水準においてそれを劇的に加速させている。

補記すると、投資の規定には加盟国が法律や制度の変更を通じて外国企業に損失を与えたと当事者が認識した場合、当該国政府を相手に直接、損害賠償請求できる投資家対国家の紛争解決（ISDS）条項も交渉テーマに設定されている。ISDS条項はNAFTAにも盛り込まれている。経済産業省の『不公正貿易白書2011』でも紹介されているが、米国企業（Metalclad）の対メキシコ政府の訴訟は、ISDS仲裁の有名な事例となっている（2000年8月、仲裁判断）[24]。

その概要は、以下の通りである。Metalclad社は、メキシコのある州において有害廃棄物の埋立事業許可を取得した現地企業を、買収した。同社は、建設には連邦政府の許可のみが必要であり、地方政府はその許可を拒否できないとの説明を受けていた。だが、その後、有害廃物施設に対する住民らの建設反対運動が展開され、地方政府も自ら許可してい

---

[23] アジア地域で進展するこの形態を、アジアの「工業」化でなく、「工場」化であると先駆的に論じたものは、涌井秀行『アジアの工場化と韓国資本主義』文眞堂、1989年。

[24] 経済産業省『不公正貿易白書2011』、632頁。
<http://www.meti.go.jp/committee/summary/0004532/2011_03_05.pdf>. （2014年7月閲覧）。

ないことを理由に施設稼働停止を命じた。そこで、同社はNAFTA違反を主張し仲裁を申立て、その結果、メキシコ政府側に約1669万ドルの支払いが命じられた、というものである[25]。

直近の『不公正貿易白書2013』によれば、2011年末までの紛争案件（450件中，220件終了）のうち、投資家が勝訴した割合（対全体）は約30％である[26]。被提訴案件の多い国順（上位6ヵ国）では、アルゼンチン（51件）、ベネズエラ（25件）、エクアドル（23件）、メキシコ（19件）、チェコ共和国（18件）、カナダ（17件）であった。一見して分かるように、特に南米とNAFTA圏の両地域において、政府と投資家間の争いが激しくなっている。

もちろん訴訟には様々なケースがあり、投資家の主張が正しいと判断する法学者の見解や司法による判例も存在するであろう。他方で、経済学者のハジュン・チャン（Ha-Joon, Chang）が論駁するように「法律を使って金融面で利益を奪おうとし、…競争に勝つため、弁護士を雇って他国の経済を破壊している」という視座は、極めて重要であると思われる[27]。ハジュン・チャンは、さらに踏み込んで「現に、…NAFTAを結んだメキシコやカナダの政府は、『規制のせいで利益が下がった』との理由で米国企業から訴えられ、賠償金を払ってい」ると論詰する[28]。

このように投資自由化は外国投資家・多国籍企業に新たな法的権利を付与することを意味する。もって国内法よりも優先されるTPPの規定により、各国・地方自治体が固有に採り得る政策選択権限が縮小することは間違いないと言える。

---

[25] 同上書、632頁。

[26] 経済産業省『不公正貿易白書2013』、691頁。
<http://www.meti.go.jp/committee/summary/0004532/2013_03_05.pdf>. (2014年7月閲覧)。

[27] エマニュエル・トッド、ハジュン・チャン、柴山桂太、中野剛志、藤井聡、堀茂樹『グローバリズムが世界を滅ぼす』文春新書、2014年、29頁。

[28] 同上書、29頁。

図1 日本の国際投資環境の推移

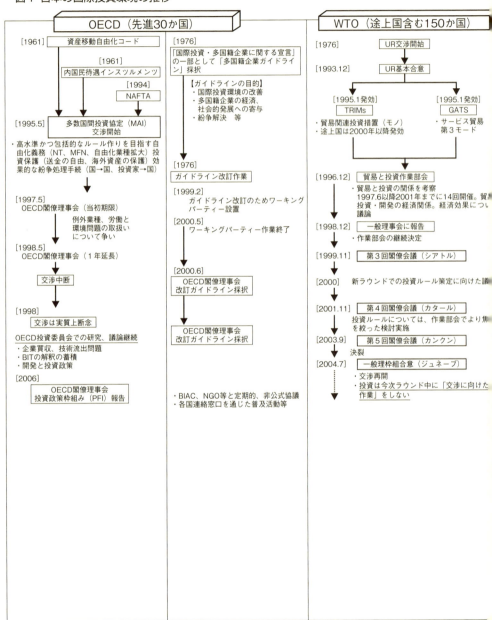

(出所) 経済産業省『不公正貿易白書 2013』、673ページ、図表5-2より転載。
<http://www.meti.go.jp/committee/summary/0004532/pdf/2013_03_05.pdf>. (2014年7月閲覧)。

第Ⅵ章 地域的貿易協定の展開とその論点に関する一考察

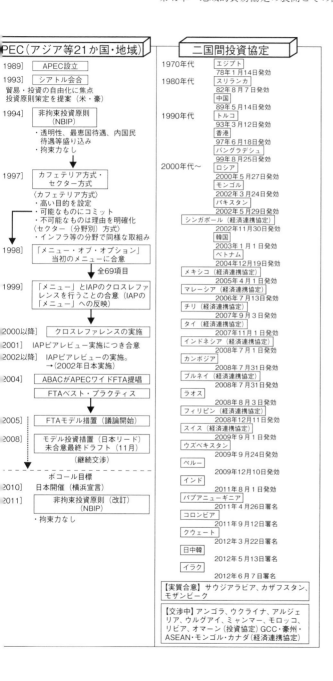

3. 国際通商秩序の構造変化と地域的貿易協定の展開

(1) 米国の通商戦略の変遷

現行の国際通商秩序は大きな構造変化の只中にある。第二次大戦後以来の秩序枠組みであったGATT・WTOの多角的通商体制から、メガFTAへ転換しつつある。近年、地域横断的な大型のFTA／EPAが締結される事例が急増している（図2参照）。

短期間で交渉成果が上がるFTAの潮流の背景には、WTOでの貿易交渉の頓挫がある。NAFTAやEU、ASEANといった従来の統合体に加え、米・EU間FTAや日・EU間FTA、東アジア域内FTA（日中韓FTA）など、より巨大（メガ）な地域経済圏間のFTA交渉が開始されている[29]。それを通じて、統一された制度や基準をWTOよりも先行して、地域レベルで創出するグローバル・ルール作りの競争も激化している。

世界GDPの40％近くを占め、最大の地域経済圏となる見通しのTPP締結を契機として、米国は将来的にはAPECを礎石にFTAAPの創設をも照準している。アジア市場進出の突破口として、また、中国を米国主導（アメリカン・スタンダード）の貿易ルールに組み込むための戦略である。日本もTPPをステップにして、アジア広域経済圏の構築、例えば東アジア地域包括的経済連携（RCEP）や日中韓FTAのたたき台とするべく米国と共同歩調をとる。

---

[29] 例えば、渡邊頼純「メガFTAsの潮流と日本の対応」石川幸一・馬田啓一・渡邊頼純編『TPP交渉の論点と日本』文眞堂、2014年、を参照。同論文では、メガFTAsに関して、次のような位置づけと評価が行われている。「…いずれもWTOの『ドーハ・ラウンド』では交渉を断念した項目であり、もしメガFTAsで交渉がまとまり、その最大公約数の部分を将来WTOに持ち帰ることができれば、新たなWTO体制のインプットになる可能性がある。地域間統合をマルチ化してWTO体制の立て直しを図る絶好の契機をメガFTAsは提供」すると（16〜17頁）。

第Ⅵ章 地域的貿易協定の展開とその論点に関する一考察

図2 世界の地域的貿易協定の進捗動向

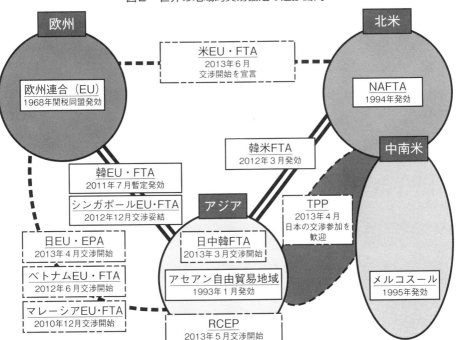

資料：経済産業省作成。
（出所）経済産業省『通商白書2013』、58ページ、第Ⅱ-Ⅰ-Ⅰ-3図より転載。

　米国がアジア市場を睥睨しようとする背景には、2008年世界金融経済危機以降、深刻さを増した米国経済の立て直しがあった。オバマ大統領はグローバル・インバランス（米国側の経常収支赤字と、他方、東アジア・中国側の厖大な対米輸出・経常収支黒字という不均衡）の改善に向け、2009～14年にかけて輸出倍増目標を掲げ、国内雇用対策を打ち出した。

　これまでも米国は恒常的に貿易赤字削減のため、他国に対し積極的に通商交渉を仕掛けてきた。1990年代、冷戦構造の軛から解放されたクリントン政権によって国内市場保護を目指す法制度が復活し、通商促進調整委員会にて国家輸出戦略が策定された。通商交渉を通じて相手国に

構造改革と市場開放を要求し、輸出先の開拓を目指したのである。のみならずFTA戦略を押し出し、1989年の米・カナダFTAを端緒として、1994年にNAFTAを発効させた。

ただし、NAFTAの締結に対するメキシコ側のインセンティブにも留意が必要である。累積債務危機に起因する外貨不足に直面していた同国にとって、当該期の国際経済環境は厳しい制約条件となった。冷戦構造解体によって資本主義体制へ包摂されることになった東欧などで資本流入・外資導入が猛烈に進み、結果、外資招致を巡る途上国同士の競争が激化したからである。

加えて、当該期は1992年にマーストリヒト条約が調印(翌年、発効)に至るなど、まさにECからEUへと地域的貿易圏の深化過程の只中にあった。しかるに域外国であるメキシコとEC域内との経済関係強化も進まなかった。米・カナダFTAの締結は北米域内でのメキシコ製品への差別性(不利性)を増大させる一方であった。同国の産業競争力ではアジア市場への参入も困難であり、もって同国は北米市場＝NAFTAへのアクセスを選択せざるを得なかった。さらに旧ソ連崩壊によって同国「左派」の知的地位は失墜し対抗力を失い[30]、新自由主義を標榜する

[30] とはいえ、NAFTA発効は、サパティスタ運動という新たな左翼運動を生起させる契機になった点は注意すべきである。事実、アントニオ・ネグリ(A. Negri)は、同運動の基本的要素に関して、「ラテンアメリカにおける伝統的左翼のあらゆる理論に立ち向かい、それらをとことんまで批判した」(137頁)ことであると論ずる。

そして、「サパティスタ運動とは〈オルターモダニティ〉[もうひとつの近代]を可能なものとして要求する試み(で)…つまり、後にシアトルで〈オルターグローバリゼーション運動〉となって表れたものを先取りしていた」(136～137頁)のだと主張する。

しかるにサパティスタ運動が目指すものとして、ネグリはこう指摘する。「コミュニティを新たに創出し直す能力を具体的にまとめ上げるということ…。コミュニティは、植民地化以前の体制のもとでもすでに見られたものであり、スペインによる侵略に対する抵抗手段とされていました。ようするに…解放を進めるためのこうした構築力を取り戻す試みなのです。…しかし同時に、社会主義の伝統からわれわれが受け継いできたような『権力と対抗権力の相同性』という考え方

第Ⅵ章　地域的貿易協定の展開とその論点に関する一考察

メキシコのサリナス政権は一層、NAFTA 締結へと傾倒していった。

(2) FTAA の蹉跌

　米国はその後、EU に対抗すべく、NAFTA の南・中央アメリカおよびカリブ海地域への拡大版である米州自由貿易地域圏（FTAA）設立構想をぶち上げた。しかし、FTAA 草案は Mercosur に加盟する南米主要国の反対に直面する。そして、2005 年のアルゼンチン最大のビーチリゾート地であるマル・デル・プラタ（Mar del Plata）で開催された首脳会議（Ⅳ Cumbre de las Américas）において、交渉中断が決定的となった。

　特に農業補助金問題では米国とブラジルの主張は鋭く対立した。米国はこの問題は WTO 交渉で解決されることが先決だとの立場を取り、FTAA では不問に付した。他方、ブラジルその他の Mercosur 諸国はこの問題を明確に規定することを要求していた。ブラジルらの主張は、自国の農業に対しては保護政策を遂行する一方で、他国には農業貿易の自由化を要求するという米国のご都合主義的な「二枚舌」を非難するものであった。

　『＜帝国＞』の著者であるネグリ（A. Negri）とハート（M. Hardt）は、これ以前より米国が国際的な経済協定においては自身の経済的覇権に関する同意を他国から獲得することが困難になりつつあったことを指摘している[31]。最も象徴的な米国の敗北例として、この FTAA 交渉の蹉跌をあげる。そして、ネグリとハートはそれに積極的な評価を下している。少々長いが引用すると、「ラテンアメリカ諸国政府は合衆国の経済的ヘゲモニーからの独立を一部なりとも宣言したのである。これは単に国家

　　を拒否し、この意味でもまた、権力の奪取というイデオロギーそのものを拒否する運動でもあ」ると（138 ～ 139 頁）。
　　　以上、アントニオ・ネグリ（廣瀬純訳、ラフ・バルボラ・シェルジ編）『未来派左翼（上）―グローバル民主主義の可能性をさぐる―』NHK ブックス、2008 年。
　[31] アントニオ・ネグリ、マイケル・ハート（水嶋一憲監訳、幾島幸子、古賀祥子訳）『コモンウェルス―＜帝国＞を超える革命論―』NHK ブックス、2012 年、33 頁。

203

主権の政治的肯定であるだけでなく、…こうした国々の支配層が，アメリカのヘゲモニーを自分たちの経済的利害にプラスになるとはみなさなくなったことを示している。…つまり米政府の意向に対する抵抗はすべて、アメリカのソフトパワーに対する一連の『不信任』票——その単独行動主義的経済プロジェクトの失敗の徴候——と読み取ることができる」[32]。

　市民社会の側においても、米国流のグローバル・ルール——「必然的に課されることになる強制的な均質化」(A. ネグリ)[33]——を反映したFTAAに沿って貿易・投資自由化を進めることに大勢が反対した。前述のマル・デル・プラタでは首脳会議の直前にFTAAに反対する大規模な民衆サミット（Cumbre de los pueblos de América）も開催され、その他、首都ブエノスアイレスをはじめ全国各地で数万人による大規模な反対デモが展開された。

　以上のような状況をジェームズ・ペトラス（J. Petras）は、こう分析する。「ブラジルのFTAA調印の意欲を損なったのは、『すべてを支配する』—— 1990年代のように——という米国政府の頑な信念だった」[34]と。ただし、同時にこうしたFTAAに抗するMercosur諸政府の対米自主路線が、脱新自由主義路線と軌を一にしているわけではないという議論にも触れる必要がある。ペトラスは、次のような持論を展開しているからである。

　「彼（ルーラ大統領—引用者）はネオリベラル経済を強化し、米国の企業や金融機関の利益を促し、世界市場へのさらなる統合を進めてきた。米国がブラジルをそのイデオロギーに従わせ、一方的な貿易協定（FTAA—引用者）を受け入れさせようとすることは、米国がブラジル

---

[32] 同上書、34頁。
[33] アントニオ・ネグリ、前掲書、2008年、139頁。
[34] ジェームズ・ペトラス（髙尾菜つこ訳）『「帝国アメリカ」の真の支配者は誰か——金融支配階級が進める民営化、搾取、格差、貧困—』三交社、2008年、243頁。

第Ⅵ章　地域的貿易協定の展開とその論点に関する一考察

での影響力を増す上で大きな障害」になった[35]。次項でこの見解を若干
敷衍してみたい。

　なお、当然であるが、自由貿易協定交渉におけるブラジルと米国との
関係の変化に関しては、米国経済の景気動向、ブラジル国内の階級構造
の変化、中国などの新興国経済の台頭とそれに起因する世界市場・需給
バランスの構造変化ならびに一次産品価格動向との関連性など[36]、さま
ざまな諸要因を総合的に分析する必要がある。

　ちなみに、前出のペトラスは、ブラジルだけではなく、ラテンアメリ
カ地域の新自由主義の興隆期から左派・中道左派政権の誕生に至るまで
の直近の過去四半世紀（1990 ～ 2014 年）において、それらの経済・政
治体制および階級構造の変化を階級闘争の役割に焦点を当てて分析して
いる。その中でペトラスは、階級概念の範囲を先住民や失業者やインフ
ォーマル部門労働者などにまで拡張しながら、階級闘争それ自体の複雑
さとダイナミズムを検討し、これらの階級と左派・中道左派政権との間
の同盟関係の生成と限界を巨視的に描出している[37]。このペトラスの分
析に関する検証は、別稿で行いたい。

（3）国際通商秩序形成を巡る重層的展開

　では、Mercosur とは何か。同機構は域内自由貿易と新自由主義の推
進に対して補完的役割を果たすものであり、巨大資本の自由な域内事業

---

[35] 同上書、244 頁。

[36] 2000 年代以降の一次産品価格の高騰と中国からの銅、鉄、大豆、石油を中心とし
　　たラテンアメリカ産の一次産品に対する需要（greater demand from China）に
　　ついて分析したものは以下を参照。ECLAC, *Latin America and the Caribbean in
　　the World Economy 2011-2012*, UN, 2012, 第 2 章。

[37] The Official James Petras web site, *Latin America: Class Struggle and
　　Resistance in the age of Extractive Capitalism*, 2013. <http://petras.lahaine.
　　org/?p=1949>.（2014 年 8 月閲覧）。The Official James Petras web site, *Latin
　　America: Class struggle from Above and Below*, 2014. <http://petras.lahaine.
　　org/?p=1982>.（2014 年 8 月閲覧）。

205

活動と利潤創出を促進するものである。例えば、Mercosur の大国ブラジルは大陸的地域主義の下、巨大資本の国際競争力強化を謳うマイオール・プラン戦略を進めながら、大規模な民営化、緊縮を基調としたマクロ経済安定化政策などを展開している。

　また、それだけにとどまらず、ブラジルは Mercosur 域外国との対外経済関係の強化、自由貿易協定の推進にも注力する。第 1 にブラジル国内への外資系多国籍企業の受入れを促進させるためのプラットフォームとして、第 2 に海外市場への事業拡大を目指すブラジル系資本のプラットフォームとして、Mercosur を戦略的に活用している。

　一点目については、国内売上上位 500 社に占める資本別企業シェアの変遷をみると、1990 年時は外資系 31％、民族系 43％、政府系 26％であったのに対し、2000 年のそれは同順に 46％、36％、19％、2011 年の同順は 41％、39％、20％で推移してきた[38]。就いては、1990 年代の新自由主義期には外資系多国籍企業の比重が格段に増し（31％→46％）、その後、ルーラ大統領期（2003 ～ 2011 年）に民族系企業が若干、盛り返したという状況であった（36％→39％）。いずれにせよ、読み違えてはならない点は外資系企業のブラジル進出およびそのプレゼンスは、同国が米国・FTAA に対抗していたその時期においてもほぼ維持されてきたという点である。

　二点目については、当該地域ではメキシコ、チリと並んでブラジル系巨大企業（民間および国営）の多国籍化の進展が顕著となっている。その制度的基盤となる Mercosur はメキシコと FTA（2006 年発効）、インドと FTA（2009 年発効）、エジプトと FTA（2010 年締結）、EU と FTA（現在、交渉中）を構築するなど、全世界的な FTA 展開を進めつつある。ちなみに同国企業の海外売上規模の上位を順に見ると（当該地域を対象、2011 年度）、1 位 Petrobras（売上額 1,301 億ドル、海外投資額 3,200 万ドル、

---

[38] 二宮康史「環境変化に応じ新たな関係を模索する企業の三脚構造」近田亮平編『躍動するブラジル ―新しい変容と挑戦―』アジア経済研究所・JETRO、2013 年、82 ～ 84 頁と図 1。

海外雇用者数の対全体比18%、石油・ガス部門）、3位 Vale（同550億ドル、5,100万ドル、27%、鉱業部門）、5位 JBS（329億ドル、6,700万ドル、67%、食品部門）、6位 Odebrecht（323億ドル、5,700万ドル、49%、エンジニアリング部門）、7位 Gerdau（188億ドル、6,100万ドル、48%、鉄鋼部門）、11位 Brasil Foods（134億ドル、1,600万ドル、16%、食品部門）、13位 Marfig（115億ドル、3,200万ドル、42%、食品部門）、16位 Camargo Corrêa（96億ドル、1,500万ドル、17%、エンジニアリング部門）、18位 Andrade Gutierrez（84億ドル、800万ドル、10%、エンジニアリング部門）、19位 TAM（69億ドル、900万ドル、8%、航空部門）[39]。上位20社中半分の10社がブラジル企業となっており、越境的な自由投資や海外展開を拡大させていることがわかる。

　こうしてブラジルは自由貿易主義の立場を堅持しており、それどころかさらにそれを強力に促進しており、かつ、米国政府や米国資本との「良好」な関係を壊そうとしているわけでは決してない。ルーラ、ルセフの両「中道左派」政権の特徴を、前出のペトラスは、「『民族主義的な』自由貿易政権」（傍点、引用者）と規定している[40]。要するにルーラの大統領就任以降、同国は農産物・鉱物輸出戦略の採用を通じて自由市場・自由貿易主義へと大きく転換し、それゆえにこそ、米国の保護主義的な農業政策およびFTAAを通じた（農業補助金漬けの）農産物輸出拡大政策との間に、鋭い利害衝突が生起したのだった。

4. NAFTAからTPPへ：NAFTAの教訓

（1）NAFTAの目的とその成果

　その他に「FTAAの蹉跌」の特筆すべき要因として、NAFTA以後のメキシコ経済状況の経緯を南米の多くの民衆が自らの教訓としたこと

---

[39] ECLAC, *Foreign Direct Investment in Latin America and the Caribbean 2011*, UN, p. 38.
[40] ジェームズ・ペトラス、前掲書、254頁。

も大きい。事実、NAFTA下のメキシコでは深刻な貧困や国内所得格差もほとんど改善されなかった。それどころか労働者、中小企業者、農業・自営業者から多国籍企業への経済的権限のシフトが劇的に進行した。極端な勝者（米国やメキシコの一部の巨大多国籍企業・大投資家）が生まれる一方、両国とも大勢の中流層が没落し格差が拡大した。

　そもそもNAFTAの目的は、同協定第102条で次のように説明されている。（a）当事国の領域間の商品とサービスの貿易の障壁を取り除き、その国境を越えての移動を促進すること、（b）自由貿易地域における公正な競争の条件を促進すること、（c）当事国の領域内での投資の機会を大きく増大させること、（d）各当事国の領域における知的財産権の適切かつ効果的な保護と執行を提供すること、（e）本協定の履行と適用、その共同での管理、紛争の解決のための効果的な手続きを創設すること、（f）本協定によって得られる利益を拡大し高めるための更なる三者間、地域的および多国間の枠組みを創設すること[41]。

　ところが、ウィッカー（J. Witker）は、それらの所期の目的が達成されていないことを、一つ一つ検証し批判している。要約すると、おおむね次のような主旨となる。（a）財貿易圏の構築は、部分的には完成した。だが、サービス貿易・市場はメキシコ側の輸送サービスが禁止されるなど——農業労働力の流入を制限する国境問題と同様に——障壁はいまだ存在している。（b）農産物製品では、公正な競争など行われていない。米国は農業部門全体に対して政府補助金を適用。その段階的な廃止に向けた道筋は進んでいない。（c）投資は、NAFTA以前から活発だった小売業チェーンや収益性の高い保険会社の買収に振り向けられた。農村エリアでも沿岸地域では、観光産業計画への投資がメインだった。だが、農業に関しては、1992年のメキシコ憲法改正の後でさえ、農業生産のための投資はほとんど実施されず。米国は同国を単に換金作物供給地と

---

[41] 特許庁ホームページ『北米自由貿易協定 目次』
<http://www.jpo.go.jp/shiryou/s_sonota/fips/nafta/nafta/chap2.htm#anchor1sho>.（2014年7月閲覧）。

位置付けている。(d) 知的財産権は、部分的には機能してきた。にもかかわらず、メキシコのインフォーマル経済の深化と海賊版（著作権侵害のコピー）の商品市場の増大——これはコピー商品の中国発、米国経由メキシコ流入というトライアングル貿易に拠る——は明白である。(e) 紛争解決は制限されたものとなっており、メキシコにとっては不十分な結果である。相手国（米国）との司法力の非対称性によって、制度の機能は限定されている。(f) 9.11 のテロ攻撃の結果、国際協力枠組みは「北米の安全と繁栄のためのパートナーシップ（SPP：Security and Prosperity Partnership of North America）」やメリダ・イニシアティブを契機に、国家安全保障領域へと収斂されてきた。同計画は米国にとって重要事項となっている[42]。

　以上の議論は、果して NAFTA は米国とメキシコ間の対等な国際協定であるのかという根本的な問いを提起する。ポメランツ（K. Pomeranz）とトピック（S. Topik）が「経済力も政治力も大きく違うふたつの国家が、自国の利益を最優先しようとして交渉した場合、どのような取り決めが交わされることになるだろうか。…より経済力が低く、政治的な力が弱い国に不利に働くに違いない」[43]と断じたように、肝要な点は国家間の階層的な関係上に自由貿易協定を位置付けることであろう。NAFTA と同様、TPP も同じである。環太平洋地域の自由貿易のルールづくりと交渉は、対等に進められているのか否かが問われるべきである。

　これに関連して、米ピーターソン国際経済研究所のジェフリー・ショットらは著書の中で、米国 TPP 交渉担当官が加盟途上国に対しても「特別かつ異なる待遇（SDT：special and different treatment）」規定の適

---

[42] Jorge Witker, "El TLCAN, entre el ASPAN y la UNASUR", Arturo Oropeza García ed., *América del Norte en el siglo XXI*, UNAM, 2010, pp. 390-391.

[43] ケネス・ポメランツ、スティーブン・トピック（福田邦夫・吉田敦訳）『グローバル経済の誕生 ―貿易が作り変えたこの世界―』筑摩書房、2013 年、340 頁。

用を支持しない意向である旨を紹介している[44]。同書によれば、米国は
コロンビア、パナマ、ペルーといった中所得途上国から、中央アメリカ
やドミニカ共和国などの低所得途上国に至るまで、それらの諸国と締結
したFTAでは（少数の特定品目で比較的長期の関税移行期間を設定し
ているものの）、SDTは適用していないという[45]。

　そこには、米国の自由貿易協定交渉に対する一切の妥協なしの強い姿
勢——すなわち国家間の経済的技術的格差を貿易面で考慮する例外的な
制度を徹底的に排除し、相手が例え貧困国であろうと「相互性」を基盤
に据えること——が貫徹されている。

（2）NAFTA20年のメキシコ農業：NAFTAの教訓

　次にメキシコ農業について検討する。なぜならレジョ（F. Rello）も指
摘するように、「ごく一部の大規模農業の生産者たち（果実、野菜、牛
の輸出業者）が巨利を得たが、生産者の大半である小規模農民は、国内
価格の低下や農村部の労働賃金の減少に直面した。換金作物農業におけ
る雇用は、…契約農業労働人口の約5％にあたる50万人…が職を失っ
た」[46]ほどの衝撃だったからである。大統領年次報告書（2008年当時）
でも、2000年のメキシコ食料輸入は野菜・果実輸出が増加したにもか
かわらず、1億2,200万ドル超の赤字を記録していたが、2008年には39
億7,200万ドルの赤字にまで膨らんだ、としている[47]。

　食料輸入の自由化（関税は15年間かけて引下げられ、2008年に全廃）
および農業補助金や融資制度などの保護政策の削減によって、農畜産

---

[44] ジェフリー・ショット、バーバラ・コトチュウォー、ジュリア・ミュール（浦田
　　 秀次郎監訳、前野高章・三浦秀之訳）『米国の研究者が書いたTPPがよくわかる
　　 本』日本経済新聞出版社、2013年、34頁。

[45] 同上書、34〜35頁。

[46] フェルナンド・レジョ（木田剛訳）「メキシコとサハラ以南のアフリカにおける
　　 構造改革」藤田和子・松下冽編『新自由主義に揺れるグローバル・サウス』ミネ
　　 ルヴァ書房、2013年、195頁。

[47] Jorge Witker, *op. cit.*,p. 391.

第Ⅵ章　地域的貿易協定の展開とその論点に関する一考察

業・食料部門の成長率（全 GDP に占める部門別 GDP 比の増減率）は
1994 ～ 2008 年の総計で 94.7％であった。同値は、資源抽出部門の同
286.4％、製造業部門の同 237.4％と比べて、極めて低調であったと言え
る[48]。

　就中、主食のトウモロコシに関しては、フィッティング（E. Fitting）
が「新自由主義コーン体制」と指摘した通り、国内自給体制よりも輸入
が重視され、農村開発の近代化や商業的農業が推進された[49]。また、小
規模農家への価格支援および需給調整をしてきた食糧関連公社
CONASUPO（Compañía Nacional de Subsistencia Populares）は廃止・解
体された。その結果、同国トウモロコシ市場には農業補助金を受けた米
国産の輸入品が大量に溢れた。

　この点について、2008 年の輸出入品目の上位 5 品を見ると、輸出で
は順にビール（20 億 5,772 万ドル）、トマト（冷凍含む）（14 億 9,501 万ド
ル）、テキーラ類（8 億 7,235 万ドル）、アボカド（8 億 1,456 万ドル）、胡椒
（8 億 613 万ドル）となっている。他方、輸入では、トウモロコシ（29 億
1,305 万ドル）、そら豆（22 億 1,567 万ドル）、牛肉（冷凍含む）（13 億 8,000
万ドル）、種子（カブやキャベツ等）（10 億 9,326 億ドル）、鶏肉類（9 億
1,935 万ドル）となっている[50]。

　また、1994 ～ 2008 年の同部門の種類別貿易収支を入超・出超別に大
別すると、出超額の大きい品目は順に、野菜類（318 億 5,500 万ドル）、
果実類（84 億 1,600 万ドル）、加工食品類（65 億 8,500 万ドル）、魚類（65
億 200 万ドル）、カフェ類（61 億 1,300 万ドル）であった。入超額の方は
順に、穀物類（254 億 6,400 万ドル）、油脂類（218 億 5,300 万ドル）、肉類

---

[48] Pablo Pérez Akaki, "Ganadores y perdedores en el Campo mexicano atras la firma del TLCAN", José Luis de la Cruz Gallegos y Mario Gonzalez Valdés, *Efectos del TLCAN en Mexico después de 15 años de operación*, Miguel Angel Porrúa, 2011, p. 123.

[49] エリザベス・フィッティング（里見 実訳）『壊国の契約 ―NAFTA 下 メキシコの苦悩と抵抗―』農文協、2012 年、p. 129。

[50] Pablo Pérez Akaki, *op. cit.*, p. 126.

表5　主要基礎穀物の生産、貿易、国内消費の動向

年度	1995	2000	2002	2004	2006	20008	
コメ							
生産	367	351	227	278	337	224	
輸入	377	651	700	674	801	798	
輸出	0.9	0.4	0.7	1	2	10	
消費	743	1,002	927	951	1,136	1,011	
フリホール豆							
生産	1,270	887	1,549	1,163	1,385	1,111	
輸入	25	61	102	62	131	94	
輸出	41	5	8	17	12	22	
消費	1,255	944	1,643	1,207	1,504	1,183	
トウモロコシ							
生産	18,352	17,556	19,297	21,685	21,893	24,410	
輸入	2,660	5,326	5,497	5,477	7,584	9,145	
輸出	82	5	164	65	235	163	
消費	20,930	22,877	24,630	27,098	29,934	33,392	
小麦							
生産	3,468	3,493	3,236	2,321	3,378	4,213	
輸入	1,200	2,784	3,139	3,585	3,446	3,217	
輸出	431	548	439	342	537	1,397	
消費	4,236	5,729	5,936	5,563	6,287	6,032	

（出所）Enrique Peña Nieto Presidente de la República web site, *Primera Informe de Gobierno 2012-2013*, 2014, p. 528. <http://www.presidencia.gob.mx/informe/>.（2014 年 8 月閲覧）。

（184 億 4,900 万ドル）、乳製品（99 億 8,600 万ドル）、その他（85 億 4,500 万ドル）、花類（7,700 万ドル）であった[51]。

表 5 は、同国の主要基礎穀物の NAFTA 発効直後から直近までの動向と推移を、それぞれ生産量、貿易量（輸出入）、国内消費量の指標で示している。1995 年と 2013 年の数値を比較すると、コメは、消費量は

---

[51] Ibid, p. 125.

第VI章　地域的貿易協定の展開とその論点に関する一考察

（単位：100万トン）

2010	2012	2013
216	178	200
844	848	871
5	1	5
1,055	1,025	1,066
1,156	1,080	1,159
118	235	143
30	16	29
1,243	1,299	1,272
23,301	22,069	22,391
7,855	9,454	9,002
558	758	328
30,598	30,764	31,065
3,676	3,274	3,731
3,497	4,641	4,146
436	624	827
6,737	7,291	7,050

増加しているものの、生産量（約3億6,700万トン→約2億トン）は減少し、逆に輸入量（約3億7,700万トン→約8億7,100万トン）は倍増超となった。フリホール豆は、生産量、消費量ともにほぼ変化なしであったが、輸入量（約2,500万トン→約1億4,300万トン）は5倍超へと急増した。小麦は、生産量はほぼ変化なしで、こちらも輸入量（約12億トン→約41億4,600万トン）は急増している。同品目に関しては、輸出量も増加しているものの、その当該期の増加量は約4億トン程度であり、輸入量の増加量（約30億トン）とは比べものにならない。

　なお、主食であるトウモロコシに関しては、生産量（約183億5,200万トン→約223億9,100万トン）、輸入量（約26億6,000万トン→約90億200万トン）、輸出量（約8,200万トン→約3億2,800万トン）の全てが増加するという、一見すると矛盾するような傾向を示している。ここで注意すべき点は、「トウモロコシの多様性」[52]に関して、である。谷洋之氏の論文でも紹介されるように、メキシコ産トウモロコシの種別は，食用の軟粒種（フラワーコーン）に分類され、他方で、米国産の輸入品の種別は、加工

---

[52] 谷 洋之「NAFTA を逆手に取る──メキシコハリスコ州におけるトウモロコシ・トマト生産の事例から」谷 洋之、リンダ・グローブ共編『トランスナショナル・ネットワークの生成と変容──生産・流通・消費』上智大学出版会、2008 年、36頁。

用・飼料用の馬歯種（デントコーン）、または硬粒種（フリントコーン）に分類される。これらの米国からの輸入品は主に投入財として食品加工業や牧畜業などに振り向けられるという[53]。ゆえにデントコーン中心の輸入額は急増しているものの、前出の谷氏によれば、メキシコ人の主食であるフラワーコーンは「生産量としては国内自給がほぼ成立して」いる状況となっている[54]。

とはいえ、輸入量それ自体が約73億トンも増加している点は、基礎穀物部門全体の貿易収支に与える悪影響という観点からすれば、事態は深刻であるといえる。しかるに全般的傾向としては、メキシコの同部門の国際競争力ではNAFTAによる農業貿易自由化に対して、この20年間太刀打ちできなかったと結論付けられよう。

表6は、NAFTA発効直前期の北米3ヵ国の土地生産性、労働生産性、労働コストおよび当該部門の資本装備指標を示している。大幅な入超を記録する同部門においては、米国とメキシコの競争力の差はすでに歴然であった。とりわけ資本装備率では米国・カナダの充実ぶりが同表から確認できる。さらに農業部門GDPに占める農業補助金の比率も、メキシコはわずか2.92%に対し、米国は35%、カナダは43%と10倍以上もの格差があることも看取できる。この状況ではメキシコの基礎穀物部門が前述したような惨状に陥ったことも必然の結果と言える。

問題とされるべきは、メキシコ側の関税撤廃のスピードを段階的に遅らせるといった「時間的」措置の話ではない。米国の圧倒的な資本装備率と巨額の政府支援（農業補助金）などに象徴される、両国間の埋められない「構造的」格差の存在こそ、重要である。

むすびに代えて―NAFTAとTPPの類似点・相違点を巡って―

既出の通り、NAFTAの構成国であるメキシコは、TPPの交渉参加

---

[53] 同上書、37頁。
[54] 同上書、44頁。

第Ⅵ章　地域的貿易協定の展開とその論点に関する一考察

表6　メキシコ・米国・カナダの農畜産業構造の比較表

土地生産性（1985 ～ 1989 年）			
	メキシコ	米国	カナダ
トウモロコシ（ton/ha）	1.7	7	6.2
フリホール豆（ton/ha）	0.542	1.7	1.9
米（ton/ha）	3.3	6.2	－
牛乳（1t/cab）	1,365	6,224	5,526
鳥肉（kg/u）	3.1	6.5	6
労働生産性（1トン生産のための労働者数，1983 ～ 1989 年）			
トウモロコシ	17.84	0.14	－
フリホール豆	50.60	0.60	－
小麦	3.17	0.33	0.13
米	33.14	0.23	－
穀物などの生産コスト（1トン生産のための費用，単位：ドル，1987～1989年）			
トウモロコシ	258.62	92.74	
フリホール豆	641.17	219.53	－
小麦	152.51	143.71	93.11
米	224.20	189.89	－
モロコシ	152.79	89.25	－
大麦	222.09	153.50	69.95
大豆	324.64	184.26	－
農業部門の資本装備指標			
トラクター（u/pp）	0.02	1.5	1.6
コンバイン（u/pp）	0.002	0.209	0.332
投入肥料（kg/pp）	191.9	5,812	4,574
平均耕作面積（ha/pt）	2.7	61.4	97.4
灌漑地	0.6	5.9	1.7
牧草地	8.1	79	68.9
森林地	5	86.7	754
農業補助金（農業部門GDP に占める比率、%）	2.92	35	43

（注）ton/ha ＝トン / ヘクタール、1t/cab ＝リットル / 頭数、kg/u ＝キロ / ユニット、
　　　u/pp ＝ユニット / 生産、kg/pp ＝キロ / 生産者、ha/pt ＝ヘクタール / 生産者

（出所）Pablo Pérez Akaki, "Ganadores y perdedores en el Campo mexicano atras
　　　la firma del TLCAN", José Luis de la Cruz Gallegos y Mario Gonzalez
　　　Valdés, *Efectos del TLCAN en Mexico después de 15 años de operación*,
　　　Miguel Angel Porrúa, 2011, pp. 118-119. Por elaboración propia con datos de
　　　José Luis Calva, *Probables efectos de un tratado de libre comercio en el*
　　　campo mexicano, Fontamara, 1991, pp. 14-34.

国でもある。

　同国経済省の公式発表では、TPP の意義が強調されている。同省の表現を借りると、「北米との関係においては、メキシコと米国の戦略的な関係に鑑み、TPP は、さらに我々の輸出の従来からの統合を一層深化させ、シナジーをさらに向上させることを可能にすると同時に、貿易の機会とより良い雇用を増加させることを可能にする。アジア方面においては、メキシコは、サプライチェーンへの参加を通して、アジア地域の経済統合における重要な要素であることを示すことができた」[55]。

　だが、上述したメキシコの現状やその評価に関する議論を考慮すると、こうした所轄官庁が喧伝する楽観的な見通しがどこまで実現可能なのかは甚だ疑問が残る。以下では、本稿でサーベイしてきた内容を踏まえ、TPP の先例である NAFTA と TPP との間の類似点や相違点について若干の指摘を行いたい。そして、NAFTA 下のメキシコの教訓が TPP の（米国以外の）いくつかの加盟国に与える示唆にも触れ、むすびに代えたい。

　第 1 に、TPP と NAFTA では制度面で類似点が見られる。両協定とも直接的な関税および非関税障壁の撤廃にとどまらず、投資、サービス、知的財産権、政府調達、紛争解決手続きなど広範囲に渡る、まさしく「WTO プラス」水準の包括的枠組みとなっている。関税撤廃に関する基準も両協定ともに高水準が求められる。これは米国が NAFTA 発効以降、一貫して同協定を基準にして 2000 年代以降の自由貿易交渉を展開してきたことに起因する。

　第 2 に、両協定の加盟国の構成を見ると、両者ともに「先進国＋途上国」型となっている。NAFTA の場合は 3 ヵ国の多国間協定にあって、米国一国の経済規模は圧倒的である。各国の GDP 額（2013 年、世界銀行統計）は、カナダ 1.82 兆ドル、米国 16.80 兆ドル、メキシコ 1.26 兆ド

---

[55] メキシコ経済省資料（日本外務省訳）『メキシコ及びカナダの TPP 交渉参加に関する関係国発表』外務省 HP、2012 年 7 月付。<http://www.mofa.go.jp/mofaj/gaiko/tpp/pdfs/tpp1207.pdf>.（2014 年 7 月閲覧）。

第VI章　地域的貿易協定の展開とその論点に関する一考察

ルである。米国とメキシコのその差は、実に 13 倍超となっている。米国とカナダとの差も 9 倍超である。ちなみに人口規模（2013 年）ではカナダ 3,516 万人、米国 3 億 1,610 万人、メキシコ 1 億 2,230 万人となっており、まさに NAFTA は「拡大アメリカ経済圏」の実質を持っている[56]。

　一方、TPP の GDP 規模（2013 年）を見ると、例えばベトナムは 1,714 億ドル、マレーシアは 3,124 億ドルとなっている。米国とベトナムのその差は、98 倍程度と極端に跳ね上がる。したがって、NAFTA と TPP の相違点として、加盟国間の経済規模の格差があまりにも隔絶している点が指摘できる。加盟国間の階層性＝政治・経済的権力の非対称性の観点では、TPP の方が NAFTA よりも強固であると言える。

　第 3 に、農業部門に関しては、NAFTA は域内で劣位にあるメキシコ農業（主要基礎穀物部門）に甚大な影響を与えた。これには関税撤廃による食料輸入の急増のみならず、関連公社 CONASUPO 解体およびそれによる価格支援制度の廃止などの部門内の構造改革＝規制緩和の衝撃も大きかった。前述のように当該部門の米国の国際競争力・比較優位性は桁違いである。しかるに TPP においても、農業貿易自由化を通じた米国からの（日本など基礎穀物部門が劣位にある）加盟国への輸出攻勢は益々強まることは容易に予想される。日本では安倍政権による“岩盤”規制改革と称した農協改革＝解体案も議題に既に上り始めている。

　第 4 に、加盟国の資本移動の自由化を推進する点で、TPP と NAFTA は類似している。それにより、特に米国や日本といった先進主要国から（途上国を中心とした）加盟国への FDI の増加が一般的に期待されてきたし、また、今後も期待されている。だが、通説とは逆に、NAFTA20 年を通じたメキシコでの FDI 効果は甚だ低調だったという議論も最近は散見できる。

　一例を上げると、直近では保守系論客として著名人で、かつて親米右

[56] World Bank HP, *World Bank Open Date*. <http://data.worldbank.org/>. （2014 年 8 月閲覧）。

派の新自由主義政権下でメキシコ外相（右派政党の国民行動党のフォック
ス大統領下で 2000 ～ 03 年在職）を務めた経歴を持つホルヘ・カスタニェ
ーダ（J. Castañeda）ですら、『フォーリン・アフェアーズ』誌上で、こ
う認めている。「NATFA を通じてメキシコは、FDI の規模を、GDP の
5％へと引き上げたいと考えていた。だが、それも見果てぬ夢だった。
NAFTA が発効する前年の 1993 年、メキシコへの FDI は 44 億ドルと、
GDP の 1.1 ％程度だった。1994 年にはそれが 110 億ドルに増えて、
GDP の 2.5％へと上昇したが、その後、GDP の 4.8％に達する 2001 年ま
で横ばいをたどり、2001 年以降、FDI は着実に低下していった。…
2012 年と…2013 年を平均すると、メキシコに投下されている FDI は年
約 220 億ドル程度となる。これは GDP の 2％弱でしかなく、ブラジル、
チリ、コロンビア、コスタリカ、ペルーへの FDI と比べても大きく見
劣りする」[57]。

　ちなみに、そのうちチリとペルーもメキシコと同じく TPP 加盟国で
あるが、（活発と評される）両国への FDI は、2000 年代以降激化して
いる多国籍資源メジャーによる天然資源部門への資本投下が絶大で、国
民経済や国内産業発展、国民生活水準の向上に寄与するような FDI の
構成になっていない[58]。

　さらに FDI 受入れによる雇用拡大効果も期待はずれだった。とりわ
け集中的に巨額の FDI 吸収してきた NAFTA 下のメキシコのマキラド
ーラでは、「過去 20 年で 70 万程度、平均すると年 3 万 5 千程度の雇用
しか生み出せていない。この時期に、毎年ほぼ 100 万人のメキシコ人の
若者が新たに労働力に参入して」[59]いるにもかかわらず、である。この
メキシコの現実は、TPP への加盟途上国に対しても、FDI 流入および

---

[57] ホルヘ・カスタニェーダ「自由貿易協定. 20 年後の現実 ―NAFTA とメキシコ
　　―」『フォーリン・アフェアーズ・リポート』フォーリン・アフェアーズ・ジャ
　　パン、2014 年 2 号、93 頁。
[58] 詳細は、拙稿「海外直接投資と途上国貿易に関する一考察 ―米州地域の事例研究
　　―」『アジア・アフリカ研究』第 54 巻第 3 号、2014 年。
[59] 同上書、93 頁。

第VI章　地域的貿易協定の展開とその論点に関する一考察

それに起因する雇用拡大が順調に、かつ、中長期的に継続するものであることを無条件に約束しないことを示唆している。

第4に、TPPとNAFTAともにサービス分野の自由化を規定している。中でも金融・保険分野に関しては、米国の比較優位産業であり、いまや市場開放したメキシコの銀行部門では、外資系銀行が総資産シェアなどで圧倒している[60]。金融自由化と同分野の資本移動の自由化以降、全般的な外資化と寡占化が劇的に進んだ。同様に、保険分野でも外資の市場占有率が急拡大しており、業界トップは国営企業Hidalgoを買収した米国メットライフ（Metlife）である。この一社だけで保険料収入の市場シェアは14.2%を有するほどである[61]。よってNAFTA下のメキシコ同様、米国の銀行・保険関連企業はTPP加盟国に対しても、積極的な進出を今後本格的に進めるものと考えられる。

第5に、TPPもNAFTAも単に経済上の連携強化を目指すものでは決してない。両者は安全保障上の同盟強化にも直結するという類似点があげられる。NAFTAは発効後10年を経た2005年に「NAFTAプラス」のための再定義が行われ、「北米の安全と繁栄のためのパートナーシップ（SPP）」の協定が3ヵ国間で創設された。これは「繁栄のためのアジェンダ」と「安全保障のためのアジェンダ」の両面を包含している。

とりわけ重視すべきは安全保障アジェンダである。その含意は、北米経済統合を域内安全保障上の連携強化（＝「NAFTAプラス」）へと領域を拡大することにあった。当初は対テロ戦争や対麻薬戦争が主な目標とされていたが、次第に麻薬密輸や組織犯罪対策のみならず、不法移民対策のための国境警備強化へと拡大された。一つは中米諸国からの移民に対するメキシコ南国境の「軍事化」が、もう一つは米国によるメキシコ

---

[60] 詳細は、拙稿「新自由主義的開発政策とメキシコ経済リスク」郭洋春編『開発リスクの政治経済学』文眞堂、2013年、を参照。

[61] 中畑貴雄『メキシコ経済の基礎知識』ジェトロ、2010年、67〜68頁および表4－3。

219

移民に対する米墨間国境の警備強化が、米国自らの機材や技術導入とともに深化していった。その後、2008年のメリダ・イニシアティブ（＝「プラン・メキシコ」）を経て、新たな「米墨同盟」の枠組みが誕生した。

「プラン・メキシコ」によって、初年度4億ドル、その後3年間で14億ドルの予算がブッシュ政権下で計上された。それらは主にメキシコ軍や警察、司法の訓練費や関連設備購入費に充てられた[62]。強調すべきは、メキシコシティにあるNGO組織の国際政策センター代表ラウラ・カールセン（Laura Carlsen）が告発するように、「同国に組み込まれた対麻薬撲滅と対テロ戦争モデルは、その適用範囲の線引きが曖昧となり、政治的な抵抗者に対する抑圧へと及んでいる」点にある[63]。同氏の指摘は、要するに米国の対テロ戦争にメキシコが巻き込まれる危険性はもちろんのこと、麻薬撲滅を「口実」にして、NAFTAを武装化し、メキシコ社会全体を軍事化し、国家機構の統制支配を強化し、その結果、市民運動や社会運動や民主的勢力による諸抗議運動を抑制・弾圧する可能性が飛躍的に高まったことを示唆している[64]。

事実、違法薬物の取り締まり捜査の名目で、チアパス州のサパティスタ民族解放軍の先住民自治区へのメキシコ軍兵士と警察の「侵攻」が正当化され（ちなみに同州は同国で最も天然資源が豊富に埋蔵している！）、他にもチワワ州などで肥料生産の民営化などに抗議する農村部の社会運動の指導者やメンバーが暗殺・不法逮捕・脅迫されるなど、各地で市民

---

[62] Laura Carlsen, *Armoing NAFTA : the battleground for Mexico's future*, Nacla: North American congress con Latin America, 27/08/2008.（2014年8月閲覧）。<http://nacla.org/news/armoring-nafta-battleground-mexico%E2%80%99s-future>.

[63] Ibid.

[64] Democracy Now web page, *Plan Mexico and the US-Funded Militarization of Mexico*, 31/07/2008.（2014年8月閲覧）。<http://www.democracynow.org/2008/7/31/plan_mexico>.

　なお、日本語監修版は、デモクラシーナウHP（中野真紀子監修）「『プラン・メキシコ』麻薬撲滅に名を借りたNAFTAの軍事化」を参照。<http://democracynow.jp/video/20080731-2>.

第Ⅵ章　地域的貿易協定の展開とその論点に関する一考察

社会・社会運動への攻撃が強まっている。また、準軍事自警団（paramilitary）も暗躍し始めている[65]。

　翻って、TPP においても安倍首相が公式会見で、「（TPP 通じて—引用者）経済的な相互依存関係を深めていくことは、我が国の安全保障にとっても、また、アジア太平洋地域の安定にも大きく寄与する」と述べている（傍点、引用者）[66]。これはどう理解すべきか。

　この点について、萩原伸次郎氏は現行の日米安全保障の本質を、第1に、経済成長の著しいアジア太平洋地域で経済的利益を上げるために日本の防衛力が適切な役割を果たすべきであり、第2に、米国が軍事的プレゼンスを維持するべきであり、第3に、日本での米軍維持のために接受国支援を通じて寄与を継続するべきである、という主旨の枠組みになっていると定義している[67]。その上で同氏は、安倍政権下の日米同盟強化を通じて、日米多国籍企業のアジア太平洋地域の経済活動を米軍の指揮下で、日本の「国防軍」がそれを従属的に支える体制を整えようとしていると指摘する[68]。その意味で、この1～2年間でドラスティックに進展している事態を想起すると——集団的自衛権行使の閣議決定、特定秘密保護法案の採決とその施行、国家安全保障会議（日本版 NCS）の創設と国家安全保障局の発足、辺野古への軍事基地移設のための堀削調査に着手など——それらもこうした体制構築への一連の潮流の中に位置づけて、認識する視座が必要ではなかろうか。

　加えて、西川純子氏は、オバマ大統領のリバランス政策によって2010 年以降米国の武器輸出額が急増した地域は、アジア太平洋地域だったとしている[69]。ゆえに TPP を契機に当該地域と経済的、かつ、安

---

[65] Laura Carlsen, *op. cit.*

[66] 首相官邸ホームページ『2013 年 3 月 15 日　安倍内閣総理大臣記者会見』（2014 年 8 月閲覧）。

　　<http://www.kantei.go.jp/jp/96_abe/statement/2013/0315kaiken.html>.

[67] 萩原伸次郎「TPP と日米同盟」『経済』、新日本出版社、2013 年 7 月号、56 頁。

[68] 同上書、56 頁。

[69] 西川純子「オバマ政権下のアメリカ軍需産業」『経済』、新日本出版社、2014 年 8

全保障上の軍事的繋がりを深化させることで、「アメリカ軍需産業のための新たな武器市場を開拓する」[70]、ことができるのであるという。

　以上により、NAFTA を通じた「米墨同盟」強化と、TPP を通じた「日米同盟」強化という方向性に関して、両者には類似点が確認できる。

　米国主導の経済連携（＝ NAFTA）を契機として、「新自由主義化」され、「軍事化」されたメキシコ市民社会の現実から、（同じく米国主導の）TPP に参加する日本社会はどのような教訓を引き出すことができるのか。

　今後のさらなる研究課題としたい。

　月号、79 頁。
[70] 同上書、80 頁。なお、アメリカの対外経済政策を資本の自由化と安全保障の確保という両面を指摘し、かつ、覇権国家としての軍事的産業基盤を分析したものとして、以下を参照。柿崎繁「覇権国家＝アメリカと対外経済政策」『国府台経済研究』第 25 巻第 1 号、千葉商科大学経済研究所、2015 年。

〔第Ⅶ章〕

グローバリゼーションと国民経済の変容

―フィリピン経済を事例として―

森 元 晶 文

1. 問題の所在

　「グローバリゼーション」という言葉が人口に膾炙するようになって、すでに四半世紀が経とうとしている。冷戦体制の崩壊と情報通信技術の革新によるインターネットの普及は、世界的なモノ、カネ、ヒトの自由な移動を加速し、国境の壁を引き下げたとされる。国境という頸木から解放された資本は多国籍企業を中心に活動の場を世界大へと拡大し、国際分業メカニズムの拡張を通じて国民経済間の相互依存を急速に高めてきた。『国家の退場』や『国民経済の黄昏』という書籍も出版され[1]、国民国家の役割が様々な観点から問われるようになっている。しかし、グローバリゼーションが資本の本来的な性質である世界性を表象する事象であったとしても、グローバリゼーションは自然に生じたものではなく、その具体的進展は自由化政策を中心に国民国家が実施する各種の政策を通じて展開されたものである[2]。したがって、グローバリゼーションが国民経済に及ぼす影響は当然に画一的なものではありえず、各国が実施する政策内容やその進展度合いによって大きく異なってくる。世界経済と国民経済との間で生じる変容とその相互連関を全体的に分析すること

---

[1] スーザン・ストレンジ著、櫻井公人訳『国家の退場　グローバル経済の新しい主役たち』岩波書店、1998 年。宮崎義一『国民経済の黄昏　「複合不況」その後』朝日選書、朝日新聞社、1995 年。

[2] 伊豫谷登志翁『グローバリゼーションとは何か　液状化する世界を読み解く』平凡社新書、平凡社、2002 年。

により、はじめてグローバリゼーションという事象の本質を捉える手がかりを得ることができるだろう。

ところで、グローバリゼーションは国際分業構造の再編を一つの特徴とするが、周知のようにそれは東アジアにおいて典型的な形で展開された。日系多国籍企業による東アジアへの直接投資（FDI）を呼び水として構築された域内分業体制は、域内貿易と世界市場への輸出拡大を促し、東アジアに地域的な経済成長をもたらしたとされる。フィリピンも各種の自由化政策を通じて経済成長の実現を目指したが、1990年代の実績は限定的なものにとどまった。フィリピン経済の成長が明らかとなるのは2000年代に入ってからのことであった。ただし、その特徴は近隣のASEAN諸国とは異なり、東アジアの国際分業体制への参加による輸出拡大よりも、むしろ海外出稼ぎ労働者（Overseas Filipino Workers：OFWs）を中心として海外から供給された送金が創り出す家計消費の拡大によるものだった。世界経済への労働力供給を通じて経済成長を実現してきたフィリピン経済は、モノ、カネ、ヒトの自由な移動の加速によって表現されるグローバリゼーションの一側面を典型的に示しているともいえる。

そこで本章では、「海外送金依存消費主導型」経済成長とも呼びうるフィリピン経済を分析することにより、グローバリゼーションの実態と国民経済との連関を検討していく。以下、第2節ではグローバリゼーションの進展に伴うフィリピン経済の変容過程とその特徴を確認していく。1990年代にフィリピン経済は貿易を中心に世界経済との結びつきを強めていくが、国内経済との連関を欠いた貿易の拡大は、国内資本を動員することなく展開された。その結果、経済成長は限られた水準にとどまり、むしろ海外送金がフィリピンにおける経済成長の原動力となっていた。海外送金は援助や融資、輸出による外貨獲得や直接投資と異なり、各世帯に直接購買力を供給するものである。そのため、海外送金がフィリピン経済に及ぼす影響を明らかにするためには世帯の所得消費構造を分析する必要がある。そこで第3節ではフィリピンの所得消費構造につ

いて分析をすすめ、海外労働者が創出されるメカニズムを検証する。そして、そこから描き出されるグローバリゼーションの実態を考察することで、本稿のまとめとする。

2. フィリピン経済の特質

（1）世界経済への統合

　まずグローバリゼーションとフィリピン経済との連関を明らかにするため、1990年代以降のフィリピン経済の特徴を図表1から確認していく。

図表 1　GDP 構成比の推移（支出側、産業別）　　　　　単位：%

	1980	1985	1990	1995	2000	2005	2010
家計最終消費支出	60.9	71.8	68.1	71.3	72.2	75.0	71.6
政府最終消費支出	8.8	7.6	9.9	11.2	11.4	9.0	9.7
総資本形成	32.4	16.5	27.2	25.5	18.4	21.6	20.5
総固定資本形成	n.a	n.a	n.a	n.a	22.1	19.9	20.5
在庫品増加	n.a	n.a	n.a	n.a	-3.7	1.6	0.0
財・サービス輸出	19.4	20.1	22.9	30.7	51.4	46.1	34.8
財・サービス輸入	25.3	20.1	29.9	40.0	53.4	51.7	36.6
農林漁業	21.9	21.5	19.1	18.9	14.0	12.7	12.3
工業	42.5	38.5	37.8	35.2	34.5	33.8	32.6
サービス業	35.6	40.0	43.1	45.9	51.6	53.5	55.1
GDP	100	100	100	100	100	100	100
NPI（2）	-1.9	-10.0	-1.5	7.7	17.2	25.9	33.2
GNI	98.1	90.0	98.5	107.7	117.2	125.9	120.5
実質 GDP 成長率	5.1	-7.3	3.0	4.7	4.4	4.8	7.6
FDI inward（M $）	114	105	550	1,459	2,240	1,664	1,070

（1）：現在のフィリピンの国民経済計算（PSNA：Philippine System of National Accounts）は 2008SNA に準拠しているが、いくつかの点で独自の基準を採用している。2008SNA では家計最終消費支出に、対家計民間非営利サービスと個人経営の数値が含まれている。

（2）：PSNA における NPI（Net Primary Income）は、「海外からの雇用者報酬」と「財産所得」の純受取額を指す。

出所：National Statistical Coordination Board（NSCB），HP 参照（2014 年 8 月 28 日）。
　　　FDI については UNCTAD HP, UNCTADStat 参照（2014 年 8 月 28）。

図表 2　産業構造変化の概要

	1994 年						
	国内総産出額	付加価値額	GDP シェア	輸出 / GDP	輸入 / GDP	付加価値率	産業別雇用者比率
農林漁業	306	340	11.1	2.0	0.5	72.0	42.8
鉱業	9	18	-1.9	0.8	2.8	56.2	0.4
製造業	392	405	29.8	17.4	30.0	32.2	9.9
建設	140	94	9.0	0.1	0.3	53.6	5.5
電気・ガス・水道	34	48	0.9	0.1	0.0	54.1	0.4
運輸・郵便・通信業	125	94	4.4	1.6	0.3	49.2	6.0
商業	286	252	16.7	4.4	0.0	65.7	14.8
金融業	59	96	3.1	1.8	1.6	71.7	1.0
不動産、ビジネスサービス	109	157	7.1	0.3	0.5	82.5	1.3
行政サービス	425	127	10.5	0.0	0.0	69.0	4.3
民間教育業	70	18	1.4	0.0	0.0	69.4	3.0
医療業ほか社会サービス	19	18	1.6	0.0	0.0	57.3	1.5
ホテル、飲食業	40	27	3.0	1.4	0.5	34.4	1.8
その他サービス業	44	57	3.4	0.9	0.0	61.8	7.2
合計	2,061	1,750	100	31	37	59	100

出所：Philippine Statistical Coordination Board HP より以下のファイルを入手。"Use Matrix, 229 Sector", *Input Output Tables of the Philippines 1994*, "2006 Input-Output -240 Sector", *Input Output Tables of the Philippines 2006*"（アクセス日：2014 年 8 月 20 日）。

同表は 1980 年から 2010 年の GDP 構成比について、その推移をまとめたものであるが、この間のフィリピン経済の構造変化を読み取ることができる。第一に、1980 年代から 1990 年代には貿易を通じて世界経済との結びつきを強めたが、2000 年代以降はその動きが後退している。輸出入の GDP 構成比は 1980 年から 2000 年にかけて上昇したものの、その後は低下傾向にある。第二に、家計最終消費支出の構成比が極めて高い水準で推移していることである。タイやマレーシア、インドネシアなど近隣の ASEAN 諸国では 40％〜 60％にとどまっている。第三に、貿易の拡大が総資本形成の増加を伴わなかったことである。マルコス政権

第Ⅶ章　グローバリゼーションと国民経済の変容

2006 年						
国内総産出額	付加価値	GDP シェア	輸出 / GDP	輸入 / GDP	付加価値率	産業別雇用者比率
1,140	776	5.6	0.8	0.3	68.1	35.8
111	77	-4.0	0.4	2.1	68.8	0.4
5,381	1,481	35.3	37.1	18.0	27.5	9.4
550	308	8.8	0.1	0.0	56.0	5.1
345	234	1.6	0.0	0.0	68.0	0.4
861	477	9.1	1.6	1.7	55.4	7.6
1,558	1,053	10.0	1.1	0.1	67.6	19.0
573	397	5.2	0.1	0.3	69.3	1.1
853	631	8.6	2.8	0.4	74.0	2.4
614	445	9.3	0.0	0.0	72.6	4.6
154	112	2.4	0.0	0.0	73.1	3.1
120	57	1.7	0.0	0.0	47.8	1.1
262	98	3.5	2.1	0.8	37.5	2.7
221	124	2.8	0.3	0.1	55.9	7.4
12,741	6,271	100	47	24	842	100

期には政府主導の重工業化政策が推進され、1970 年代から 1980 年代初頭の総資本形成シェアは 30％を超えていた。ところが、1980 年代初頭に債務問題が悪化すると IMF の勧告を受けて構造調整政策を実施し、工業化政策の転換が図られた[3]。また、マルコス政権後の前アキノ政権とラモス政権では、ASEAN 諸国との経済協力を軸とする「集団的外資依存輸出指向型工業化戦略」が展開された[4]。しかし、フィリピンへの FDI 流入は近隣の ASEAN 諸国に比べると低位な水準にとどまった。1990 年代に一旦は改善した総資本形成シェアも 1997 年のアジア通貨危機以降は大きく後退し、貿易の拡大を通じた世界経済への統合は国内資

---

[3]　森澤恵子『現代フィリピン経済の構造』勁草書房、1993 年。

[4]　清水一史『ASEAN 域内経済協力の政治経済学』（MINERVA 現代経済学業書）、ミネルヴァ書房、1998 年。

図表3　製造業部門の産業連関表 1994 年

	金属・鉄鋼	一般機械	電気・電子機器	輸送用機械	精密・光学機械
金属・鉄鋼	29.8	1.3	9.2	7.5	0.1
一般機械	0.1	0.2	0.5	0.1	0.0
電気・電子機器	0.2	0.1	47.8	1.8	0.1
輸送用機械	0.3	0.0	0.1	44.8	0.1
精密・光学機械	0.0	0.0	0.0	0.0	0.9
化学工業	0.6	0.2	4.4	4.7	0.1
石油・石炭	2.1	0.0	0.3	0.3	0.0
土石窯業	0.1	0.0	0.5	0.1	0.0
食料品	0.1	0.0	0.0	0.0	0.0
繊維	0.0	0.1	0.1	0.1	0.0
中間投入計	52.5	2.9	80.2	64.7	1.8
国内総産出額	71.0	5.3	108.9	80.0	3.2
雇用者報酬	5.3	0.9	10.4	5.7	0.6
営業余剰	9.1	1.2	12.7	7.4	0.7
その他	4.2	0.3	5.7	2.1	0.1
付加価値	18.6	2.4	28.7	15.3	1.4
輸出	30.5	1.1	75.2	25.8	2.0
輸入	42.1	78.8	77.3	80.7	13.7
貿易収支	-11.6	-77.7	-2.1	-54.9	-11.6
GDP シェア	-0.5%	-0.1%	2.5%	0.9%	0.0%
輸出シェア	5.7%	0.2%	14.0%	4.8%	0.4%
輸入シェア	6.6%	12.3%	12.1%	12.6%	2.1%
内需／総需要	2.5%	93.2%	24.7%	43.9%	68.5%
家計最終消費支出／総需要	1.8%	10.7%	11.8%	17.4%	42.7%
輸出／総需要	38.0%	1.3%	40.8%	16.2%	12.1%
中間投入／総需要	113.5%	119.1%	60.2%	81.1%	101.9%
輸入／総供給	52.5%	95.7%	42.0%	50.6%	81.0%
付加価値率	26.2%	44.9%	26.4%	19.1%	44.7%

出所：図表2に同じ。

本を動員することなく進められてきた。

　そこで、投資を伴わない貿易の拡大が国内の産業構造にどのような変化を及ぼしてきたのかを検証するため、以下では 1994 年と 2006 年の産業連関表の比較を通じて分析を進めていく。図表2は両年の産業連関表（基本表）を産業部門別に再構成して対比したものである。各部門のGDP シェアを確認すると、一次産業のシェア低下を補う形で製造業が

(額は 10 億ペソ、比率は%)

化学工業	石油・石炭	土石窯業	食料品	繊維	中間需要計
1.2	1.8	0.2	5.9	0.0	80.6
0.1	0.1	0.0	0.3	0.1	6.3
0.3	0.0	0.1	0.4	0.1	65.5
0.1	0.3	0.0	0.2	0.1	64.9
0.1	0.0	0.0	0.0	0.0	3.3
34.6	9.2	0.7	5.8	4.8	122.5
1.9	8.3	5.3	4.4	0.8	113.0
1.3	0.0	4.9	2.3	0.0	34.4
5.2	0.0	0.0	42.0	0.2	104.2
2.1	0.0	0.0	0.8	61.6	72.4
71.9	85.8	21.8	313.8	86.4	1,585.3
119.0	116.0	35.0	468.0	134.3	3,335.6
12.6	5.0	2.9	35.6	14.3	555.8
28.6	15.1	7.7	92.6	29.9	945.6
5.9	10.0	2.6	26.0	3.8	248.9
47.1	30.1	13.2	154.2	47.9	1,750.3
20.1	6.0	3.7	44.9	63.5	535.5
81.6	21.9	5.9	33.4	47.7	639.7
-61.6	-15.9	-2.3	11.5	15.8	
-0.2%	0.2%	0.0%	20.8%	3.5%	（合計）27.1%
3.7%	1.1%	0.7%	8.4%	11.9%	（全産業）100%
12.8%	3.4%	0.9%	5.2%	7.5%	（全産業）100%
32.6%	15.1%	7.1%	73.6%	25.6%	
59.5%	17.5%	7.3%	78.5%	34.7%	
11.2%	4.8%	9.0%	9.4%	35.2%	
102.9%	97.4%	98.1%	22.3%	53.9%	
45.8%	17.5%	14.5%	7.0%	26.5%	
39.6%	26.0%	37.7%	32.9%	35.7%	（平均）37.7%

シェアを伸ばし、製造業の輸出対 GDP 比は 2 倍以上の拡大を示している。フィリピンでは 1970 年代から、産業と貿易における農産品主体の構造を転換するための試みが進められていたが、1990 年代以降は製造業を中心とする経済構造を構築していたことが読み取れる。ただし、生産と輸出における拡大に対して付加価値率は 32.2%から 27.5%へと低下しており、また産業別の雇用者比率でも製造業の雇用者は全体の 1 割にも達していない。

図表4 製造業部門の産業連関表 2006年

	金属・鉄鋼	一般機械	電気・電子機器	輸送用機械	精密・光学機械
金属・鉄鋼	59.0	6.8	27.5	14.2	11.2
一般機械	0.0	1.3	0.0	3.8	1.4
電気・電子機器	1.7	0.1	986.0	12.1	1.5
輸送用機械	0.0	0.0	0.0	3.1	0.0
精密・光学機械	0.2	0.0	0.2	0.0	12.4
化学工業	8.2	0.8	12.4	5.0	7.5
石油・石炭	34.4	2.8	10.0	1.7	10.3
土石窯業	0.1	0.1	2.5	0.2	1.2
食料品	0.0	0.0	0.0	0.0	0.0
繊維	0.3	0.1	0.8	0.1	3.9
中間投入計	2,15.5	19.6	1,262.6	89.3	81.2
国内総産出額	2,66.7	29.8	1,588.1	114.9	113.8
雇用者報酬	10.3	2.0	88.1	7.1	11.0
営業余剰	32.1	7.0	165.1	11.1	16.6
その他	8.7	1.2	72.3	7.4	5.0
付加価値	51.2	10.2	325.5	25.6	32.6
輸出	175.0	14.9	1,289.9	59.3	45.5
輸入	148.4	116.6	861.2	191.1	46.5
貿易収支	26.6	-101.7	428.6	-131.8	-1.1
GDPシェア	0.1%	0.4%	7.9%	1.7%	1.5%
輸出シェア	6.0%	0.5%	44.2%	2.0%	1.6%
輸入シェア	4.9%	3.8%	28.4%	6.3%	1.5%
内需／総需要	-4.6%	84.7%	2.6%	78.5%	57.7%
家計最終消費支出／総需要	0.1%	0.0%	0.2%	26.4%	5.2%
輸出／総需要	42.2%	10.2%	52.7%	19.4%	28.4%
中間投入／総需要	62.4%	5.2%	44.7%	2.1%	13.9%
輸入／総供給	35.8%	79.6%	35.2%	62.5%	29.0%
付加価値率	19.2%	34.4%	20.5%	22.3%	28.6%

出所：図表2に同じ。

　そこで、産業連関表を主要製造業部門に焦点を当てて再構成した図表3、図表4から、同産業における変化とその内容を検討していく。まずGDPシェアを確認すると、家計消費向けの食料品部門が20％前後の水準を維持し、産業内で最大のシェアを占めている。機械機器関連部門では、電気・電子機械部門が全般的な拡大を遂げており、GDPシェアでも2.5％から7.9％へ上昇し、食料品部門に次ぐ部門へと成長している。

第Ⅶ章　グローバリゼーションと国民経済の変容

（額は 10 億ペソ、比率は％）

化学工業	石油・石炭	土石窯業	食料品	繊維	中間需要計
1.7	1.6	1.9	3.0	0.7	252.4
0.0	0.0	0.0	0.0	0.0	7.6
1.1	0.4	0.8	1.0	1.3	1,095.8
0.0	0.0	0.0	0.0	0.0	6.3
0.6	0.1	0.2	0.3	0.1	22.3
118.2	3.2	7.0	44.3	20.4	372.9
47.5	51.1	13.8	16.9	14.0	407.7
1.3	0.0	10.7	9.2	0.0	78.6
0.0	0.0	0.0	337.0	0.0	578.3
2.1	0.0	0.6	5.2	75.1	123.2
246.0	308.9	76.5	1,223.2	159.0	6,470.2
357.5	416.3	106.5	1,812.0	268.3	12,741.4
33.4	10.7	8.4	135.2	56.1	2,061.4
59.0	85.3	15.1	322.9	40.6	3,045.5
19.2	11.3	6.6	130.6	12.5	1,164.2
111.5	107.4	30.1	588.8	109.3	6,271.2
81.4	101.1	25.4	339.3	123.0	2,921.0
244.1	183.7	11.1	262.1	117.1	3,032.9
-162.8	-82.6	14.3	77.2	5.9	
-0.2%	0.1%	0.4%	19.7%	2.3%	（合計計）　33.8%
2.8%	3.5%	0.9%	11.6%	4.2%	（全産業）　100%
8.0%	6.1%	0.4%	8.6%	3.9%	（全産業）　100%
24.5%	15.2%	11.6%	55.8%	36.1%	
26.2%	14.5%	2.9%	55.5%	38.4%	
13.5%	16.8%	21.6%	16.4%	31.9%	
62.0%	68.0%	66.8%	27.9%	32.0%	
40.6%	30.6%	9.5%	12.6%	30.4%	
31.2%	25.8%	28.2%	32.5%	40.7%	（平均）　28.3%

　その結果、製造業の GDP 構成に占める両部門の割合は 2006 年には 70
％に達している。一方、総需要に占める内需の割合が 24.7％から 2.6％
へと低下したことからも伺えるように、電気・電子機械部門では輸出向
けの生産体制が強まったことが読み取れる。同部門の輸出額は 752 億ペ
ソから 1 兆 2899 億ペソへと上昇し、輸出全体に占めるシェアは 44.2％
を占めている。一方、総供給に占める中間需要の割合は低下したものの、

図表 5　輸出入構成の推移

輸出シェア	2002	2003	2004	2005	2006	2007
製造業製品	89.6	88.4	89.5	89.6	85.8	85.1
エレクトロニクス製品	2.1	2.3	0.0	0.0	0.0	0.0
エレクトロニクス部品	69.1	66.7	67.4	66.2	62.6	61.6
半導体	48.0	47.0	47.1	49.0	47.1	46.8
IT プロセッサー	16.7	15.6	15.6	13.3	12.1	10.8
事務機器部品	0.4	0.5	0.5	0.5	0.6	0.7
家電部品	1.4	1.5	1.5	1.4	1.0	1.2
他のエレクトロニクス部品	2.6	2.1	2.5	2.0	1.9	2.1
その他エレクトロニクス製品	4.4	4.1	7.5	6.8	5.4	6.3
衣服	6.8	6.3	5.5	5.6	5.6	4.6
繊維	0.7	0.7	0.6	0.6	0.5	0.4
機械、運輸関連製品	2.8	3.6	4.0	4.4	3.6	3.7
その他の製造業製品	8.2	8.9	9.2	9.9	11.5	12.5
全部門の輸入構成	2002	2003	2004	2005	2006	2007
エレクトロニクス関連製品	47.6	46.6	50.5	48.3	47.2	45.4
鉱物燃料および関連製品	9.2	10.0	10.7	13.2	15.4	17.5
事務用機器	0.0	0.1	0.0	0.0	0.0	0.0
電話機器及び関連製品	2.1	2.4	2.1	1.8	1.6	1.6
工業機械、装置製品	4.2	4.3	3.9	3.8	3.8	3.8
輸送関連製品	3.5	3.6	2.8	3.6	3.9	3.9
繊維及び関連製品	3.1	2.7	2.2	2.2	2.2	2.0
コメおよび関連製品	2.3	1.8	1.5	1.9	2.0	2.0
化学製品	1.8	1.8	1.6	1.7	1.7	2.0
プラスティック原料	1.8	2.0	2.0	1.8	1.8	1.8
鉄鋼製品	2.8	2.8	2.8	2.9	2.3	2.2
その他	21.6	22.0	19.9	18.7	17.8	17.9

出所：National Census Ofiice（NSO）HP より作成（アクセス：2014 年 8 月 15 日）。

電気・電子機械部門内での中間供給と中間需要のシェアはそれぞれ 1994 年の 59.6％と 72.9％から 2006 年には 78.1％と 90.0％に上昇している[5]。同一部門内の需要と供給が集中する傾向にあるが、これは電気・

[5] 電気・電子機械部門内での供給額と需要額が、それぞれ同部門の中間供給額計と中間需要額計に占める割合。2006 年の場合、電気・電子機械部門内での供給シェ

電子機械部門の生産が国内の他の産業との連関を欠いていることを示している。また、総供給に占める輸入シェアと総需要に占める中間投入シェアの低下は、総需要に占める輸出の増加とともに同部門の輸出指向の強さを示している。国内での産業連関を欠いた輸出向けの生産は、技術水準の高い製品を生産していることが理由とも考えられるが、付加価値率の低下はグローバリゼーションの進展に伴って拡大する国際分業体制のもと、むしろ技術水準の低い加工・組み立て工程に特化していることを示している。

図表 5 は製造業分類番号が変更された統計であることから、上記の産業連関表とは対応していないものの、電気・電子機械部門の大宗であるエレクトロニクス関連製品の輸出入シェアが突出していることが読み取れる。1990 年代から 2000 年代にかけて生じていた製造業部門における変化は電気・電子機械部門、とりわけエレクトロニクス製品への集中にあらわれていた。この間、フィリピン経済は貿易を通じて世界経済への統合を強めていったが、総資本形成の低迷と国内産業連関を欠いた一部製品に依存した成長は、「投資なき輸出成長」だったと言える[6]。

したがって、1990 年代の輸出拡大はフィリピンの産業構造に抜本的

2008	2009	2010
83.5	86.0	86.9
0.0	0.0	0.0
58.1	57.7	60.5
42.9	40.5	46.4
10.6	12.8	10.7
0.6	0.7	0.5
1.0	0.8	0.6
2.9	2.9	2.4
7.5	8.0	6.3
4.0	4.0	3.3
0.4	0.4	0.3
4.3	5.1	5.0
13.9	15.2	14.9

2008	2009	2010
35.3	35.2	33.9
21.8	17.1	17.4
0.0	0.0	0.0
1.6	1.7	1.8
4.0	4.1	4.5
4.8	5.2	6.3
1.4	1.3	1.1
4.6	4.4	4.0
2.2	2.6	2.5
1.9	1.8	2.2
2.8	2.1	2.2
19.5	24.5	24.0

アは 9860 億ドル ÷ 1 兆 2626 億ドルから算出される。

[6] 高坂章「「奇跡」から「再生」へ　東アジアの持続的成長」『アジア研究』Vol.54, No.2, April 2008, 96 頁。

図表６　経常収支の推移

	1999	2000	2001	2002	2003	2004	2005
経常収支	-2,875	-2,228	-1,750	-282	285	1,625	1,980
貿易収支	-7,597	-7,841	-8,553	-7,532	-7,814	-7,461	-9,113
財貿易	-5,977	-5,971	-6,265	-5,530	-5,851	-5,684	-7,773
サービス貿易	-1,620	-1,870	-2,288	-2,002	-1,963	-1,777	-1,340
所得収支	-1,062	-30	-57	-430	-287	-74	-298
海外からの雇用者報酬	1,481	1,763	2,432	2,568	2,558	2,851	2,893
経常移転収支	5,784	5,643	6,860	7,680	8,386	9,160	11,391
労働者送金	5,212	5,161	6,328	7,167	7,681	8,617	10,668
直接投資	1,114	2,115	335	1,477	188	109	1,665
ポートフォリオ投資	3,315	-553	1,027	746	562	-1,713	3,475
海外送金額	6,021	6,050	7,720	8,608	9,094	10,260	12,292
外貨準備残高	15,052	15,063	15,692	16,365	17,063	16,228	18,494

注１：IMF 国際収支統計マニュアル第５版で海外送金は、主に「労働者送金」とし
　　て「経常移転収支」に含まれるが、「所得収支」に計上される「海外からの雇
　　用者報酬」にも含まれる。本表の「海外送金額」として記載した金額は BSP
　　が国際収支統計とは別に集計したものである。
注２：本表では比較のために直接投資、ポートフォリオ投資額を掲載している。
出所：フィリピン中央銀行 HP より作成。アクセス日：2014 年 8 月 20 日。

な変化をもたらすことはなく、独立以降の課題であった貿易赤字が解消
されることもなかった。ところが、図表６から確認されるように、フィ
リピン経済は 2000 年代に経常収支の黒字化を実現している。要因の１
つはコールセンターを中心とする BPO（ビジネス・プロセス・アウト
ソーシング）事業の成長によってサービス収支が改善したことがあげら
れる。サービス収支は 2006 年から黒字を達成し、2010 年には 29 億ド
ルの黒字を計上した。しかし、経常収支黒字化の最大の要因は、経常移
転収支の増加、とりわけその大半を占める海外送金によるものであった。
1990 年に貿易赤字の３割に過ぎなかった海外送金は、2002 年に貿易赤
字を上回ると、2010 年には２倍を超える規模にまで拡大した。フィリ
ピンは輸出構造や産業構造の転換を進めることなく、海外送金によって

（単位：100万ドル）

2006	2007	2008	2009	2010
5,341	7,112	3,627	9,358	8,924
-6,595	-6,142	-11,725	-6,728	-8,027
-6,732	-8,391	-12,885	-8,842	-10,966
137	2,249	1,160	2,114	2,939
-1,261	-899	105	-193	347
2,758	3,030	4,092	4,585	5,127
13,197	14,153	15,247	16,279	16,604
12,481	13,255	14,536	15,141	16,242
2,818	-620	1,285	1,604	1,226
3,043	4,623	-3,627	-625	4,100
14,037	14,956	17,004	17,955	19,418
22,967	33,751	37,551	44,243	62,373

国際収支を改善することに成功したのである[7]。GNI がGDP の規模を上回るという途上国としては希有な構造からも明らかなように、2000年代のフィリピン経済の成長はOFWs が供給する海外送金に支えられて実現したのである。

(2) 海外出稼ぎ労働者の推移と海外送金の推移

1973 年の第 1 次石油ショックによってオイル・マネーに潤う中東産油国への建設労働者の波は、その後の OFWs の原型となった。OFWsの規模は 1975 年の 3 万 6000 人から 1990 年代以降急速に拡大し、2006年に 100 万人を超えると 2010 年には 147 万人に達した（図表7）。この間、湾岸戦争による影響などがあったものの、中東諸国は一貫してOFWs の最大の受け入れ地域であった。中東は OFWs の渡航先全体の6 割を占め、その後にアジア地域がつづく。就労部門では専門・技術者の割合が減少する一方、製造業部門の契約者数が 2004 年から 2010 年に

---

[7] フィリピンをはじめ、途上国に流入する海外送金の急速な拡大を受け、2006 年には IMF と世界銀行がそれぞれの『世界経済見通し』のなかで、海外送金が途上国経済に及ぼす影響を分析した。いずれの分析においてもマイナス面があるものの、海外送金は途上国の経済成長、さらには世界経済全体の拡大にとってプラスの影響をもたらすものと評価している［The World Bank, *Global Economic Prospects 2006: Economic Implications of Remittances and Migration*, The World Bank, 2006. International Monetary Fund, "Cahpter II Two Current Issues Facing Development Countries", *World Economic Outlook: Globalization and External Imbalances*, International Monetary Fund, April 2005］。

図表7　OFWs 新規および再契約出国者数と海外送金額の推移
(左軸：万人、右軸：100万ドル)

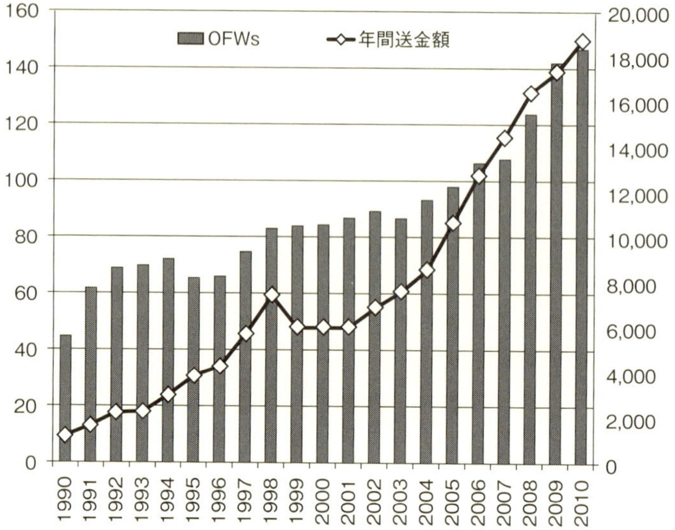

出所：POEA, *Overseas Employment Statistics 2010* より作成。

かけて増加し、サービス業の契約者数を上回った。台湾では電子製品工場の工員として OFWs の受け入れが拡大している。とはいえ、OFWs の 10 人に 3 人は肉体労働もしくは未熟練労働に携わり、その多くは低賃金の雇用形態にある[8]。

　海外送金の受取額は OFWs の増加とともに拡大し、フィリピン中央銀行 (Banko Sentral ng Pilipinas : BSP) の報告によると 2010 年には 187.6 億ドルに達した[9]。これを OFWs の総数と年間平均ドル・ペソレ

---

[8] National Statistical Office, *Survey on Overseas Filipinos*, 2007 より。

[9] フィリピンでは海外送金についてフィリピン中央銀行 (Banko Sentral ng Pilipinas) が公表する統計と、フィリピン統計局 (National Statistical Office) の「海外フィリピン人調査 (Survey on Overseas Filipinos, 以下 SOF)」による統計がある。BSP の統計は銀行を介した送金を集計したものであり、また移民も含めた海外に居住するフィリピン人 (Overseas Filipino、以下 OF) による送金額であるため、POEA の認可を受けた OFWs による送金だけではない。一方、

第Ⅶ章　グローバリゼーションと国民経済の変容

ートおよび CPI を用いて算出したものが、図表 8 のペソ建て 1 カ月 1 人当り名目・実質送金額である。サブプライムローン問題の表面化により 2007 年以降ペソ高が進み、ドルベースでの送金額に対してペソ換算の送金額は減少していた。また物価の変動を取り除いた実質額でも、食料価格や石油価格の世界的高騰による物価上昇から受け取り額は落ち込んでいた。しかし、2009 年のフィリピンの 1 カ月当りの名目平均世帯所得は約 1 万 7167 ペソで、実質平均世帯所得は約 1 万 4786 ペソに過ぎなかった。落ち込んだとはいえ、世帯所得の 2 倍近い送金が受取世帯に与えた影響は大きかったと考えられる。

（3）海外送金拡大とその機能

ところで、海外送金の特徴は外貨獲得源としての性格に求められる。海外から供給される資金は、贈与、借款、融資、証券投資、直接投資に大別されるが、海外送金には他の海外資金とは異なる特徴が指摘される。まず借款や融資とは異なり返済義務を伴わないことである。また証券投資など金融・資本市場を通じた資金流入とも異なり、経済状況の変化によって急激に資金が流出入する可能性も限られている。一方、直接投資は返済負担を伴わず、資金の急激な流出の可能性も限られているが、FDI 主導の輸出拡大は貿易収支の悪化を引き起こし、そのファイナンスのために他の形態での資金調達を必要とする可能性が含まれている。アジア通貨危機で顕在化したように、FDI の導入においても外貨の安

SOF の海外送金統計には OF からの送金は含まれないが、毎年 4 月 1 日から 9 月 30 日までの間に海外で雇用契約を結んでいる人を対象としている。そのため両統計とも、OFWs による送金額を正確に反映したものとはなっていない。ただし、SOF は OFWs が受け取った給与総額を聞き取っていないことから、送金額が過小評価されているとの指摘が NSO 自身によってなされている。また海外送金の集計には OFWs としての正確な出国者数や銀行を介さない送金の把握など、さまざまな困難が指摘されている［NSO, Technical Notes on the Survey on Overseas Filipinos（SOF）, January 8, 2005］。以上の制約を念頭におきつつ、本稿では BSP の海外送金統計を用いていく。

図表 8　海外送金額の推移

	1990	1995	2000	2005	2006	2007
年間送金総額 （100万ドル）	1,203	3,869	6,051	10,689	12,761	14,450
1カ月1人当り 名目送金額（ペソ）	5,463	12,682	26,473	49,987	51,352	51,603
1カ月1人当り 実質送金額（ペソ）	12,165	17,317	26,476	38,504	37,228	36,400

注：1カ月1人当たり送金額（ペソ）は、年間送金総額（ドル）÷OFWs総数×年平
　　均ドル・ペソレート÷12カ月によって算出。実質化は2000年＝100とする
　　CPIを用いて算出。
出所：BSP HPより作成（アクセス日：2014年9月29日）。

定的な調達が必要となる可能性が明らかになっている。

　翻って海外送金は借款や融資のように返済負担を伴わず、国際金融市場からの資金調達とも異なり安定的な流入が予想される。また、直接投資のように貿易収支の悪化を直接もたらす可能性も限られている[10]。

---

[10] 海外送金の流入も経常収支の悪化を引き起こす可能性は指摘されている。増加する送金が消費の拡大を通じて急激な輸入の上昇を引き起こせば、経常収支は赤字に転換する可能性がある。また、海外送金の急増は為替市場におけるペソ高圧力となって、輸出向け産業にマイナスの影響をもたらす可能性も指摘されている（Francisco G. Dakila, Jr. and Racquel A. Claveria, "Identifiying the Determinats of Overaseas Filipinos' Remittance: Which Exchange rate is most relevant?" *BSP Working Paper Series*, No. 2007-02, Bangko Sentral ng Pilipinas, 2007）。ただし、フィリピンでは貿易収支の赤字を補い、経常収支の黒字をもたらすほどの海外送金が流入し、これまでのところ内需の拡大を梃子とした経済成長に陰りはみられていない。また海外送金は、景気の後退局面において増加する傾向を確認することが出来る。また、アジア通貨危機に見舞われ景気後退が懸念されるなか、1998年に海外送金はドル建て・ペソ建て双方において大きく増加した。2008年の世界同時経済危機による景気低迷期に際しても、ペソ建ての受取額では減少したもののドル建ての送金額は増加していた。さらに景気の好不況にかかわらず、受取世帯の生活悪化を防ぐため、台風などで大きな被害が発生した際にも海外送金の増加が確認されている。したがって、海外送金はある種のセーフティーネットとしての機能を果たすといえる（Yang, Dean, "Coping with Disaster: The

2008	2009	2010
16,427	17,348	18,763
49,252	48,413	47,955
31,785	30,263	28,871

IMF 国際収支統計マニュアル第5版で大部分の海外送金は「経常移転収支」に計上されるが、同項目は「対価を伴わない」資金の移転と定義されている。その意味からも海外送金は、海外からの贈与としての性格が強い資金といえる。一方、海外送金は労働者出身国の世帯に対して直接供給される資金であり、主に国家間で行われる贈与とは受け取り国経済に及ぼす影響が異なってくることが予想される。そこで、次節以降ではフィリピン国内の世帯における所得消費構造を中心に検証していく。

3.「海外送金依存消費主導型」経済成長とグローバリゼーション

(1) 労働力市場の構造

まず、図表9からフィリピンの労働力市場と就業構造を確認する。平均人口増加率は1990年代の2.3%から2000年代には1.9%へ低下したものの、総人口は約6000万人から約9000万人へ増加し、東南アジア諸国ではインドネシアに次ぐ人口大国となった。一方、就業者数の平均伸び率（3.4%）が人口増加率を上回ったこともあり、失業率は8.4%から7.4%へと改善した。しかし、フィリピンの失業率は依然、東南アジア諸国のなかでも高い水準にあり、政府の開発計画においても失業率の改善は常に最優先課題に掲げられている。

ASEANのなかでも高い人口増加率を誇るフィリピンでは、国内の労働力市場に対する供給圧力を緩和するため、マルコス政権期から海外への労働力送出が政策的に推し進められてきた。1990年に新規あるいは再契約を結んで出国したOFWsは45万人ほどであったが、2010年に

Impact of Hurricanes on International Financial Flows, 1970–2001." *Research Program on International Migration and Development*. DECRG. World Bank, 2005)。

図表9 労働力の推移とシェア　　　　　　　　　　　　　　　（単位：千人、%）

	1990	1995	2000	2005	2010
総　人　口	61,628	70,831	77,0310	85,546	93,261
労働力人口①	24,244	28,380	30,911	35,286	38,893
就業者数	21,212	25,677	27,452	32,313	36,035
失業者数	2,032	2,704	3,459	2,748	2,859
不完全失業者数	4,964	5,137	5,955	6,785	6,762
OFWs	446	654	842	989	1,471
就　業　率	91.6	90.5	88.8	92.2	92.7
失　業　率	8.4	9.5	11.2	7.8	7.4
不完全失業率	23.4	20.0	21.7	21.0	18.8
OFWs／①	1.8	2.3	2.7	2.8	3.8

注：値は National Statistical Office が年3回実施する Labor Force Survey の平均値。
出所：NSCB, Philippine Statistical Yearbook, various issues より作成。

は147万人へと急増し、推計によると OFWs の累計数は2010年に400万人を超えた。労働力人口には含まれない彼ら／彼女たちが仮に国内労働力市場に加わり職を得られなかった場合、失業率は現在の2倍を超える16.6%へと跳ね上がる。そのため、海外への労働力送出政策は失業率の緩和に一定の役割を果たしてきたと言えるが、後述するように国内にはOFWsの潜在的予備軍とも呼べる不完全失業者が大量に存在し、その規模は2010年に出国した OFWs の5倍にのぼる。その意味で OFWs の増加は国内にディーセントな雇用が生み出されてこなかったことを示唆している[11]。

---

[11] 労働力調査は NSO が年4回（1月、4月、7月、10月）実施する標本調査である。全国から調査対象世帯が抽出され、統計局から派遣された調査員が対象世帯で聞き取り、質問票を埋めていく。調査の実施日から1週間前までの世帯構成員の就業状況について確認する。10月に実施される労働力調査では、同時に世帯構成員の海外就労状況について聞き取りが行われるが、対象期間が4月1日から9月30日までの半年間であることから、OFWs の総数を把握することはできない。一方、POEA が公表している数値は海外への就労契約の許認可機関によるものであることから、OFWs の総数を把握する上では、こちらの数値の方が実態に近い。ただ

第Ⅶ章　グローバリゼーションと国民経済の変容

図表10　産業部門別就業者数の推移　　　　　　　　（単位：千人、括弧内％）

	1990	1995	2000	2005	2010
農林漁業部門	9,891(44.5)	11,147(43.4)	10,181(37.1)	11,628(36.0)	11,956(33.2)
鉱工業部門	3,422(15.4)	4,139(16.1)	4,455(16.2)	5,025(15.6)	5,399(15.0)
サービス業部門	8,809(39.7)	10,391(40.5)	12,818(46.7)	15,661(48.5)	18,682(51.8)
総　数	22,211(100)	25,677(100)	27,453(100)	32,313(100)	36,035(100)

出所：図表9に同じ。

図表11　サービス部門における業種別就業者数の推移　　　　　　（単位：％）

2000年迄の分類	1990	1995	2000	2005	2010	2005年以降の分類
卸売・小売・修理業	35.8	36.3	35.0	39.3	37.7	卸売・小売・修理業
				5.5	5.7	ホテル、レストラン
輸送、倉庫業、通信	12.4	14.2	15.5	15.7	14.6	輸送、倉庫業、通信
金融・保険業、不動産業	4.9	5.1	5.5	6.9	8.2	金融・保険業、不動産業
公共サービスほか	46.6	44.3	43.9	9.5	9.9	公共サービスほか
				8.6	8.7	教育、医療、社会保障
				4.9	4.9	その他サービス
				9.7	10.3	家政婦
全　体	100	100	100	100	100	全　体

注：2001年に業種分類が変更。
出所：図表9に同じ。

　さらに、産業部門別就業者数の推移を示した図表10を確認すると、就業者の平均伸び率は農林漁業で2.1％にとどまり、鉱工業部門ではマイナスを記録した。増加する労働力人口を吸収したのはサービス業で、2010年の就業者数は1868万人、全体の半数以上を占めるにいたった。また、サービス業における業種別の就業者構成をまとめた図表11からは、「卸売・小売・修理業」と「輸送・倉庫」がサービス業における雇用の中心を占めていることが見て取れる。

　一方、図表12は全産業の業種別・職種別就労構造をまとめたもので

し、POEAでもOFWsの帰国者についは調査していないため、契約者数と実際のOFWsの総数が完全に一致しているとは限らない。

241

図表 12　業種別・職種別の就業者シェア　　　　　　（2010 年、単位：%）

	全職種	経営・管理職	専門職	技術・準専門職	事務員	顧客サービス・販売員	農林家・漁師	卸売仲買業者	工場労働	肉体労働・未熟練労働	その他
全 業 種	100	13.5	4.6	2.7	5.3	10.5	16.7	7.6	6.3	32.5	0.4
農林漁業	34.4	3.7	0.1	0.6	0.9	0.1	99.6	0.2	1.8	52.4	1.5
鉱業	0.5	0.2	0.1	0.1	0.1	0.1	-	1.8	0.5	0.8	-
製造業	8.3	6.9	3.4	8.2	6.8	1.0	0.4	42.4	21.0	5.7	4.2
電気、ガス、水道	0.4	0.3	0.8	0.6	1.7	0.2	-	1.4	0.6	0.2	*
建設業	5.4	1.5	2.7	1.4	1.3	0.1	-	39.8	1.4	5.7	*
卸売・小売・修理業	19.2	55.2	1.9	11.7	17.1	49.5	-	10.5	4.7	12.7	17.6
ホテル、レストラン	2.9	5.0	0.4	1.6	3.8	15.3	-	0.2	0.2	1.0	0.7
輸送、倉庫業、通信	7.6	13.2	1.5	3.8	10.5	2.1	-	1.4	60.8	3.0	1.2
金融・保険業	1.1	1.5	1.9	6.1	9.7	0.2	-	*	0.2	0.1	0.5
不動産業	3.0	3.5	6.1	15.9	13.3	7.6	-	1.0	0.5	0.8	2.2
公共サービスほか	5.0	6.2	7.8	20.9	20.7	10.1	*	1.1	2.3	1.8	63.6
教育	3.2	1.2	56.7	5.4	2.7	0.6	-	0.1	0.2	0.4	0.5
医療、社会保障	1.2	0.1	13.0	8.0	2.7	1.4	-	0.1	0.2	0.2	0.5
その他サービス	2.5	1.5	3.2	13.7	8.8	7.4	-	0.3	0.6	1.4	7.0
家事手伝い	5.4	-	0.2	1.7	0.1	4.4	-	*	5.1	13.9	0.3

注：「＊」は就業者総数が 500 人以下を示す。

出所：DOLE, *Yearbook Labor Statistics*, 2012 より作成。

ある。全業種に占める職種別のシェアを示した表の一行目を確認すると、「専門職」や「技術・準専門職」、「事務員」、「工場労働」など定職者の割合が大きい職種の就業者数は限られており、「肉体労働・未熟練労働」や「一次産業部門」の就業者が全体の半数を占めている。「経営・管理職」や「顧客サービス・販売員」のシェアが 10％を超えているが、これら就業者の半数前後が業種別には「卸売・小売・修理業」に就労している。当該業種で「経営・管理職」と「顧客サービス・販売員」の割合が高くなっているが、その背景には業種全体の 9 割以上を個人経営もし

第Ⅶ章　グローバリゼーションと国民経済の変容

図表 13　就業形態別就業者シェアと無給の家族従事者の産業別シェア（単位：％）

	2006	2007	2008	2009	2010	2012
全就業者（％）	100	100.0	100	100	100	100
賃金・給与労働者	51.1	52.2	52.4	53.3	54.5	57.2
個人事業	9.8	10.2	9.7	10.1	9.8	9.3
民間事業	74.5	74.0	74.4	74.0	74.2	76.2
家族農業・事業	0.7	0.9	0.6	0.6	0.6	0.6
政府部門	15.0	15.0	15.3	15.3	15.4	14.0
自営業者	32.2	31.5	31.3	30.6	30.1	28.3
家族農業・事業主	4.4	4.3	4.2	4.1	3.9	3.6
無給の家族従事者	12.3	12.1	12.2	12.0	11.5	11.0
農林漁業	72.9	72.9	73.5	73.4	72.5	69.4
鉱工業	4.4	4.1	3.9	4.2	4.0	4.5
サービス業	22.7	23.0	22.7	22.4	23.6	26.1

出所：図表 12 に同じ。

くは零細事業者が占めていることがある。すなわち、この間の失業率の低下はサービス業を中心とする小規模零細事業への就業増加が反映されていたと考えられる。

　さらに、図表 13 から就労構造を細かく検証すると、フィリピンの労働力市場が抱える構造的課題が浮き彫りになってくる。すなわち、全就業者に占める賃金・給与所得者は 57.2％にとどまり、就業者の半数近くは自営業者、家族農業や家族事業のもとでの就労形態にある。加えて、全就業者の 11.0％にあたる 415 万人は無給の家族従事者（以下、無給就業者）であり、これらの就業者が不完全失業者を構成するが、280 万人を超える完全失業者に 670 万人の不完全失業者を加えるとその数は 1000 万人近くに達し、労働力人口に占めるシェアは 25％を超えるのである（図表 9 参照）[12]。また、無給就業者の産業部門別シェアでもサービ

---

[12] 不完全失業者とは現在の雇用状況のもとで労働時間の追加を希望しているか、より長時間の労働環境を希望している者である［National Statistical Office HP 参照、アクセス日：2012 年 12 月 8 日］。

図表 14　年間世帯平均所得の推移　　　　　　　　（単位：ペソ）

	1994	1997	2000	2003	2006	2009	2012
名目平均所得	83,161	123,168	145,000	145,000	173,000	206,000	235,000
実質平均所得	164,026	198,658	189,048	174,323	173,000	177,433	180,630

注：実質化のための CPI は 2006 年を 100 とした値。

出所：NSO, *Family Income and Expenditure Survey*, various issues より作成。

　ス業のシェアが上昇しており（図表13）、表には記載していないが、近年の特徴として零細事業者が大半を占める「卸売・小売・修理業」と「運輸・倉庫」に集中する動きが強まっている。つまり、サービス業における労働力の吸収は潜在的失業者に特徴づけられた労働力市場の構造を改善するのではなく、むしろそれを強化し、OFWs を生み出す低賃金雇用を構造化してきたとも言える。

（2）所得消費構造と海外送金の影響[13]

　労働力市場の構造が景気の改善によっても改善されてこなかったことは、世帯の所得推移からも見て取れる。図表 14 は 1994 年から 2012 年までの年間世帯平均所得の推移を名目額と実質額で示したものであるが、名目額では 1994 年の 8 万 3161 ペソから 2012 年の 23 万 5000 ペソへ増

---

[13] 海外送金が受け入れ国の経済や開発に及ぼす影響については、これまでに多くの研究が蓄積されてきた。フィリピンの海外出稼ぎ労働者の及ぼす社会・経済的影響を調査した、Institute of Labor and Manpower Studies,Working Abroad : *The Socioeconomic Consequequences of Contract Labor Migration in the Philippines*, Manila,1984 を紹介した、桑原靖夫「アジアにおける国際労働力移動の一断面～フィリピン経済と海外出稼ぎ労働者」『日本労働研究雑誌』No.373、日本労働研究機構、1990 年 10 月／矢内原勝・山形辰史編『アジアの国際労働異動』アジア経済研究所、1992 年や藤森英男「国際労働移動と国内経済へのインパクト—フィリピンの事例を中心に—」『富大経済論集』第 36 号第 3 巻、1991 年の他にも、佐藤忍「フィリピンからみた外国人労働問題研究の現在」『大原社会問題研究所雑誌』No.529 ／ 2002.12 が内外の研究動向をまとめている。フィリピン国内でも、Philippines Institute for Development Studies や ADB も多くの研究を行なっている。

加したものの、実質額では 16 万 4026 ペソから 18 万 630 ペソへと僅かに上昇したに過ぎなかった。

　図表 15 はそれぞれ業種別、職種別、事業形態別の平均日給から年収を算出したものである。業種別の年収から確認していくと、一次産業の年収が最も低く、つづいてサービス産業の「卸売・小売・修理業」となっている。職種別でも一次産業に従事する就業者の割合が多い「肉体労働・未熟練労働者」（図表 12 参照）と「農家・林家・漁師」が最も低く、「販売サービス・販売員」がつづく。事業形態別の収入を確認すると、他の就業形態に比べて個人事業者の年収が業種別、職種別を含めたすべての分類のなかでも最低の金額となっている。一次産業やサービス産業では小規模零細事業者が多いことは先述したが、これらの産業に従事する就業者が収入面で最底辺を構成している。特に「卸売・小売・修理業」は、近年就業者数が増加している業種であり、この点からも近年の雇用環境が低賃金構造を緩和する方向ではなく、強化する方向に向いていることが推察される。

　以上の所得構造を念頭におき、つづいて世帯の消費構造を検討していく。図表 16 は 2006 年と 2009 年の所得階級別世帯の平均所得と支出、貯蓄額を示したものである。所得と支出において全体の平均を上回るのは所得上位 3 階級、支出では上位 2 階級にとどまる。また、所得上位 20％が支出全体の 5 割近くを占めており、下位 40％が占める割合は僅か 16％にすぎない。さらに上位 20％が貯蓄全体に占める割合は 8 割を超え、下位 30％は負債を抱えている。

　同様に図表 17 は、所得階級下位 30％と上位 70％による支出項目ごとのシェアを示したものである。どちらのグループにおいても食料・飲料費が大きなシェアを占めるが、下位 30％でその割合は 6 割を超えている。これに光熱費・水道費や移動・通信費、教育費、家賃関連に税金といった経常支出を加えると、両年ともに全所得階級で 7 割を超えている。フィリピンのエンゲル係数は 40％を上回るが、所得階級にかかわらず大

図表 15 就業者の日給と年収

	2006 年		2009 年	
	平均日給 （ペソ）	年収 （千ペソ）	平均日給 （ペソ）	年収 （千ペソ）
業種別				
農林業	130.22	41	142.87	38
漁業	157.17	53	174.62	46
鉱業	200.55	70	241.06	64
製造業	264.99	116	299.93	79
電気、ガス、水道	440.12	70	465.62	123
建設業	264.18	60	276.64	73
卸売・小売・修理業	227.34	63	257.71	68
ホテル、レストラン	237.00	86	264.50	70
輸送、倉庫業、通信	326.35	130	371.29	98
金融・保険業	491.73	95	515.55	136
不動産業	361.47	60	426.24	113
公共サービスほか	414.87	110	433.40	114
教育	459.00	121	522.52	138
医療、社会保障	392.30	104	434.36	115
その他サービス	268.19	71	307.97	81
職種別				
経営・管理職	414.87	166	687.74	182
専門職	459.00	137	589.02	156
技術・準専門職	392.30	110	434.19	115
事務員	268.19	87	370.43	98
顧客サービス・販売員	113.47	58	250.56	66
農林家・漁師	414.87	42	175.52	46
卸売仲買業者	459.00	66	272.70	72
工場労働	392.30	70	296.76	78
肉体労働・未熟練労働	268.19	39	160.75	42
その他	113.47	121	525.32	139
事業形態別				
個人事業	114.16	30	133.20	33
民間事業	250.88	66	294.19	74
政府／政府系企業	433.13	114	502.75	125
家族事業	199.60	53	223.08	66

注：平均年収は 1 カ月の就業日数を 22 日として算出。

出所：DOLE, 2012 *Philippine Industry Yearbook of Labor Statistics*, TABLEL.
Average Daily Basic Pay of Wage and Salary Workers より作成。

第Ⅶ章　グローバリゼーションと国民経済の変容

半の所得は日常生活を送るために支出されていると言える[14]。

　以上の点に加えて図表15と図表16の比較から指摘されるべきことは、2009年の「経営・管理職」以外では、いずれの分類でも個人が受け取る賃金・給与だけでは世帯の平均支出を賄えないことである。図表16の世帯所得は海外送金も含めた複数の所得源泉から成るが、例えば、雇用の中心となっている一次産業関連の就業者や「卸売・小売・修理業」の就業者の年収は2人分にしたとしても平均支出に届かない。このことだけで海外送金への依存度合いを判断することはできないが、日常生活のための支出が全所得階級で7割を超えていることを考え合わせた場合、海外送金が各世帯の支出をかなりの程度支えていると言えるだろう。

　海外送金が世帯の支出行動やフィリピン経済に及ぼす影響をより具体的に検証するためには、送金受取世帯の所得階級別支出構成と金額、さらに送金を受け取っていない世帯との支出構造を比較する必要がある。しかし、管見の限り、そのようなデータは存在しないため、ここではBSPによる送金受取世帯に対する4半期ベースの聞き取り調査（図表18）を掲げる。同調査から送金受取額や支出額についてのデータは得られないが、一定の傾向を把握することはできると思われる。階級別支出構造（図表17）でも確認されたように、食料に支出する割合が高く、ほぼ9割の受取世帯が送金を食料購入に充てている。食料品につづいて支出が多い項目は医療、貯蓄[15]、耐久消費財となっており、債務の返済に

[14] なお、上位階級と下位階級の間で支出構造に大きな違いは見られないが、教育費で下位階級の支出が限られていることは、階級間の流動性を妨げる可能性が高いことを示唆している。

[15] 1カ月の所得が1万ペソを超える世帯が回答数の半数を占め、また所得構造の分析では下位30%がマイナスの貯蓄であったことを考え合わせると、海外送金を貯蓄している世帯が4割前後に達することは矛盾するように感じられる。しかし、ADBの調査によると、銀行を通じた送金の受け取りが80%に達しており、90%が送金を貯蓄しているとの結果が報告されている［Asian Development Bank, *Enhancing the Efficiency of Overseas Filipino Workers Remittances* : Final Report, JULY 2004, p.20］。一方、受取世帯で預金口座を保有する割合は45%にとどまっている［Cristela Goce-Dakila and Francisco G. Dakila, Jr., "MODELING

247

図表16 所得階級別世帯の平均所得・支出・貯蓄額 （単位：千ペソ）

	2006年			2009年		
	所得	支出	貯蓄	所得	支出	貯蓄
全体平均	173	147	26	206	176	31
第1階級	32	35	-3	41	43	-3
第2階級	51	52	-2	64	66	-2
第3階級	65	66	-5以下	81	81	-0.5以下
第4階級	81	79	2	100	97	3
第5階級	100	95	5	122	116	6
第6階級	124	116	8	155	139	11
第7階級	156	143	13	189	171	18
第8階級	205	181	24	244	216	28
第9階級	292	244	47	342	288	53
第10階級	622	460	162	728	535	193

出所：NSO, *Family Income and Expenditure Survey* 2009, TABLE 2. Average Income, Expenditure and Savings of Families at Current Prices by Income Decile: 2006 and 2009.

図表17 所得階層別支出構造 （単位：％）

	2006年			2009年		
	全所得階級	下位30%	上位70%	全所得階級	下位30%	上位70%
支出総額（10億ペソ）	2,561	267	2,297	3,239	352	2,887
食料・飲料費・タバコ	43.0	62.0	40.7	44.1	61.7	41.8
光熱費・水道費	7.6	7.3	7.7	7.1	6.8	7.1
移動・通信費	8.2	3.8	8.7	7.7	3.9	8.2
家事サービス費	2.3	1.8	2.4	2.3	1.7	2.4
日用品・服飾費	6.1	5.7	6.2	6.1	5.6	6.0
教育費	4.4	1.3	4.7	4.3	1.2	4.6
娯楽費用	0.5	0.2	0.5	0.4	0.1	0.4
医療費	2.9	1.7	3.0	2.9	1.7	3.0
非・耐久消費財	2.9	1.0	3.1	2.9	1.0	3.1
税金	1.6	0.2	1.8	2.0	0.2	2.3
家賃・住居維持費	13.2	9.5	13.8	13.4	9.8	13.8
その他	7.2	5.7	7.3	7.6	5.4	7.3

出所：NSO, *2006 and 2009 Family Income and Expenditure Survey Final Results*, TABLE 7. Persencent Distribution of Family Expenditure by Expenditure Item for the Bottom 30 Percent and Upper 70 Percent Income Group: 2006 and 2009.

第Ⅶ章　グローバリゼーションと国民経済の変容

図表 18　海外送金受取世帯の支出行動

	食料	教育	医療費	貯蓄	耐久消費財	住宅購入＊	投資	自動車/バイク	その他	債務返済
2007Q2	91.8	53.1	24.2	15.7	9.0	2.5	4.5	3.5	2.2	22.9
2007Q3	94.1	53.9	24.5	19.8	10.3	1.5	4.1	1.5	2.1	30.2
2007Q4	97.3	61.2	29.3	17.5	7.5	1.1	5.9	1.4	0.7	34.0
2008Q1	96.2	62.4	38.5	14.0	6.5	6.1	1.8	1.6	0.7	31.1
2008Q2	95.7	62.3	51.2	31.3	20.3	14.3	3.0	5.1	6.2	39.2
2008Q3	95.6	68.2	44.4	30.4	18.0	12.4	7.4	4.4	8.4	36.0
2008Q4	95.8	68.2	57.6	35.8	24.6	16.1	4.7	6.4	6.3	48.9
2009Q1	94.7	69.8	55.2	40.0	24.7	11.2	5.9	5.5	4.5	48.5
2009Q2	96.2	68.2	62.4	38.3	25.9	10.8	8.3	7.0	6.1	51.1
2009Q3	93.4	71.8	63.2	39.9	26.5	12.1	7.6	6.8	6.6	50.0
2009Q4	95.2	65.8	62.2	44.8	26.0	10.5	7.1	6.7	6.5	49.2
2010Q1	97.0	69.5	56.7	50.4	30.0	15.0	5.8	6.6	4.5	48.5
2010Q2	96.3	64.2	51.4	38.0	27.0	11.9	7.2	7.7	5.0	43.3
2010Q3	96.0	71.7	61.6	43.0	31.0	15.5	7.0	11.3	7.1	50.3
2010Q4	96.7	72.6	61.1	43.7	28.9	11.3	5.8	7.7	2.6	49.8

注 1：回答世帯の所得別割合は調査ごとに若干の変化があるものの、1万ペソ以下の世帯が全
　　　体の5割を占め、1万～3万ペソが4割、3万ペソ以上が1割となっている。
注：複数回答のため加算しても100％にはならない。
出所：BSP, *Consumer Expectation Survey* 各年版より。

充てる世帯も増えている。一方、住宅購入や投資といった将来の生活に
かかわる項目に支出する世帯は限られ、この点からも送金が日常生活向
けの支出に充てられていることが確認できる。

THE IMPACT OF OVERSEAS FILIPINO WORKERS REMITTANCES ON
THE PHILIPPINE ECONOMY", *BSP Working Paper Series*, No. 2006-02,
Bangko Sentral ng Philipinas, 2006, p.2]。したがって、サンプル調査で貯蓄と回
答した世帯が金融機関に貯蓄しているとは限らない。

（3）OFWs 創出メカニズム

　以上の分析から明らかなように、フィリピンの多くの世帯では個人の収入だけでは世帯の支出を賄えない状況にある。そのため海外送金による購買力の供給も大半が食料品をはじめとする日常生活向けの消費に充てられる。その結果、内需の拡大を通じて経済が成長し、卸・小売業における「販売サービス・販売員」などのサービス業を中心に雇用も拡大するが、当該職種は農林漁業の肉体労働者に次いで低い賃金職種であった。

　一方、消費の拡大を通じて資本蓄積を進める地場資本にとっては、海外送金による国内市場での利益拡大が見込まれることから国際的にも競争が激しい製造業部門に進出する動機は限られている。そのため民間投資は新たな商業施設や不動産などの非生産的部門に集中する。加えて第2節で確認したように、生産活動における中心的産業部門は付加価値の低い後工程に特化した輸出向けエレクトロニクス部門であった。同部門の生産活動は海外市場の動向に左右されるため、内需主導の成長が同部門に及ぼす影響は限られている。

　消費の拡大が生産的活動に結びつかない状況で、過剰労働力の解消が急激に進む可能性は限られている。新たな商業施設の増加は販売サービスなどの雇用を生み出すが、過剰労働力が解消されない状況のもと、賃金・給与所得者の実質所得は成長局面においても伸び悩み、それが結局OFWs の増加を促し、海外送金に依存した経済構造を強化していくこととなる（図表19）。即ち、低賃金雇用のもとでの成長が、2000 年代のフィリピン経済を特徴づける「海外送金依存消費主導型」経済成長の実態となっている。

　このようなフィリピン経済の成長は、それ自体として完結したメカニズムを備えていると言える。しかし、その本質は所得と消費の連関が国民経済の枠組みには収まらない点にある。グローバリゼーションの申し子とも呼びうる東アジアの経済成長は、成長の初期段階から市場を国外

第Ⅶ章　グローバリゼーションと国民経済の変容

図表19　家計最終消費支出に占める海外からの雇用者報酬のシェア

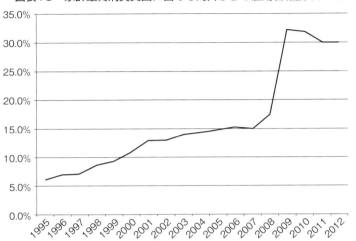

注：2009年の急激なシェア上昇は統計作成基準が2008SNAに変わったことによる。
出所：UNdata HP より（2014年11月19日）。

に求め、また生産のための資本や技術も海外から取り込むものであった。その意味で、東アジアの成長も「外生的循環構造」[16]と呼ばれるように世界経済との強い連関を特徴とするものだったが、そのような成長メカニズムにおいても生産と所得は国民経済の枠内にとどまっていた。ところが、今日のフィリピン経済は、成長を主導する消費の拡大が海外から供給される所得を不可欠としている点にある。フィリピンでは国内での生産と消費に基づく国民経済という資本主義経済の基本的枠組みが、大きな変容を遂げつつあると言える。

むすびにかえて

ここまでフィリピン経済の構造を分析することで、海外送金の役割・機能を検証してきたが、以下では世界的にも増大傾向にある海外出稼ぎ

[16] 涌井秀行『東アジア経済論　外からの資本主義発展の道』大月書店、2005年。

労働者と海外送金を巡る議論を取り上げ、批判的に検討することにより、グローバリゼーションと国民経済との関連、相互影響を確認してみたい。

　海外送金が受け取り国経済に及ぼす影響については、「オランダ病」を引き起こす可能性が指摘されている[17]。「オランダ病」は天然資源の発見とその輸出が当該国通貨の高騰を引き起こして輸出産業の衰退を招くことから、「資源の呪い」として論じられている。ただし、天然資源の輸出が成長を阻害するとは限らない。資源の輸出によって獲得した外貨をどのように利用するかは必然的に決まっているわけではないからである[18]。国内産業構造の転換に活用し、輸出構造の多様化を図って経済成長を実現したマレーシアのような事例に見られるように、「資源の呪い」は資源輸出による外貨収入をどのように利用するかによって変わってくる。一方、海外送金の流入拡大は現在の産業構造を転換することなく、国際収支の安定を図ることが可能なことから、国内における政治的コストも低く保たれる。この意味において、労働力の輸出を通じた送金受け取りは「オランダ病」と対比されるのである。

　フィリピンが産業構造の転換を図ることなく海外送金の受け取りによって経常収支の改善に成功したことは、本章でも確認してきたことである。労働力輸出政策は、現在のフィリピンにおいて成長政策の一環に位置づけられている。だが、海外送金で貿易赤字をファイナンスする産業構造はOFWsが増加する以前からつづいてきた現象でもあった。むしろ、産業構造の転換を通じて労働力市場を改善することができなかったことがOFWs、ひいては海外送金の拡大をもたらしてきたとも言える。潜在的なOFWsの予備軍である不完全失業者を再生産する労働力市場の構造は、OFWsが増加する以前からフィリピンの基本的な構造に組

---

[17] Edsel, Beja Jr, "Do international remittances cause Dutch disease?", MPRA Paper No. 23022, (Online at http://mpra.ub.uni-muenchen.de/23022/), 01. June 2010（DL : 2013年11月7日）.

[18] ポール・コリアー著、村井章子訳『収奪の星　天然資源と貧困削減の経済学』みすず書房、60-64頁。

第Ⅶ章　グローバリゼーションと国民経済の変容

み込まれ、海外送金の増加はむしろその構造を強化しているとも言える。何よりも、1960年代にはアジアの優等生と呼ばれていたフィリピン経済が、その後「アジアの病人」と揶揄されるようになったのはOFWsが増加する以前のことだったのである。

　ただし、このことはフィリピンにおける低賃金雇用の要因が、国内政策だけに起因することを意味しない。OFWsの促進はフィリピン政府が政策として押し進めてきたことではあるが、それが進展してきた背景には受け入れ国側の要因も作用している。フィリピンの出稼ぎ労働者の増加要因としては、しばしば英語に堪能であることが指摘されている。フィリピンは世界でも有数の船員国家で日本の海運業界でもフィリピン人船員は欠かせない存在になっている。ただし、日本の海運業界でフィリピン人船員が大量に雇用されているのは、フィリピン人の英語能力だけでなく、日本の海運業界が激しい競争のなかで安価な労働力を必要としているからである。香港では10万人以上のフィリピン人女性が家事労働者として雇用されているが、香港の外国人家事労働者はフィリピン人だけに限らない。近年ではインドネシアなど必ずしも英語の会話能力が堪能ではない国々からの雇用も増えている。香港における外国人家事労働者の雇用拡大の背景には、女性を労働力市場に導入することで潜在成長力を引き上げようとする香港経済の構造的要因がある。

　さらに、これまでフィリピンの出稼ぎ労働者の就業先は中東の建設労働が中心だったが、2000年代半ばからは台湾や韓国などでの工場労働者が増加している。1990年代、台湾や韓国は安価な労働力を活用するために生産の海外移転をすすめていたが、とりわけ韓国では米韓自由貿易協定の締結以降、海外からの労働力受け入れ政策を積極的に推進している。韓国における海外労働者の増大は、世界経済における韓国経済の位置づけが変化したことが作用している。

　また、海外送金が受け取り国経済に及ぼす影響としては、人的資本の蓄積を促す可能性が指摘されている。低所得階層の送金受け取り世帯が教育への支出を拡大し、経済成長にプラスの影響を及ぼすという指摘で

253

ある。ADB の調査などではフィリピンの低所得階層の子どもたちの就学率や進学率の低下が指摘されているが、フィリピンでは低所得階層の送金受け取り世帯において教育への支出が拡大しているかは必ずしも明らかになっていない。さらに人的資本の観点から捉えた場合、フィリピンは東南アジアの中でも早くから高等教育が発展し、人的資本の蓄積が高い国の一つと言える[19]。何よりも、人的資本の蓄積だけでは生活や雇用の改善につながらないことは、チュニジアで生じた「アラブの春」からも明らかであるように思われる。「アラブの春」の主体となったのは、高等教育を受けながらも雇用に恵まれない若者たちだった。

これらの事実は国境を越えた労働力の国際的移動を、「単一の世界システムの内的動因として」把握する必要性を改めて示していると言える[20]。歴史を振り返れば、資本主義経済の展開は、国境を越えた労働力の移動を排除する主流派経済学が想定するようなものではなかった。貿易を通じた資本主義経済の世界的拡張は、奴隷貿易というヒトの移動なくしては成立しなかったのであり、資本主義経済の歴史はヒトの移動の歴史とも言える[21]。

労働力移動を促す「世界システムの内的動因」を分析する能力を筆者はまだ持ち合わせていない。したがって、この点については今後の研究課題としたい。ただ、世界システム論を提起したウォーラステインが指摘したように、「単一」の世界システムは「画一的」なシステムを意味するものではない[22]。むしろ世界システムは、つねにシステムに完全に

---

[19] 過剰労働力に特徴づけられた労働力市場では、教育水準に見合った雇用先を見つけることは限られている。それゆえ教育水準の高い労働力が職を求めて海外に流出する状況が作り出されている [IBON, "Declining OFW Remittances", *Facts & Figures*, Special Release, Vol.32, No.14, 31 July 2009]。

[20] 森田桐郎著、室井義男編集『世界経済論の構図』有斐閣、1997 年、245 頁。

[21] エリック・ウィリアムズ著、中山毅訳『資本主義と奴隷制』（世界史業書）、明石書店、2004 年。ケネス・ポメランツ、スティーヴン・トピック著、福田邦夫、吉田敦訳『グローバル経済の誕生　貿易が作り変えたこの世界』筑摩書房、2013 年。

[22] イマニュエル・ウォーラステイン著、川北稔訳『新版　史的システムとしての資

第Ⅶ章　グローバリゼーションと国民経済の変容

は取り込まれない外部を創り出してきた。労働力の国際的な移動は国家が堅持する国境の壁によって生み出されているのである。その意味で、グローバリゼーションの展開は、国境の壁を引き下げることではなく、資本にとって国境をより柔軟に利用することに、その最大の特質があると言えるだろう[23]。

＜引用参考文献＞

イマニュエル・ウォーラステイン著、川北稔訳『新版　史的システムとしての資本主義』岩波書店、1997 年。

ケネス・ポメランツ、スティーヴン・トピック著、福田邦夫、吉田敦訳『グローバル経済の誕生　貿易が作り替えたこの世界』筑摩書房、2013 年。

槙太一「OFW, 海外送金とフィリピン経済の発展」『京都学園大学経済学部論集』第 19 巻第 1 号、2009 年、79〜96 頁。

森田桐郎著、室井義男編集『世界経済論の構図』有斐閣、1997 年

涌井秀行『東アジア経済論　外からの資本主義発展の道』明石書店、2005 年。

Alessandro Magnoli Bocchi, "Rising Growth, Declining Investment: The Puzzle of the Philippines Breaking the "Low-Capital-Stock" Equilibrium", *Policy Research Working Paper*, 4472, The World Bak, January 2008.

Asian Development Bank, *Enhancing the Efficiency of Overseas Filipino Workers Remittances: Final Report*, JULY 2004.

CARLOS, MariaReinaruthD., "International Remittances inthe Philippines: A StrategyforEconomic Development,「国際文化研究」第 12 号、2008 年、71〜87 頁。

Edsel, Beja Jr, "Do international remittances cause Dutch disease?", *MPRA Paper*, No. 23022（Online at http://mpra.ub.uni-muenchen.de/23022/）, 01. June 2010（DL: 2013 年 11 月 7 日）.

IBON, "Declining OFW Remittances", *Facts & Figures*, Special Release, Vol.32, No.14, 31 July 2009

本主義』岩波書店、1997 年。

[23] フォーディズムとテーラー主義に基づく先進国の資本蓄積メカニズムが 1970 年代に限界を迎えるなか、グローバリゼーションのもとで FDI による生産の国際化と国際労働力移動の増加が先進国内での賃金上昇を抑制すると同時に、新興国市場を創出することで新たな資本の蓄積メカニズムが構築されてきた［飯田和人、「資本主義の歴史区分とグローバル資本主義の特質」『政経論叢』第 73 巻 3・4 号、2009 年。

International Monetary Fund, *World Economic Outlook : Globalization and External Imbalances*, International Monetary Fund, April 2005.

National Statistics Office, *Family Income and Expenditure Survey*, various issues.

National Statistical Coordination Board, *Philippine Statistical Yearbook*, various issues.

The World Bank, *Global Economic Prospects 2006 : Economic Implications of Remittances and Migration*, The World Bank, 2006.

〔第Ⅷ章〕

世界経済システムと第三世界
—サハラ以南のアフリカ—

福 田 邦 夫

まえがき

　ベルリンの壁の崩壊（1989 年）とソ連邦の消滅（1991 年）は、冷戦体制の崩壊だけではなく、世界政治・経済が新たな段階に突入したことを告げる出来事であった。新たな段階とは何か？　米ソ対立を基軸として展開された古典的帝国主義体制の時代に代わって、国民国家（Nation stats）を超えた新しい権力、すなわち産業資本と一体化した国際金融資本が世界を一元的に支配する世界支配体制（グローバルシステム）が確立したということである。メキシコのサパティスタ民族解放軍（EZLN）司令官マルコス（Subcomandante Marcos）が指摘しているように、グローバリゼーションの主要な敵は、資本の自由な流れを妨げる国民国家（関税、外国為替管理、国内産業の保護）であり、資本の自由な流通、増殖、その理想の達成を妨げるすべてのものなのである。グローバリゼーションとは何か？マルコスは以下のように述べている。「まさにグローバリゼーションは世界を一つの大企業に変えてしまい、この大企業をIMF（国際通貨基金）、世界銀行、OECD（経済協力開発機構）、WTO（世界貿易機関）アメリカ合衆国大統領からなる取締役会によって運営・管理することなのだ。こうした状況のもとでは、各国政府は、この取締役会の代理人、ある種の地方管理人にしか過ぎなくなるのだ[1]。」

---

[1]　イグナシオ・ラモネ（湯川順夫訳）『マルコス　ここは世界の片隅なのか：グローバリゼーションをめぐる対話』、現代企画室、2002 年、39 ～ 40 頁。

1. サハラ以南のアフリカ（SSA）における中産階級の出現

　21世紀を迎えた現在、世界経済は大きな変動に直面している。UNCTAD（国連貿易開発会議）報告書（2012年度版）は世界経済の変化について以下のように述べている。

　「世界金融危機とその影響は、世界経済の中において途上国が占める役割をより大きなものにしつつある。2006～2012年の期間、世界のGDPの74%が途上国により実現され、僅か22%が発展諸国（developed countries）で実現された。これは、2006年以前の10年間と際立ったコントラストを示している。1980年代、1990年代において発展諸国は、世界のGDPの75%を実現していたのに、2000～2006年には50%以下に落ち込んだのである[2]。」

　同報告書は、これまで経済成長という「果実」を追い求めていた発展諸国経済（以下先進工業国とする）はその座を、これまで先進工業国の経済的支配下に置かれていた途上国に譲りつつあると指摘している。

　確かに図1に示されるように、アフリカは中国、アジアの途上国、インドに次ぐ直接投資を受け入れており、高い経済成長を遂げている。このような変化を資本主義発展の重心が移動したと捉えるか、或は先進工業国の中核企業が競合企業には真似ができない事業の核となる能力のみを本社＝グローバル・シティに残して、サービス産業や労働集約的な生産機能を賃金の低い途上国に移転しただけであり、経済的ヘゲモニーは依然として先進工業国日米欧に本拠を構える巨大企業が掌握し続けており、支配の形態が変化しただけだと捉えるかは議論の余地がある。

　この点に関して、D．ハーヴェイは、「1960年代における日本の台頭、続いて1970年代における韓国、台湾、シンガポール、香港、そして1980年代における中国の急成長、その後、それに伴って起きた1990年

---

[2]　UNCTAD,Trade and Development Report,2012,p.3.

(図1) 直接投資と経済成長の国際比較 (2001〜2012年の平均値)

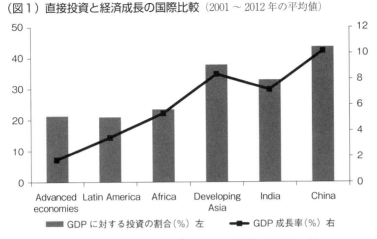

(出所) "African Economic Outlook 2014"、AfDB、OECD、UNDP p.30.

代におけるインドネシア、インド、ベトナム、タイ、マレーシアの急激な工業化。これらは資本主義の発展の重心を移動させた[3]」と述べている。

確かに国家を単位として見れば、また国家単位での経済成長率のみで世界をとらえるならば、D. ハーヴェイが指摘するように、高い経済成長を記録し続けている中国やインドネシア、インド、ベトナム、タイ、マレーシアに資本主義発展の重心が移動したと捉えることができる。さらに高い経済成長を記録しているSSA（サハラ以南のアフリカ）に資本主義発展の重心が移動したと捉えることもできる。

しかし、このような分析方法では資本主義の発展の基軸を捉えることはできない。2014年4月に世界銀行が発行した「アフリカの鼓動」（Africa's Pulse）は、サハラ以南のアフリカ（SSA）は、ここ数年来めざましい経済発展を遂げていると称賛し、以下のように述べている。

「サハラ以南のアフリカ（SSA）の経済は、2013年の4.7％から順調に成長し、2014年には5.2％になると予測される。その背景には、天然

---

[3] デヴィッド・ハーヴェイ（森田成也他訳）『資本の謎』、作品社、2013、54頁。

資源とインフラへの投資拡大そして順調な個人消費が挙げられる[4]。」

「アフリカの鼓動」は、高い経済成長率を記録したのは、シエラレオネやコンゴ民主共和国など資源が豊かな国であったと述べているが、コートジボワールも引き続き堅調な経済成長を遂げており、政治が安定し治安が改善したマリも好転し、エチオピアやルワンダなど資源に恵まれない国も 2013 年は堅実な経済成長を記録したと述べている[5]。

高い経済成長率は何によって実現されたのか？世界銀行やアフリカ開発銀行は、資本移動の自由化により途上国に流れ込む FDI（直接投資）こそが、高い経済成長を実現し、さらにはフラットな世界を創り出し、貧困を解決していると主張している。

これと歩調を合わせてアフリカ開発銀行は、SSA 諸国の高い経済成長は貧困を撲滅しつつあるとして、以下のように述べている。

「これまでの 20 年間にわたる高い経済成長によってアフリカの貧困は削減され、中産階級が増大した。2010 年までに中産階級は、アフリカ総人口の 34％、約 3 億 500 万人に達した。1980 年の中産階級は全体の27％、約 1 億 2600 万人であった。1990 年は総人口の 27％、2000 年は総人口の 27％、2 億 2000 万人であった。1980 〜 2010 年の期間、中産階級は年率 3.1％増加しており、人口増加率 2.6％を上回っている。しかしアフリカの中産階級の 60％、1 億 8000 万人は、貧困層に近い階層である[6]。」

「過去 20 年間にわたる高い経済成長により、かなりの中間層が出現し、貧困は著しく削減された。中産階級が増大したので消費支出が力強く伸び、SSA の中産階級の消費額はヨーロッパの発展途上国（Developing European Countries）の 1／3 に接近している。……アフリカの政府に

---

[4]　The World Bank, "Africa's Pulse",p.5.

[5]　AfDB、The Middle of the Pydamid:Dynamics of the Middle Class in Africa.p.3. http://www.afdb.org/fileadmin/uploads/afdb/Documents/Publications/The％20 Middle％20of％20the％20Pyramid_The％20Middle％20of％20the％20Pyramid. pdf

[6]　*Ibid.*,p.2-3.

第Ⅷ章　世界経済システムと第三世界

とって最も重要な政策は、中間層を如何にして増大するかにある[7]。」

　それでは、高い経済成長により出現した中産階級とは何か？アフリカ開発銀行は以下のように指摘している。

　「確かな分類方法に従えば、中産階級とは 2005 年の米ドルに購買力平価で換算して年間所得が 3900 ドル以上の個人、又は一日当たりの支出が 2 ドル〜 4 ドルと 6 ドル〜 10 ドルの間の個人を指す[8]。」

　中産階級は低所得中産階級と高所得中産階級に区分されており、低所得中産階級は 1 日当たりの消費支出額が購買力平価で 2 ドル〜 10 ドル、高所得中産階級は 10 ドル〜 20 ドルと規定されている。同開発銀行によれば、この中産階級は、「何か社会的な衝撃があれば、貧困の中に投げ出される可能性が非常に高い[9]」と述べている。また浮遊階級（floating class）は、1 日当たりの消費支出額が購買力平価で 2 ドル以下の個人または家計とされているが、2 ドルで生活をする個人または家計を低所得中産階級と浮遊階級の双方に入れており、きわめて曖昧な規定が行われている。

　また同銀行は、アフリカの未来について以下のように述べている。

　「アフリカで中産階級は将来的に増加することは確かであり、このグループこそがアフリカ大陸の経済的・政治的発展の鍵を握っている。しかしながら誰がこのグループに属し、中産階級が何人になるかを測定することは困難である。最近行われた予測によれば、中産階級は 3 億〜 5 億人に増大し、この階級は巨大な貧困層と僅かばかりのエリート層の中間を占めるようになる。アフリカで出現しつつある中産階級は、インド

---

[7]　AfDB、The Middle of the Pydamid:Dynamics of the Middle Class in Africa.p. http://www.afdb.org/fileadmin/uploads/afdb/Documents/Publications/The % 20 Middle % 20of % 20the % 20Pyramid_The % 20Middle % 20of % 20the % 20Pyramid. pdf.p.3.

[8]　The brief uses an absolute definition of per capital daily consumption of $2 – $20 in 2005 PPP US dollars to characterize the middle class in Africa. p.2.

[9]　AfDB、The Middle of the Pydamid:Dynamics of the Middle Class in Africa.p.2

および中国の中産階級に匹敵する[10]。」

アフリカ開発銀行は、人口1億7000万人を擁するナイジェリアでは、国民の27％が低所得中産階級、17％が高所得中産階級、計44％（7500万人）が中産階級であり、残りの56％（9500万人）が浮遊階級（floating class）であると規定している[11]。浮遊階級とは1日2ドル以下で生活する貧困層に他ならない。また、「アフリカの中産階級の60％は貧困層に近い階層である」とすれば、ナイジェリアの中産階級の内4500万人を浮遊階級に加算すると、1億4000万人が貧困層ということになる。

この点に関して米国のアフリカ研究者J・バログン（Jumoke alogun）は以下のように指摘している。

「ナイジェリアは確かに高い経済成長を記録している。しかし失業率も2006年12月の5.8％から2012年1月には23.9％へと増大している。これは政府が発表した数字であり、求職活動を諦めた労働者やワーキングプアーは除外されている。ナイジェリアの失業者はここ5年間に急増し、今や1億1200万人に達している。これらの人々は食糧や清潔な水を欠き、着るものもなく衛生状態は悪く、住居もなく、教育も受けていない[12]。」

他方、南アに拠点を持つEmerging Markets Centerは、"EY's attractiveness survey、AFRICA 2014"において、アフリカが高い経済成長を実現したのは、これまで投資市場として魅力がなかったアフリカ大陸が、今や世界でアメリカに次いで二番目に魅力ある投資市場になったからであるとし、以下のように述べている。

「世界経済危機以前（2003〜07）と以降（2008〜13）のSSAに向けたFDIを比較すると、2007年が分岐点になっていることがわかる。2007

---

[10] Ibid.,p.3.

[11] Ibid.p.18.

[12] Africa Is Rising. Africans Are Not. Posted by admin on Friday, February 15, 2013-22 Comments. http://www.compareafrique.com/africa-is-rising-most-africans-are-not/

年から SSA への投資計画（FDI projects）ならびに投資額は増大している。アフリカ大陸のなかの SSA に対する投資は、2013 年になると急激に伸びており、投資計画の 82.8％、雇用創出計画の 79％を占めている。高い経済成長を支えているのは確実な FDI の流入であり、南ア、ケニア、ガーナ、ナイジェリアにおいて著しく増大している[13]。」

　「アフリカ大陸が、今や世界でアメリカに次いで二番目に魅力ある投資市場になった」というのは、未だ実現されていない投資計画（FDI projects）であり、現実とは余りにも懸け離れている。2013 年度 UNCTAD 年度報告書によれば、2012 年度にアフリカ大陸全体に流入した FDI は 500 億ドル、世界の 3.7％にしか過ぎない。また FDI 流入額（対内投資額）が国外に流出する割合（inward rate of return）は高く、アンゴラが 87％、ナイジェリアが 36％、ナミビアが 14％、ザンビアが 13％を記録している[14]。ちなみに世界の工場に変貌しつつある東南アジアへの FDI 流入額は 4070 億ドル、世界全体の 30.1％に達している。

2. 経済成長戦略

　世界銀行やアフリカ開発銀行が称賛するように、SSA において、高い経済成長により 3 ～ 5 億人もの中間層が出現し、貧困は著しく削減されつつあるのだろうか？今から 15 年前の 2000 年 9 月に開催された国連ミレニアム・サミットでは、21 世紀の国際社会の目標として「国連ミレニアム宣言」を採択し、「1 日 1 ドル以下で生活している人々を 2015 年までに 1990 年の半分にする」ことを目標に掲げているが、急激な経済成長により、ミレニアム開発目標（MDG）は達成されたのだろうか？

　今から 6 年前に発行された「世界銀行年次報告書 2009」では、MDG について以下のように述べていた。

　「2015 年までに貧困を 1990 年レベルから半減させるという目標は現

---

[13] Emerging Markets Center,"EY's attractiveness survey,AFRICA 2014",p.20.

[14] UNCTAD,World Investment Report 2013, United Nation, 2013,p.33.

在も達成可能だが、リスクは山積している。2009 年、極度の貧困状態にある人々の数は、半分以上の途上国（全低所得国の 3 分の 2、アフリカの 4 分の 3 の国々を含む）で増加する可能性がある。世界的な景気後退の結果、2009 年には新たに 5500 万人から 9000 万人が極度の貧困状態に陥ると予想され、慢性的飢餓状態にある人々の数が 10 億人以上へと増加するなど、栄養不良対策の成果が損なわれている[15]。」

　冒頭で引用した「アフリカの鼓動」は、MDG が達成されたとは述べていない。だが高い経済成長により貧困が著しく削減しつつあると述べている。また経済成長こそが貧困を撲滅するための唯一の方策であると述べている。

　それではミレニアム開発目標を達成するために、如何なる方策がとられたのだろうか？第二回地球サミット開催直前の 2002 年 5 月、クリントン大統領（当時）は、「アフリカの成長と機会法」（The African Growth and Opportunity Act：AGOA）に署名した。同法は、ブッシュ二世の指令によって法案が作成されたものであり、アフリカ諸国が市場の自由化を達成することにより、経済成長を成し遂げ、貧困を解決することを謳っており、アフリカ諸国に新自由主義的経済政策を求めている[16]。

　また MDG と歩調を合わせて、2002 年 7 月、南アフリカのダーバンで開催されたアフリカ連合（AU）首脳会議で、アフリカ開発のための新パートナーシップ（The New Partnership for Africa's Development：NEPAD）が打出された[17]。

　NEPAD は、これまでアフリカ諸国が取組んできた開発政策が挫折したことを内外に宣言し、同時に海外からの直接投資と民営化によってア

[15]「世界銀行年次報告 2009」（日本語版）、13 頁。

[16] http://www.agoa.gov/　AGOA の詳細については以下を参照。
　http://aboutusa.japan.usembassy.gov/j/jusaj-ejournals-foreignpolicy02.html

[17] NEPAD は、セネガルの大統領アブドゥラヤ・ワッド（Abdoulaye Wade）、ムベキ南ア元大統領、オバサンジョ・ナイジェリア元大統領、アルジェリアの A. ブーテフリカ大統領により起草された。

第Ⅷ章　世界経済システムと第三世界

フリカ経済の再生を目指すことを宣言した。FDI 流入を促進するため
アフリカ連合（AU）加盟国と先進国クラブ OECD（経済協力開発機構）
は、NEPAD・OECD アフリカ投資イニシアティブを発足し、民間資本
のアフリカへの流入を加速化するため投資環境の整備と促進を図ってい
る[18]。いつの間にか、貧困削減は、アフリカへの投資促進に変容し、徹
底的な民営化が行われた。

　セネガルのワッド大統領（当時）とともに NEPAD を起草したとされ
ているナイジェリアのオバサンジョ大統領（当時）は、1999 年 6 月、
1000 社の国営企業民営化プログラムを発表した際、「国営企業の営業は
非効率極まりない。これら国営企業は、杜撰な経営により年間 100 万ド
ルの損失を出している[19]」と述べ、三段階に分けて国営企業を全て民営
化することを公表した。

　第一段階として、政府が株式を保有する 11 社を株式市場に上場して
売却。第二段階では、政府が株式を保有するホテル、自動車組立会社を
民営化。2001 年からの第三段階では、国営電力公社、国営通信公社、
国営航空会社、石油精製公社 4 社と国営肥料会社を売却。

　民営化プログラムを発表した際、オバサンジョ大統領は、「民営化は
IMF や世界銀行に気に入られるための措置ではない。民営化はナイジ
ェリアの経済を刺激して再生するための措置である[20]」と述べたが、民
営化プログラムのリストには、国の経済を左右する基幹産業部門も多く
あった。効率と利潤獲得のみを目指す民間企業（多国籍企業）に国民経
済の全てを委ねる危険性について国連の報告書は以下のように述べてい
る。

　「ここ 10 年間（2000 ～ 2010 年）、アフリカ諸国の政府は、債権国や

---

[18] http://www.busa.org.za/docs/NEPAD% 20OECD% 20DTI% 20GUIDE.pdf

[19] From Africa Recovery.Vol.14#1.p. 8. "Privatization shifts gears in Africa.More
concern for public acceptance and development impact but problems remain."
http://www.un.org/ecosocdev/geninfo/afrec/subjindx/141priv.htm.（2010 年 8
月アクセス）

[20] Ibid.p.8

265

IMF、世界銀行の圧力のもとで数千社もの国営企業を売却した。民営化を提唱する機関や人々は、無駄を削り、経済効率を向上させ、民間セクターを刺激し、国内外の資本を呼び込むための方策であると主張している。しかし、民営化のプロセスは様々な問題を生み出しているし、議論の余地を残している。アフリカの政府はもっと注意を払って民営化措置を取り扱うべきだ[21]。」

　債務返済不能になったアフリカ諸国が構造調整政策を受け入れ始めた1980年代、民営化プログラムは急激には実施されなかったが、1990年以降は大きく進展し、1996年から1998年の間に、約2700の国営企業が売却されている。また1980年代に民営化された国営企業は、相対的に小規模の国営企業であったが、1996年からは、巨大な国営企業（国営航空会社、国営銀行、国営船舶会社、国営郵便・通信会社）が次々と売却されるようになったのである[22]。

3. 変容するアフリカ

　アフリカの年と言われた1960年には、旧フランス領赤道アフリカ4ヵ国と西アフリカ領8ヵ国、そしてマダガスカルとソマリア、トーゴとカメルーン[23]の計16カ国が独立を達成した[24]。イギリス領ナイジェリア、

---

[21] Ibid.p.8

[22] Ibid.p.8

[23] 第一次世界大戦でドイツから奪ったトーゴとカメルーンは国連の信託統治下に置かれ、フランスの共同領土（territoires associés）とされていた。

[24] フランス領植民地は、ド・ゴールが1958年に打出したフランス共同体自治領として再編された。しかしギニアは、自治領に編成されることを拒否して、1958年に独立した。旧仏領西アフリカとは、モーリタニア、セネガル、オートヴォルタ（現在のブルキナファソ）、スーダン（現在のマリ）、ニジェール、ギニア、コートジボアール、ダホメ（現在のベナン）である。またフランス領赤道アフリカとはガボン、中央コンゴ（現在のコンゴ共和国）、ウバンギシャリ（現在の中央アフリカ）それにチャドである。
　　詳しくは以下を参照．D.C.Bach,A.Kirk-Greene（sous la direction de）Etats et

第Ⅷ章　世界経済システムと第三世界

ソマリランド、およびベルギー領コンゴ共和国（コンゴブラザヴィル）もまた独立した。60 年代中頃までにさらに 30 カ国が独立を達成した。だが、ポルトガル領アンゴラ、モザンビーク、ギニアビサウ、南ア支配下のナミビアが独立するためには 1970 年代を待たなければならなかった。というのは米英が白人帝国南アを反共の拠点とし、アンゴラ、モザンビーク、ギニアビサウの独立運動に軍事介入したからである。このため、ポルトガル領植民地ギニアビサウは 17 年間（1956 ～ 1973 年）にわたり A. カブラルが指導するギニア・カーボベルデ独立アフリカ党（PAIGC）による熾烈な闘いを経て 1973 年 9 月に独立を達成した。またモザンビークは 1975 年 7 月、アンゴラは 1975 年 11 月に各々独立を達成した。

　だがアンゴラやモザンビークでは独立後も英米と南アに支えられた反政府軍が野蛮な軍事介入を展開した。南アは、旧ドイツ植民地のナミビアを軍事支配下に置き、西南アフリカ人民機構（SWAPO）が主導する独立運動を執拗に弾圧し続けた。ナミビアは 1990 年 3 月になってようやく独立した。人種隔離政策（アパルトヘイト）をとり続けた南アは、1994 年になって白人政権が倒壊したが、この間、アパルトヘイトに抵抗した 100 万人以上の人々が犠牲になった[25]。

　ここでまず確認しておかなければならないことは、1960 年代にはアフリカで多くの独立国家が誕生したが、これら新生国家は、東西冷戦のただ中で翻弄され続け、悲惨な闘いに明け暮れなければならず、独立の理念を実体化することは出来なかったということである。

　次に確認しておかなければならないのは、独立とは何だったのか、ということである。確かに独立を獲得したアフリカの国々は国連のメンバーになり、一連の民族国家（nation states）と同等の資格を獲得した。

---

　societe en Afrique francophone,Economica,Paris,1993.

[25] P.du Toit,State Building and Democracy in South Africa,Botswana,Zimbabwe and South Africa,United Ststes Institute of Peace Press,Washington DC,1995. 参照.

267

だが独立を獲得したアフリカの経済は、ヨーロッパを中心とする資本主義世界経済＝単一の世界分業システムからの脱却を図るどころか、以前にも増して一層深く組み込まれたということである。世界的規模での分業体制とは何か？　ウォーラーステインは以下のように述べている。

「16世紀に、アフリカだけではなく世界で起こった変化とは何か。16世紀に、地理的に分業体系が確立していた地域であった北西ヨーロッパ、キリスト教徒が支配する地中海、北東ヨーロッパ（ロシアを除く）、スペイン支配下のアメリカを包む大西洋貿易とバルチック貿易を結び付けるヨーロッパを中心とする世界経済（European World Economy）が出現したことだ。ここでの生産様式は資本主義的生産様式であった。その起源は1450年ごろに遡ることができるが…[26]」

「資本主義的世界経済はその基盤を中核、半周辺、周辺間の分業に置いており、中核、半周辺、周辺の産業部門間では不等価交換が行われ、周辺国は不等価交換を永続させるべく経済的、政治的に中核に従属しつづけている[27]。」

またウォーラーステインは、従属の実態について以下のように述べている。

「だがそれらの国（周辺諸国）はほとんどどれひとつとして、相対的に自立的で集中した政治、経済、文化をもっているといった意味での国民社会（National Society）とみなすことはできない。これらすべての国家は、世界社会システムの部分であって、たいてい特定の旧帝国の経済ネットワークに統合されている。その経済的外観は、基本的に類似している。人口の大多数は、農地で働き、世界市場向けの作物と自分自身の生存のための食べ物を作っている[28]。」

---

[26] Immanuel Wallerstein, "Africa and the Modern World", Africa World Press, Inc. 198, p.63

[27] Immanuel Wallerstein, "Africa and the Modern World", Africa World Press, Inc. 1986, p.64.

[28] I. ウォーラーステイン（日南田靜眞監訳）『資本主義世界経済』（Ⅱ）名古屋大学出版会、1988年、17頁。

第Ⅷ章　世界経済システムと第三世界

　またG.5フランク（Gunder Frank）は、新植民地主義支配下に置かれている南側諸国を発展途上国として位置付けることに対して激しく批判した。G.5フランクは、地球の南側に位置する多くの国は政治的独立を達成したが、政治的独立によって帝国主義諸国による経済的搾取に終止符が打たれたわけではない。最も貧しい諸国は帝国主義諸国と極めて強い商品取引関係を結び、これによって経済的に搾取されていると指摘し、以下のように述べている。

　「スペイン人による征服以来、世界の資本主義体制がもつ植民地構造こそが、ラテンアメリカにおける経済的・階級的構造を決定づけていることを知る。中枢国とその植民地衛星であるラテンアメリカのブルジョワジーとの間の経済的政治的関係が緊密になればなるほど、ラテンアメリカの経済的、政治的政策も低開発性の発展（development of under-development）を強めるのである[29]。」

　フランクはラテンアメリカを事例として述べているが、この指摘は独立を獲得したアフリカ諸国にも適合する。事実、独立後も植民地時代と同じように世界市場向けの作物（換金作物）を栽培していたアフリカ諸国は、一次産品ブーム（1970～78）を背景に奇跡的な経済成長を遂げていたが1980年代初頭以降、国際市場における一次産品価格の急激な下落により大きな経済的衝撃を受けたのである[30]。また一次産品価格の下落と同時に債務危機が発生した。債務危機が発生したのは、1970年

---

[29] Gunder Frank, Lumpen-Bourgeoisie and Lumpen-Development, Monthly Review Press, 1970.（アンドレ・G.5フランク著、西川　潤訳　『世界資本主義とラテンアメリカ』岩波書店、1978年、152頁）。Gunder Frank, Latin America: Underdevelopement or Revolution, Monthly Review Press, 1969.（大崎正治・前田幸一・中尾久訳『世界資本主義と低開発』柘植書房、1976年）を参照。なおG.5フランクは、ソ連マルクス主義の近代化論の批判も射程に入れていた。

[30] この点について1990年に発表されたサウス・コミッション・リポート（The Report of the South Commission）は、「1980年代の南側諸国を包む国際経済環境は、突然、暴力的なまでに悪化し、南側諸国の経済は未だ経験したことのない災厄・危機が深化した」と述べ、経済危機の要因を外部環境の変化に求めている。The Report of the South Commission：The chalenge to the South.　1990.

代の後半期以降、世界銀行がオイル・マネーのリサイクルを奨励し、発展途上国に対する貸し出し規制を大幅に緩和したからである。この点に関してベルギー大学のトゥッサンは以下のように指摘している。

「73年以降、IMF、世界銀行、商業銀行および先進工業国政府は、先進工業国の技術および企業による大規模なインフラ整備計画を打出し、サハラ以南のアフリカの政府と大規模プロジェクトの契約および融資協定に調印した。またこの時期は、国際金融市場における利子率がきわめて低かっただけに、資金の貸し出し競争が熾烈をきわめ、先進工業国の企業や政府ミッションがアフリカ諸国へ押し寄せ、巨大プロジェクト受注に血眼になった時期であった。こうした状況は、すでに腐敗のきわみにあった途上国の政治権力を益々腐敗させ、贈賄による大型プロジェクト受注を日常化させ、腐敗した政治権力をさらに強大化させることとなった。1970年から80年までの10年間にサハラ以南のアフリカの対外累積債務は、実に12倍強に増加したのである[31]。」

一次産品価格の下落を契機としてアフリカの大半の国は1980年代初頭に債務返済が困難な状況に陥った。「最後の貸し手」と言われるIMF、世界銀行が重債務国の債務危機の「救済」に乗り出した際に、打ち出したのが構造調整政策（Structural Adjustment Programs：SAP）である。SAPは、インフレを鎮静化するための通貨・金融政策であり、国営企業の民営化と国家による為替管理の撤廃を骨子とする経済の全面的自由化政策だった。また労働市場の規制緩和、生活必需品に対する政府補助金および政府による価格管理の廃止、外資に対する全面的な規制緩和を条件に債務返済繰り延べを認めたのである。

さらに1997年、世界銀行とIMFは、41カ国を対象に、重債務貧困国イニシアティブ（Heavily Indebted Poor Countries Initiative：HIPI）を打ち出して、SAPの完全履行を条件に債務帳消しを試みたが、期待した成果をえることが出来なかったので、2002年に、貧困削減プログラ

---

[31] Eric TouSSAint, "Sortir du cycle infernal……", op.cite.,

ム（Poverty Reduction Program：PRP）を打ち出し、重債務貧困国に貧困削減計画（Poverty Reduction Paper）を受け入れさせた。

だが、1996年までの段階で、債権国が債務国の債務返済免除した総額は、11億ドルでしかなく、この間、最貧国41カ国が債権国に支払った債務利子・元本総額は350億ドルに達する[32]。

NEPADは、IMF、世界銀行、何よりもグローバル資本が推奨する新自由主義の理論をアフリカの指導者が正式に認めたことを意味する。

4. 新自由主義とアフリカ

これまで検討したように、独立を獲得したアフリカ諸国は先進工業国、中国およびインドを中心とする新興工業国から流れ込む資本にすべてを託し、今やFDIにすべてを懸けている。新自由主義の論理に従うようになったのはアフリカだけではない。ヴィジャイ・プラシャドは以下のように述べている。

「第三世界諸国がいわゆるグローバリゼーション（新自由主義の覇権）の論理に従うようになったのは、単に帝国主義の圧力に屈したからではない。第三世界の内部で、民族解放政党が選択した社会発展の戦略に、真っ向から反対する動きがあったためでもある。1980年代の初めには、別の道を選択できたかもしれない。しかしこの社会発展の道を歩もうとしたのは、キューバのような少数の孤立した地域だけであった。…1983年までの非同盟諸国の工業生産は、世界の工業生産の10分の1であったが、実際にその生産高の4分の3は多国籍企業によってコントロールされていた。そしてこの工業生産の実に80パーセント以上が、わずか5ヵ国—ブラジル、韓国、インド、メキシコ、アルゼンチンによるものだった。これらの国（特にインド、東アジアの『小龍』、そしてブラジルこそが、第三世界アジェンダの挫折に大きく関与していたのである）

---

[32] http://www.africaaction.org/cancel-africas-debt.html（2000-4-03）

……（第三世界は）経済的主権を IMF に引き渡してしまった。そして IMF が先進工業諸国からの借款の補償として機能したのである。[33]」

　ここで問われなければならないのは、ヨーロッパを中心とする世界経済に構造的に従属していた周辺国 SSA が、高い経済成長によって構造的従属関係を断ち切ったのか、ということだ。アフリカ大陸は 4 〜 5 世紀間にわたり、中核諸国の植民地支配に甘んじていたのであり、中核と周辺を結び付けていたのが商品連鎖に他ならない。

　世界銀行は、「SSA への資本の流れは 2013 年度には GDP の 5.3％に達し、途上国平均 3.9％を上回った。2013 年度の SSA への FDI 流入総額は 430 億ドルに達した。これはアンゴラ、タンザニア、モザンビーク他多くの国で石油、ガス鉱床が発見されたことによる[34]」と述べ、FDI 流入こそが経済成長の主要因だと主張している。

　ここで UNCTAD の年次報告（2013）によりアフリカに対する FDI を検討してみると以下のことがわかる。先ず表 1 に示されるようにアフリカ大陸全体に対する 2012 年の投資額は、2007 年と比較して約 12 億ドル減少している。しかし図 2 に示されるようにアフリカ全体の中で占める SSA の比重が増していることがわかる。

　表 2 に示されるように FDI は SSA 主要 16 ヵ国に集中している。同表に示されるように、アフリカ大陸 54 ヵ国のなかで最大の輸出国（アフリカ全体の約 33％）であり、SSA 最大の FDI 受入国であるナイジェリアは、2011 年度比で約 21％減の 70 億ドルになっているが、依然として最大の FDI 受入国に留まっている。他方、石油鉱床が発見されたモーリタニアは、2012 年度には 12 億ドル、2010 年度の約 10 倍もの FDI が流入している。沿海で巨大な天然ガス鉱脈が発見されたモザンビークは、2012 年度は 52 億ドル、2010 年度の 5 倍もの FDI が流入している。また銅、コバルトの採掘が進んでいるコンゴ民主共和国も 2012 年度は、

---

[33] ヴィジャイ・プラシャド（粟飯原文子）『褐色の世界史』2013、水声社、251 〜 252。

[34] The World Bank. Press Release, April 7 2014.

第Ⅷ章　世界経済システムと第三世界

(表1) アフリカへのFDIの流入
(単位：100万ドル)

	2007	2008	2009	2010	2011	2012
先進国	1319893	1026531	613436	696418	820008	560718
途上国	589430	668439	530289	637063	735212	702826
アフリカ	51274	58894	52964	43582	47598	50041

(出所) UNCTAD、World Investment Repot 2013. p.213〜214.

(図2) アフリカへのFDIのなかでSSAが占める比重の推移
(単位：100万ドル)

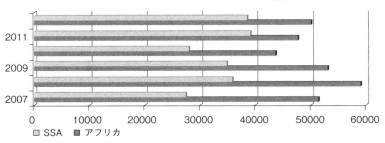

(出所) UNCTAD、World Investment Repot 2013. p.213〜214 より作成。

(表2) SSAの主要16ヵ国へのFDI流入
(単位：100万ドル)

	2007	2008	2009	2010	2011	2012
ナイジェリア	6087	8249	8650	6099	8915	7029
モザンビーク	427	592	893	1018	2663	5218
南ア	5695	9006	5365	1228	6004	4572
コンゴ民主共和国	1808	1727	664	2939	1687	3312
ガーナ	855	1220	2897	2527	3246	3295
リベリア	132	286	218	450	508	1354
モーリタニア	139	343	-3	131	589	1204
ニジェール	129	340	791	940	1066	793
カメルーン	189	21	740	538	243	507
コンゴ	2275	2526	1862	2211	3056	2758
熱帯ギニア	1243	-794	1636	2734	1975	2115
ガボン	269	773	537	499	696	703
エチオピア	222	109	221	286	627	970
ウガンダ	792	729	842	544	894	1721
タンザニア	582	1383	953	1813	1229	1706
アンゴラ	-893	1679	2205	-3227	-3024	-6898

(出所) UNCTAD, World Investment Repot 2013. p.213〜214 より作成。

（図3）ナイジェリアの輸出

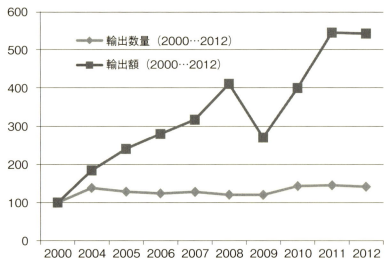

（出所）World Bank Data base より作成。

（図4）ナイジェリアのGDP成長率（％）

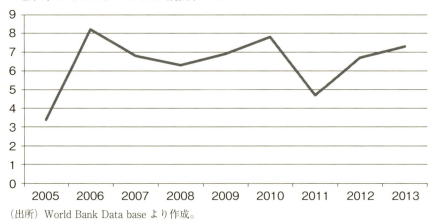

（出所）World Bank Data base より作成。

第Ⅷ章　世界経済システムと第三世界

33億ドル、前年度の約2倍のFDIが流入している。南アへのFDI流入
は、2011年の60億ドルから2012年には46億ドルへと減少しているが、
南アはSSA最大の対外投資国であり、2012年度の対外投資額は44億
ドルに達している。UNCTADの年次報告（2013）は、SSAの最大の投
資誘因は、未だに地下天然資源であり、マレーシア、南ア、中国、イン
ドをはじめとする巨大な多国籍企業が主導して開発が行われていると指
摘している[35]。

　ここで輸出総額の約90％を原油が占めているナイジェリアの輸出額
と輸出量を図2によって検討してみると、国際市場における原油高を反
映して輸出数量に比べて輸出額が突出していることがわかる。また図4
に示されるように経済成長率は、2006 ～ 2008年は6％台に、2010 ～
2012年には4％台に落ち込んだものの、原油高に支えられてそれ以降、
7％台に回復していることがわかる。

　OECD（経済協力開発機構）は、資源の国際価格高騰と資本移動の自
由化を背景にしてSSAへの直接投資が増大し、高い経済成長を示して
いることを称賛し、"African Economic Outlook"（2011年度版）で「ポ
ストコロニアリズムの終焉」を宣言し、アフリカが新たな成長の段階に
入ったと述べている[36]。またアフリカ開発銀行は、FDIの増加に比例し
て著しい経済成長を遂げているSSAでは2008年から2012年の期間、
消費財およびサービス産業への投資額が新規投資額の7％から23％に増
加していると指摘している[37]。

　さらに経済成長を促進するための方策として以下のようにサービス貿

---

[35] UNCTAD, "World Investment Report 2013", p.40-41.

[36] "Africa pushes aside post-colonialism" http://www.africaneconomicoutlook.org/
en/in-depth/africa-and-its-emerging-partners/africa-pushes-aside-post-
colonialism/

[37] AfDB, The Middle of the Pydamid:Dynamics of the Middle Class in Africa.p.4.
http://www.afdb.org/fileadmin/uploads/afdb/Documents/Publications/The％20
Middle％20of％20the％20Pyramid_The％20Middle％20of％20the％20Pyramid.
pdf

275

易の拡大を謳っている。

「サービス貿易のグローバリゼーションは、アフリカの経済成長にとって潜在的に極めて重要である。グローバル貿易のなかで近代的サービス貿易が占める割合は急激に伸びている。また世界のサービス貿易の中で発展途上国の占める割合は拡大しつつある。テクノロジーとアウトソーシングはこれまでの地理的制限による制約を克服した。近代的サービス、例えばソフトウエアーの開発、コールセンター、工業国の下請けビジネス（outsourced business processes）は付加価値の高い工業製品と同じように貿易取引が行われ、成長の重要なエンジンとしてサービスの質を高めることが議論の的になっている[38]。」

要するに世界銀行は、SSA が先進工業国の経済空洞化の受け皿になること、ソフトウエアーの開発、コールセンター、先進工業国の下請けビジネス（outsourced business processes）を引き受けることは、アフリカの経済成長にとって極めて重要だ、と主張しているのである。だが次節で見るように、SSA は、東南アジア諸国のように、先進工業国経済の空洞化に伴う受け皿になることすら不可能なのだ。

5. 一次産品輸出と経済成長

SSA は、高い経済成長を実現することにより、植民地支配の残滓を一掃したのだろうか？ここでは表3により SSA の優等生ナイジェリアの貿易構造を検討する。表3を一瞥すれば、輸出品目構成のなかで原油、石油ガスが輸出総額の86％、精製石油を加えれば91.3％を占めていることがわかる。また輸入品目構成では、産油国でありながら精製石油が14％を占め、残りは食糧、工業製品が占めており、モノカルチャー経済構造の典型を示している。また表4により貿易取引相手国をみれば、ＥＵ、米国、インドが主要な輸出相手国であり、ＥＵ、中国、米国が主要

---

[38] *Ibid.*,p.5.

第Ⅷ章　世界経済システムと第三世界

輸入国となっており、ナイジェリアが加盟している「西アフリカ諸国経済共同体」（ECOWAS）との貿易取引額は8〜10％前後に留まっており、きわめて微小である。というのは、他のアフリカ諸国同様、ナイジェリアもアフリカ諸国が必要としないものの生産に特化しているからである。地下天然資源に特化したナイジェリアの経済は先進工業国および世界の工場へと変貌しつつある中国をはじめとする新興工業国にとって必要不可欠なエネルギー資源を供給しているのである。1989年に国連総会に提出されたアフリカ経済再生プログラム「建設的対話の基礎」は、アフリカの経済構造について以下のように指摘している。

　「アフリカの経済構造そのものに恒常的な経済危機の主要な要因がある。すなわちアフリカの経済構造は、アフリカの人々が必要としない商品を生産するよう強制され続けている。アフリカの人々はアフリカで生産される商品をほとんど消費せず、彼らが必要とする商品はアフリカ以外の国々からの輸入に依存し続けているからである[39]。」

　表3から明らかなように、ナイジェリアの貿易構造は、他の産油国同様、先進工業国や中国、インドをはじめとする新興工業国へのエネルギーの供給基地として重要な地位を維持し続けていることがわかる。高い経済成長のエンジンは国際市場において高騰している原油価格であり、中国、インドをはじめとする工業化しつつある諸国における需要の高まりに他ならない。ウガンダの経済学者Y.タンドン（Yash Tandon）は、中国、インド、ブラジル、トルコを新たに工業化しつつある諸国（NICs-Newly Industrialising Countries）と命名しているが、これらの諸国の工業化は先進工業国の資本、技術そしてノウハウによって支えられている。Y.タンドンは、NICsを「資本主義の初期段階にある諸国」と命名しているが、世界資本主義のシステムは大きく変容をとげており、先進資本主義諸国（中核国家）における労働集約的生産部門、サービス部門はかつてのNIEs（韓国、台湾、香港、シンガポール）を含め新たなNICs

[39] African Alternative Framework to Structural Adjustment Programes for Socio-Economic Recovery Transformation.Internet version.

277

(表3) ナイジェリアの主要輸出・輸入品目 (2012年)

主要輸出品目	%	主要輸入品	%
原油	72	精製ガソリン	14
石油ガス	14	自動車	6.5
精製ガソリン	5.3	米	3.2
材木	2.2	小麦	3.1
カカオ豆	1.4	電話機	2.8
ミルク	0.88	冷凍魚	2.4
特殊目的船艇	0.49	運送用トラック	1.7
ココナツ、ブラジルナッツ	0.48	砂糖	1.6
カニ、エビ	0.28	医薬品	1.4
種油	0.25	オートバイ	1.3
その他	2.72	その他	62

(出所) OEC:Nigeria (NDA)

Profile of Export、Import and Trade Partners、http://atlas.mit.edu/profile/country/nga より作成。(2014年12月1日閲覧)。

(表4) ナイジェリアの主要貿易相手国

輸出相手国	%	輸入相手国	%
EU (27)	35.6	EU (27)	23.3
米国	16.9	中国	21.5
インド	11.1	米国	13.6
ブラジル	7.5	インド	8
中国	5.6	ブラジル	8
その他	23.3	その他	25.6

(出所) World Trade Organization、Trade Profile、Nigeria.

http://atat.wto.org/Country Profile? WSDB Country PFView.aspx?Country=NG&Langu (2014/7/20)

(2014年12月1日閲覧)

第Ⅷ章　世界経済システムと第三世界

諸国に移りつつある[40]。

　別稿で触れたように、独立後 SSA が試みた工業化の企ては挫折したのであり、SSA に芽生えていた工業化の萌芽は、1980 年代における構造調整政策と資本移動の全面的な自由化を前にして崩壊してしまったのである。確かに SSA にも世界の富豪にランクされる富豪は存在する。だが、これら「資本家」は、グローバルな金融網に包囲されており、しかも鉱物資源も商品流通網もサービス部門もすべてグローバル企業によって包囲されている。

　SSA では中産階級が台頭しつつあるとし、国際金融機関は FDI を称賛しているが、FDI に群がるエリート層は巨万の富を蓄え、グローバル資本から見放された人々は奈落の底に突き落とされている。

　原油輸出大国ナイジェリアの油田（世界第 10 位の確認埋蔵量）は世界有数の湿地帯であるナイジャーデルタ地域に集中しており、ギニア湾では現在も原油鉱床が次々に発見されている[41]。ここで原油を採掘しているのは、シェル（Shell）、モービル（Mobil）、シェブロン（Chevron）、テクサコ（Texaco）、イタリアのアジップ（Agip）であり、近年では中国の国営石油会社が進出している。しかしナイジャーデルタは、石油開発に伴う原油流出や廃棄物で汚染されつくしている。アムネステイ・インターナショナルは以下のように述べている。

　「ナイジャーデルタ（ニジェールデルタ）は、世界有数の湿地帯で、貴重な沿岸海洋生態系で知られています。一方、石油採掘にともなう原油流出や廃棄物、そして燃え上がる随伴ガス（随伴ガスは原油から分離

---

[40] Yash Tandon, "Africa's Poisoned Chalices: Foreign Investment, Humanitarian Intervention and Aid", http://www.globalresearch.ca/africas-poisoned-chalices-foreign-investment-humanitarian-intervention-and-aid/5389843（2014-8-3）

[41] ナイジャーデルタはアフリカ最大の三角州、ここで暮らす人々の姿は以下ルポで生々しく伝えている。白土圭一「ルポ資源大国アフリカ」東洋経済新報社、2009 年．第二章参照．現在、国連環境プログラム（PNUE）が被害の実態を調査しているが、2010 年メキシコ湾で BP が起こした事故（原油の海上流出）よりも深刻な被害が出ている。Jeune Afrique, No.2592.Du 12 au 18 septembre、2010.

279

され、ナイジェリアではそのまま廃棄物として燃やされます）は、ナイジャーデルタによくある光景となっています。こうした公害は、何十年にもわたってこの地域に影響を及ぼし、土壌、水、大気に深刻な影響を与えています。数十万もの人びとが影響を受け、とりわけもっとも貧しく、漁業や農業など伝統的な暮らしに依存している人びとが苦しんでいます。人権への影響は深刻であるにもかかわらず、問題はあまり報道されず、ナイジェリア政府や石油会社が配慮することはほとんどありません。そして、情報不足により問題は悪化する一方です。ナイジャーデルタの住民は、石油産出によって自らの生活にどれほどの影響があるのか、基本的な情報を手に入れることすらできません。ナイジャーデルタにおける石油採掘で、多国籍企業は大きな責任を負っています。例えばシェル石油は、同社の操業地域だけで3万1000平方キロ以上にもなります（東京都の面積の約14倍）[42]。」

　ナイジェリア南部のナイジャーデルタで勢力を拡大しているのが「ナイジャーデルタ解放運動」（MEND：Movement for the Emancipation of the Niger Delta）である。またナイジェリアの全36州（State）のうち、北部19の州ではボコ・ハラム（Boko Haram『西欧の教育は罪である』）が勢力を拡大している。ボコ・ハラムは、約1万人の戦闘員と30万人のシンパがいるものと推定されている[43]。ナイジェリアの総人口のうち約50％がイスラム教徒であり、40％がキリスト教徒だが、オバサンジョ大統領（1999年5月～2007年5月在任）は、99年12月、北部のザムファラ州（Zamfara）がイスラム法（シャリア）を憲法として採択した際、これを認めた。ザムファラ州に引き続いて北部12州がシャリアを憲法として採択した。[44]ボコ・ハラムは本年4月には、北東部のボル

---

[42] http://www.amnesty.or.jp/campaign/demand_dignity/niger_delta/（2014年8月30日閲覧）

[43] Eénément où va le Nigeria? Afrique Asie, 2012年2月号.

[44] 福田邦夫「グローバリゼーションとアフリカ―新興市場国ナイジェリア」（月刊『経済』2012年5月号）参照。

第Ⅷ章　世界経済システムと第三世界

ノ州の学校から女学生200人以上を誘拐し、8月には同州のグウォザを制圧している。米国政府はボコ・ハラム指導者の拘束に繋がる情報提供者に賞金700万ドルの懸賞をかけているが、事態は沈静化する見込みはない。

スイスに本部がある「国際避難民監視センター」（IDMC：International Displacement Monitoring Center）発行の『世界の概観2014』（Global Overview）によれば、ナイジェリアではボコ・ハラムの反乱だけではなく、住民間の抗争、洪水等により330万人が住居を離れて難民になり、隣国のマリ、カメルーン、チャド、ニジェール南部に脱出している[45]。

また2014年度のFAO（国連食糧農業機関）年次報告書によれば、1992〜2012年と比べて世界では2億人以上の人々が飢餓から脱出することに成功した。しかし、SSAは、飢餓人口の撲滅が最も遅れており、SSAの4人に1人が飢餓に直面している。また世界で最も人口周密なアジアでは未だに5億2600万人の人々が飢餓に直面していると述べている。また"African Economic Outlook"（2014年度版）は以下のように述べている[46]。

「アフリカの貧困率は低下している。2013年度のミレニアム開発目標レポートによれば、極端な貧困状態（1日当たり1.25ドル以下で生活をしている人々）に置かれている人々の数はアフリカ中部、東部、南部、西部において1990年の56.5％から2010年には48.5％に削減された。しかし貧困削減の歩みは遅く、現在、極端な貧困状態に置かれている人々の数は1990年の2億8970万人から2010には4億1380万人へと増加している[47]」と述べている。

---

[45] http://www.internal-displacement.org/assets/publications/2014/201405-global-overview-2014-en.pdf

[46] FAO,World Hunger Fall,but 805 Million till chronically undernourished.6 september 2014.
http://www.fao.org/news/story/en/item/243839/icode/.

[47] "African Economic Outlook 2014"
http://www.africaneconomicoutlook.org/fileadmin/uploads/aeo/2014/PDF/

281

また 2012 年度版 "African Economic Outlook" は以下のように述べている。

　「経済成長は貧困削減には寄与しないし、雇用も創出しない。ナイジェリアの総人口の 2 ／ 3 は 1 日当たり 1 ドル以下での生活を余儀なくされており、ナイジェリアの失業人口は、2010 年の 21.1％から 2011 年には 23.9％に増加している。15 ～ 24 歳の失業率は 37.7％、25 ～ 44 歳の失業率は 22．4％に達している[48]。」

結び

　本論で指摘したように、アフリカ開発銀行や世界銀行は、アフリカの政府にとって最も重要な政策は、中間層を如何にして増大するかにある、と述べている[49]。国際機関で働くエリートには、貧困に打ちひしがれている 4 ～ 5 億人もの人々は、経済成長の名のもとにその存在すら否定されているのだ。

　国際金融機関は、国外からの直接投資（FDI）と経済成長率のみを座標軸として SSA の現状をきわめて楽天的に評価している。だが先に引用したように「経済成長は貧困削減には寄与しないし、雇用も創出しない」のだ。本論ではナイジェリアの貿易構造に触れたが、ナイジェリアに限らず、独立後半世紀を経たアフリカは、依然として中核国に従属したままであるばかりか、従属の度合いを深めている。

　現在、西アフリカを襲撃しているエボラ出血熱による犠牲者は、1 万人とも、2 万人とも言われているが、高い経済成長を遂げているこれら

Chapter_PDF/04_Chapter4_AEO2014_EN.light.pdf（2014 年 8 月 10 日閲覧）
[48] "African Economic Outlook Nigeria2012".
　http://www.africaneconomicoutlook.org/en/countries/west-africa/nigeria/
[49] AfDB.The Middle of the Pydamid:Dynamics of the Middle Class in Africa.p.7.
　http://www.afdb.org/fileadmin/uploads/afdb/Documents/Publications/The % 20
　Middle % 20of % 20the % 20Pyramid_The % 20Middle % 20of % 20the % 20Pyramid.
　pdf

第Ⅷ章　世界経済システムと第三世界

諸国には、人間の最低限の生活すら防御するライフラインが不在である
ことを物語っている。

　21世紀を迎えた現在、世界は二極化し、豊かなはずの北の国にも、
貧しいはずの南の国でも富める人とそうでない人々の格差が急激に拡大
している。

あとがき

　「21世紀の経済と社会」と題する本書は、商学固有の学問である貿易、金融、会計、マーケティングを軸に研究を組み立て、そのベースとなる現代の経済状況について共通の問題意識の上に立って現代的な課題を設定した。なお、この共同研究を開始した時点の研究テーマは、「グローバル化する現代経済の批判的検討─商学の新たな創造に向けて」であったが、研究成果を纏める段階において「21世紀の経済と社会」に改めた。何故ならば、21世紀を迎えた現在、世界と日本の社会と経済は極めて複雑な様相を呈しており、商学が対象とする課題は驚くべき変容を遂げているからであり、商学を今一度再定義する必要性に直面しているからである。なかでもグローバル化する現代世界において、覇権国家アメリカの衰退過程と並行して従来の国民国家の枠を超えた資本の動きが巨大化し、グローバル化した資本が国家を超越し、支配の多極化現象を招来していること、また経済の金融化が生産活動そのものを餌食として貨幣的富を増殖していること、一国内では「労使共同の労使関係」が成立しえなくなりつつあることが明らかにされた。かかる現象を解明するのが商学に課せられた課題である。

　商学とは商人になるための学問ではない。ましてや金銭的な富を獲得することに役立つ学問ではない。広い意味で商学とは、生産（活動）と消費（活動）を結びつける人間の経済活動を歴史的、現在的に究明する学問である。換言すれば、商学は人類の生存に係る経済活動と社会空間を規定する諸要因を解明することを課題とする学問である。現在、政治権力による学問の仕分け作業が進行中であり、商学がカヴァーする研究領域が次第に狭められつつあり、さらに学問研究自体が政府の管理下に置かれようとしている。こうしたなかで、商学部の看板を掲げるわが明

治大学商学部においても商学の基本理念を見失い、時代の流れに無批判に迎合し、商学部が専らビジネスに特化した商人学部に変質しかねない状況にある。

　私たちは、かかる共通認識のもとに商学を再定義し、それぞれの研究分野における問題を抉り出した。本書を読み終えられた読者が、商学の対象とする学問領域の重要性と広大さを理解していただけたら幸いである。

本書執筆者・担当章（執筆順）

序文・第Ⅷ章・あとがき　　**福田　邦夫**（ふくだ　くにお）　　　1945 年生
　　　　　　明治大学大学院商学研究科博士後期課程単位取得，博士（経済学），
　　　　　　現在　明治大学商学部教授

第Ⅰ章　　**小林　尚朗**（こばやし　なおあき）　　1971 年生
　　　　　　明治大学大学院商学研究科博士後期課程単位取得，
　　　　　　現在　明治大学商学部教授

第Ⅱ章　　**柿崎　繁**（かきざき　しげる）　　　1949 年生
　　　　　　法政大学大学院経済学専攻博士後期課程単位取得，
　　　　　　現在　明治大学商学部教授

第Ⅲ章　　**猿渡　敏公**（さるわたり　としひろ）　1951 年生
　　　　　　明治大学大学院商学研究科博士後期課程単位取得，
　　　　　　現在　明治大学商学部教授

第Ⅳ章　　**三和　裕美子**（みわ　ゆみこ）　　　1965 年生
　　　　　　大阪市立大学大学院経営学研究科博士後期課程単位取得，博士（商学），
　　　　　　現在　明治大学商学部教授

第Ⅴ章　　**野中　郁江**（のなか　いくえ）　　　1952 年生
　　　　　　明治大学大学院商学研究科博士後期課程単位取得，博士（商学），
　　　　　　現在　明治大学商学部教授

第Ⅵ章　　**所　康弘**（ところ　やすひろ）　　　1975 年生
　　　　　　明治大学大学院商学研究科博士後期課程修了，博士（商学），
　　　　　　現在　千葉商科大学商経学部准教授

第Ⅶ章　　**森元　晶文**（もりもと　あきふみ）　1970 年生
　　　　　　明治大学大学院商学研究科博士後期課程修了，博士（商学），
　　　　　　現在　立教大学経済学部助教

本書『21世紀の経済と社会』中に以下の誤りが生じました。

お詫びして訂正いたします。（西田書店　編集部）

頁	行	誤		正

167　表1　左アミカケ部分2・3行

価世辞的仮定　→　価値論的仮定

帯誰籠的仮定　→　認識論的仮定

巻末「本書執筆者・担当章」

第Ⅲ章　猿渡敏公　→　第Ⅲ章　三和裕美子

第Ⅳ章　三和裕美子→　第Ⅳ章　野中郁江

第Ⅴ章　野中郁江　→　第Ⅴ章　猿渡敏公

（以上は、生年、経歴とも移動）

[明治大学社会科学研究所叢書]

21世紀の経済と社会
2015年3月14日　初版第1刷発行

編著者　福田邦夫

発行者　日高徳迪

装　丁　犬塚勝一

印　刷　モリモト印刷

製　本　高地製本所

発行所　株式会社西田書店
〒101-0051 東京都千代田区神田神保町2-34 山本ビル
Tel 03-3261-4509　Fax 03-3262-4643
http://www.nishida-shoten .co.jp
©2015　*Kunio Fukuda*　Printed in Japan
ISBN978-4-88866-591-9　C0033
・乱丁落丁本はお取替えいたします（送料小社負担）